K-드라마 반세기 역사 둘러보기
Our Self-Images on the Korean TV Drama

안방극장에서
마주친
우리들의 자화상

안방극장에서 마주친 우리들의 자화상
K-드라마 반세기 역사 둘러보기

초판 1쇄 발행 2025년 2월 10일

지은이 이병욱
펴낸이 장길수
펴낸곳 지식과감성#
출판등록 제2012-000081호

교정 김지원
디자인 강샛별
편집 강샛별
검수 한장희, 이현
마케팅 김윤길, 정은혜

주소 서울시 금천구 벚꽃로298 대륭포스트타워6차 1212호
전화 070-4651-3730~4
팩스 070-4325-7006
이메일 ksbookup@naver.com
홈페이지 www.knsbookup.com

ISBN 979-11-392-2395-8(03800)
값 16,700원

- 이 책의 판권은 지은이에게 있습니다.
- 이 책 내용의 전부 또는 일부를 재사용하려면 반드시 지은이의 서면 동의를 받아야 합니다.
- 잘못된 책은 구입하신 곳에서 바꾸어 드립니다.

지식과감성#
홈페이지 바로가기

K-드라마 반세기 역사 둘러보기
Our Self-Images on the Korean TV Drama

안방극장에서 마주친 우리들의 자화상

정신건강의학과 전문의 **이병욱** 지음

수많은 시청자의 마음을 사로잡으며
힘겨운 시절을 함께한 K-드라마로
반세기 역사 돌아보기

〈수사반장〉부터
〈밤에 피는 꽃〉까지
드라마 다수 수록

지식과감정#

프롤로그: 안방극장과 더불어 산 인생

한때 우리는 TV를 바보상자라고 부르며 냉대한 적이 있었다. 특히 9시 '땡전 뉴스'로 악명이 자자했던 제5공화국 시절에는 아예 TV를 꺼버리기도 했으며, 그래서 TV 안 보기 운동이 벌어진 적도 있을 만큼 TV는 푸대접을 받기도 했다. 하지만 실제로 우리는 하루도 TV를 보지 않고는 살아갈 수 없을 정도로 우리 삶의 일부로 자리 잡은 지 오래되었다. 그리고 역설적인 현상이긴 하나 우리는 오히려 그토록 중독성이 강한 바보상자 덕분에 궁핍하고 암울한 시대를 그나마 그런대로 견디고 산 셈이다. 물론 그 일등 공신은 바보상자가 펼쳐 보이는 안방극장 때문이었다.

우리나라에 처음으로 흑백 TV가 나온 것은 금성사가 자체적으로 TV 수상기를 생산·판매하기 시작한 1960년대 후반이었다. 당시에는 KBS와 MBC, 그리고 동양방송이 있었지만, 그 후 동양방송은 1980년 국보위의 언론 통폐합 조치에 따라 폐지되고 졸지에 KBS2로 바뀌었는데, 당시부터 컬러 방송이 실시되기 시작했다.

TV 수상기가 보급되기 이전에는 라디오 드라마가 단연 인기여서 저녁 밥상을 앞에 두고 가족들이 둘러앉아 성우들의 대사에 촉각을 곤두세우곤 했다. 당시 인기 있던 드라마에는 〈청실홍실〉, 〈느티나무 있는 언덕〉, 〈현해탄은 알고 있다〉, 〈동심초〉 등이 있었고, 조남사, 한운사,

주태익 등의 작가들이 전성기를 구가했으며, 성우들로는 복혜숙, 구민, 신원균, 고은정, 김소원, 오승룡, 이병희, 최흘 등이 맹활약을 펼쳤다.

그러나 70년대 이후 TV 시청이 일반화되면서 라디오 드라마 시대는 종말을 고하고 대신에 안방극장이 대중들의 인기를 독차지하기 시작했으며, 탤런트라는 새로운 직업이 생겨나기에 이르렀다. 특히 70, 80년대 군사 독재 정권의 장기 집권으로 누적된 불만을 풀 길이 없던 국민들로서는 오로지 TV 드라마와 코미디 프로가 유일한 삶의 위안거리였으니 그나마 다행이었다고나 할까. 어쨌든 TV가 없었다면 우리나라 국민의 정신 건강은 그야말로 황폐화했을 게 분명하다.

그런 점에서 본다면, 요즘의 드라마는 방송사 간의 치열한 시청률 경쟁으로 눈요깃거리에 치우친 나머지 화려한 해외 로케이션이나 자극적인 장면 연출에만 중점을 두는 것 같아 아쉽기만 하다. 물론 젊은 시청자들을 끌어들이기 위한 고육지책일 수도 있겠지만, 짙은 감동을 선사하는 줄거리나 명대사는 날이 갈수록 찾아 보기 힘들어져 아쉬움을 더한다. 그럼에도 불구하고 역시 TV 드라마가 없는 삶은 상상하기 어렵다.

어린 시절 가장 부러웠던 것은 형광등과 TV, 냉장고가 있는 집이었다. 대낮같이 밝은 형광등 밑에서 시원한 사이다를 마시며 TV를 보는 부잣집 아들이 그렇게 부러울 수가 없었다. 내가 처음으로 TV를 본 것은 아홉 살 무렵이었는데, 당시 은행에 다니던 큰아버지 집에서 흑백 화면을 통해 AFKN 방송을 보고 그야말로 탄성을 질렀던 기억이 난다. 비록 대사는 전혀 알아듣지 못했지만 그림만 보고 있어도 시간 가는 줄 모르고 화면 속에 푹 빠져들어 밥 먹을 생각조차 잊어버리곤 했다.

80년대 초반 결혼했을 당시 아내가 신혼살림으로 큰맘 먹고 장만한

'삼성 이코노 칼라 TV'는 그야말로 새로운 별천지의 세계를 보여 준 기막힌 반전이었다. 그렇게 해서 우리의 2세들은 흑백 TV가 뭔지도 모르고 자란 셈이다. 우리나라에서 TV의 역사는 이제 50년 정도 되었지만, 드라마 자체의 역사는 대충 40년으로 잡아야 할 것이다. 그리고 방송 드라마와 더불어 산 내 인생을 굳이 구분하자면, 라디오 드라마의 재미에 맛을 들인 어린 시절과 시험공부에 몰두하면서 심야 라디오 음악프로를 즐겼던 청소년기, 안방극장 재미에 빠져 지냈던 성년기로 구분할 수 있겠다.

과거 한때 미국 TV 드라마 방영이 붐을 이루기도 했는데, 〈도망자〉, 〈초원의 집〉, 〈월튼네 사람들〉, 〈보난자〉, 〈형사 콜롬보〉, 〈600만 불의 사나이〉, 〈원더 우먼〉, 〈맥가이버〉 등이 인기를 끌었으며, 그 후 중국 드라마도 가세해 〈판관 포청천〉, 〈신삼국지〉, 〈초한지〉, 〈랑야방〉 등이 높은 시청률을 올리기도 했으나, 나날이 발전하는 K-드라마의 위세를 꺾지는 못했다. 더욱이 K-드라마의 제작 솜씨는 그동안 눈부신 발전을 거듭한 결과 오늘날에 와서는 한류 열풍의 주역으로 떠오를 만큼 그 인기가 대단하다.

물론 그런 발전의 중심에는 혜성처럼 나타나 드라마 열풍을 일으킨 작가 김수현을 비롯해 김종학, 이병훈 등 뛰어난 연출가들이 있었음은 주지의 사실이다. 게다가 김혜자, 최불암, 이순재, 강부자, 여운계, 김수미 등 숱한 연기의 달인들이 포진함으로써 대본, 연출, 연기의 삼박자를 고루 갖춘 한국 드라마에 대적할 나라는 적어도 아시아에서는 찾아보기 힘들 정도로 급성장한 게 사실이다.

비록 오늘날 자본주의 현대문화를 지탱하는 3대 요소로 꼽히는 스크린, 스포츠, 섹스를 일컬어 3S 시대라고 부르며 부정적인 시각에서 보기도 하지만, 그런 점에서는 안방극장이 정치적 무관심으로 유도하는 권력층의 전략에 이용당했다기보다는 오히려 시대적 모순과 우리 자신들의 자화상을 부각하는 효과를 통해 시청자들의 의식을 더욱 강화한 결과를 가져왔다고 볼 수도 있지 않을까. 그래서 오늘 저녁도 여전히 나는 TV 드라마의 재미에 푹 빠져 지낼 게 분명하다.

이병욱

차례

프롤로그: 안방극장과 더불어 산 인생 4

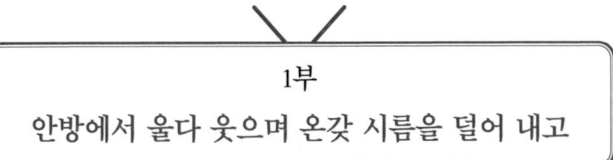

1부
안방에서 울다 웃으며 온갖 시름을 덜어 내고

아씨 12 / 여로 14 / 신부일기 16 / 전원일기 18 / 사랑과 진실 21 / 사랑과 야망 24 / 사랑이 뭐길래 26 / 세 친구 28 / 겨울연가 30 / 천국의 계단 33 / 불새 36 / 발리에서 생긴 일 38 / 파리의 연인 41 / 미안하다, 사랑한다 45 / 굳세어라 금순아 48 / 내 이름은 김삼순 51 / 엄마가 뿔났다 54 / 보석 비빔밥 58 / 수상한 삼형제 60 / 이웃집 웬수 63 / 역전의 여왕 66 / 반짝반짝 빛나는 68 / 넝쿨째 굴러온 당신 72 / 옥탑방 왕세자 74 / 백년의 유산 77 / 별에서 온 그대 80 / 왔다! 장보리 84 / 응답하라 1988 87 / 엄마 90 / 태양의 후예 94 / 질투의 화신 97 / 사랑의 불시착 100 / 이상한 변호사 우영우 103 / 킹더랜드 106 / 정신병동에도 아침이 와요 110 / 웰컴투 삼달리 112

2부
불의와 비리 앞에 주먹을 불끈 쥐다

수사반장 118 / 모래시계 120 / 올인 124 / 제5공화국 127 / 쩐의 전쟁 129 / 밤이면 밤마다 131 / 자이언트 133 / 욕망의 불꽃 137 / 제빵왕 김탁구 140 / 싸인 144 / 미스 리플리 147 / 브레인 149 / 빛과 그림자 152 / 샐러리맨 초한지 155 / 패션왕 158 / 추적자 THE CHASER 160 / 메이퀸 164 / 오자룡이 간다 167 / 돈의 화신 171 / 스캔들 174 / 황금 무지개 177 / 전설의 마녀 179 / 내 딸, 금사월 182 / 몬스터 188 / 동네변호사 조들호 191 / 피고인 195 / 힘쎈여자 도봉순 198 / 품위있는 그녀 200 / 나의 아저씨 203 / 굿캐스팅 206 / 오월의 청춘 209 / 오징어 게임 213 / 지옥 219 / 더 글로리 222 / 마당이 있는 집 226 / 힙하게 229 / 눈물의 여왕 232

3부
거대한 역사의 수레바퀴를 함께 굴리며

여명의 눈동자 238 / 용의 눈물 243 / 허준 247 / 태조 왕건 250 / 다모 253 / 대장금 256 / 해신 259 / 불멸의 이순신 262 / 서동요 265 / 신돈 269 / 주몽 272 / 대조영 276 / 이산 281 / 왕과 나 283 / 천추태후 286 / 자명고 289 / 선덕여왕 293 / 동이 297 / 추노 301 / 공주의 남자 305 / 계백 308 / 뿌리깊은 나무 311 / 광개토태왕 315 / 해를 품은 달 319 / 신의 324 / 마의 329 / 대풍수 332 / 각시탈 336 / 궁중잔혹사: 꽃들의 전쟁 339 / 제왕의 딸 수백향 343 / 기황후 348 / 옥중화 354 / 암행어사: 조선비밀수사단 358 / 달이 뜨는 강 362 / 밤에 피는 꽃 367

에필로그: 대한민국 자체가 한 편의 거대한 드라마다 372

1부
안방에서 울다 웃으며 온갖 시름을 덜어 내고

아씨

　어둡고 암울하던 1970년대 초 방영된 고성원 연출의 동양방송 TBC의 일일 드라마 〈아씨〉는 그야말로 무서운 돌풍을 일으키며 시청률 80%라는 폭발적인 대기록을 남기면서 전국을 강타한 대히트작이다. 드라마가 방영되는 시간대에는 거리가 한산해질 정도였다고 하니 그 인기가 어느 정도였는지 짐작할 수 있겠다.

　〈아씨〉는 일제강점기부터 1950년대에 이르기까지 우리 현대사에서 가장 힘겨운 격동기를 거치는 가운데, 시어머니의 온갖 학대와 바람기 많은 남편 사이에서 괴롭고 고달픈 세월을 보내면서도 묵묵히 참고 순종하며 견디어 나가는 마음씨 착한 여성의 일대기를 담은 드라마다. 여기에 김희준, 김세윤, 여운계 등이 출연해 생애 최대의 전성기를 구가했으며, 가수 이미자가 부른 주제가 역시 대인기를 끌었다.
　특히 대한민국 최고의 원로 배우 복혜숙 씨가 노마님 역으로 나와 이채를 띠기도 했지만, 다른 한편으로는 〈아씨〉의 원작자 임희재 씨가 이듬해 위암으로 작고하고, 아씨 역을 맡아 일약 톱 탤런트의 자리에 오른 김희준마저 곧바로 의사와 결혼해 연예계를 은퇴해 버리는 바람에 드라마의 열기는 종영된 이후 곧 식어 버리고 말았다.

　물론 〈아씨〉가 그렇게 예기치 못한 돌풍을 일으킨 것은 그 당시 볼만한 드라마가 없었던 탓도 있겠지만, 암울한 시대적 환경 탓도 무시할 수 없을 것이다. 온갖 고난과 역경을 이겨 내는 아씨의 의연하고 다소 곳한 모습을 통해 사람들은 그 어떤 동질감을 느끼며 그 나름대로 위안과 용기를 얻으려 했는지도 모른다. 더욱이 과거 우리 사회의 고질적인 병폐이기도 했던 남존여비 사상과 남자의 외도, 고부갈등 및 짝사랑 등에 관한 주제가 마치 남의 얘기가 아닌 바로 나 자신의 삶을 드러낸 것이라는 점에서 안방마님들의 공감을 불러일으켰을 것으로 보인다.

따라서 아씨의 눈물겨운 인간 승리는 특히 위기에 강한 한국의 여인상을 부각했다는 점에서 그동안 숱한 고초를 이겨 낸 수많은 주부의 심금을 울리기에 족했다. 일제 암흑기와 전쟁의 와중에서 그래도 살기 위해 안 해 본 일이 없을 정도로 강인한 생명력을 발휘한 주역들은 바로 여성들이 아니었던가.

그런 시대적 아픔과 상처를 누구보다 뼈저리게 느꼈을 여성 시청자들의 호응이 없었더라면 그토록 폭발적인 인기를 끌지는 못했을 것이다. 그야말로 밟히면 밟힐수록 인동초처럼 팔뚝 걷어붙이고 다시 일어서는 수많은 여성의 그런 오뚝이 정신 덕분에 이 땅의 수많은 남성은 온갖 수모를 겪으면서도 그 나름대로 체면을 유지해 나갈 수 있었던 셈이다.

하지만 안타깝게도 나는 〈아씨〉를 볼 기회가 없었다. 당시만 해도 우리 집에는 TV 수상기가 없었기 때문이다. 제대로 안방극장의 재미에 푹 빠지기 시작한 것은 유신 선포 이후에 아버지가 구입한 TV 수상기를 통해 보게 된 〈수사반장〉과 〈신부일기〉부터였으니 늦어도 한참 늦게 안방극장에 동참한 셈이다. 그 당시는 웬만큼 사는 집 아니고는 TV를 보기 힘든 시절이기도 했다.

여로

 이남섭 극본 및 연출의 KBS 일일 드라마 〈여로〉는 1972년 유신 정국을 전후해 방영된 히트작으로, 불행한 운명의 장난에 휘말린 분이(태현실)와 바보 영구(장욱제)의 기구한 삶의 역정을 통해 사회적 격동기를 힘겹게 헤쳐 나가는 두 남녀의 인생 역정을 파노라마 형식으로 다룬 드라마다. 〈아씨〉와 마찬가지로 〈여로〉 역시 70%를 능가하는 시청률을 올리며 장안의 화제가 되었던 작품이다.
 그러나 영구 역의 장욱제는 폭발적인 인기에도 불구하고 그 후로는 연기 생활을 접고 제주도 서귀포로 내려가 파라다이스호텔 사장으로 근무하면서 두 번 다시 TV에서 그의 모습을 볼 수가 없게 되었는데, 그 때문에 수많은 팬의 아쉬움을 낳기도 했다.

 가난한 집안의 딸 분이는 부잣집 아들이지만 정신이 좀 모자란 영구에게 거의 팔리다시피 시집을 간다. 그런 신랑임에도 불구하고 분이는 온갖 정성을 다해 영구를 보살피고 결국 두 남녀는 서로에게 깊은 정을 느끼게 되지만, 시어머니(박주아)와 시누이의 학대에 시달리던 끝에 마침내 아들과 남편 모두와 헤어지고 만다. 돈 많은 시댁의 학대를 받는 며느리의 주제라는 점에서 비슷한 경험을 겪고 공감을 느낀 안방 주부들의 시선을 빼앗기에 족했을 것이다. 고부간의 문제는 오늘날에 이르러서도 거의 모든 며느리가 겪어야 할 통과의례처럼 되었으니 그럴 만도 하다.
 6.25 전쟁이 터지고 부산 피난지에서 우연히 영구와 재상봉한 분이

였지만 그것도 잠시, 시어머니의 방해 공작으로 다시 이별의 아픔을 겪는다. 그럼에도 불구하고 국밥집을 운영하며 평생 모은 돈으로 어려운 사람들을 돕던 분이의 선행이 세상에 알려지면서 분이와 영구는 결국 다시 맺어진다.

착한 사람이 항상 당하고만 사는 얄궂은 세상에서 그나마 드라마 해피 엔딩이라는 보상을 해 주지만, 실제로 그런 보상을 받지 못하고 힘겨운 삶을 보냈을 수많은 여성에게는 일종의 대리적 위안을 제공했을 것으로 보인다.

또한 그 시절 일부 군인들에 의해 수많은 지식인조차 바보 취급을 당하며 살았던 사실을 생각해 보면, 영구 역을 맡은 장욱제의 바보 연기가 왜 그토록 사람들의 심금을 울리며 폭발적인 인기를 얻었는지 이해할 만하다. 그렇다. 그 시절에는 우리 모두가 할 말도 제대로 못 하면서 꿀 먹은 벙어리 신세가 되어 바보처럼 살았기 때문이다.

물론 개중에는 목숨을 바쳐 독재에 저항하다 희생된 일부 용기 있는 사람들도 없는 건 아니었지만, 힘없는 서민들은 그렇게 복지부동하고 살아갈 수밖에 없었다. 그런 점에서 바보 영구는 그 시대에 무기력하기만 했던 모든 남성을 상징한다고 볼 수 있다.

그런 바보 영구의 모습은 그 후 가장 어두운 시대로 기억되는 80년대에 접어들면서 코미디언 심형래의 바보 영구로 거듭 태어나 수많은 어린이의 사랑을 독차지하기도 했으며, 90년대에 이르러서는 영구의 맥을 잇는 이창훈의 바보 맹구가 등장하면서 폭발적인 인기를 끌기도 했다.

신부일기

　김수현 극본, 이효영 연출의 MBC 드라마 〈신부일기〉는 탤런트 최불암과 김혜자가 부부로 나오는 은행 지점장 집안 식구들의 애환을 다룬 가슴 따뜻하고 흐뭇한 1975년 홈드라마다. 그러나 무엇보다 시청자들을 매료시킨 점은 예전의 다소 과장되고 극적인 전개를 보이는 드라마와는 달리 우리가 일상에서 겪는 소소한 삶의 이야기를 살아 있는 대화체로 그려 냈다는 사실에 있다.

　마치 그것은 무성영화에 나오는 배우들의 과장된 몸짓만을 보다가 우리와 똑같은 대화를 육성으로 들려주는 토키 영화를 만났을 때 느꼈을 충격에 비견될 수 있는 그런 감동이라고나 할까. 아무튼 언어의 마술사라고 할 수 있는 김수현 작가를 통해 많은 시청자가 처음으로 깨닫게 된 사실은, 우리가 일상생활에서 사용하는 실제 대화야말로 살아 있는 삶의 모습을 생생하게 전달하는 가장 최상의 무기임을 입증해 준 점이라 하겠다.

　물론 최불암과 김혜자의 천연덕스러운 연기와 대사도 일품이었지만, 그 외에도 김자옥, 김윤경, 김용건, 현석, 정영숙, 김용림, 오미연 등 탄탄한 출연진의 뒷받침 또한 드라마의 재미를 한껏 배가해 주는 효과를 발휘했다고 볼 수 있다. 그러나 무엇보다 시청자들의 입에서 저절로 탄성이 나오게 만든 점은 드라마에 등장하는 인물들의 일거수일투족이 어쩌면 우리와 그렇게 똑같을 수 있느냐 하는 사실이었다. 그런 점에서 작가 김수현의 놀라운 현실 포착 능력과 뛰어난 대사 솜씨에 감탄을 금치 못한 것이다.

  살벌한 유신 정국 시절, 저마다 퇴근길과 하굣길에 오른 사람들은 썰렁한 거리 분위기를 피해 도망치듯 집으로 귀가해서 가족들과 함께 둘러앉아 저녁밥을 먹으며 따뜻한 정이 묻어나는 〈신부일기〉를 보는 게 유일한 낙이기도 했다. 그 당시 따스한 정을 느낄 수 있는 유일한 피난처는 바로 안방극장이었으며, 사람들은 그런 드라마를 보면서 그래도 세상은 살 만한 가치가 있다고 스스로 마음을 달래곤 했던 것이다.

  TV 뉴스를 통해 영부인 육영수 여사 저격 사건을 직접 목격하기도 했던 당시 참담한 사회 분위기는 그야말로 살벌하기 그지없었던 게 사실이다. 그런 점에서 〈신부일기〉는 소박한 서민들의 실제 삶의 현장을 보여 주는 가운데 아무리 세상이 살벌하고 각박한 분위기라 할지라도 그래도 믿을 건 소중한 가족밖에 없다는 위기의식을 반영한 것으로 볼 수도 있다. 화목한 가정의 유지가 중요하듯이 나라 역시 그렇게 화목한 분위기를 유지하는 일이 얼마나 중요한 일인지 묵시적으로 깨우쳐 준 드라마가 바로 〈신부일기〉였다고 할 수 있다.

전원일기

1980년에서 2002년에 이르기까지 우리나라 드라마 역사상 20년 이상 방영된 최장수 드라마 〈전원일기〉야말로 〈수사반장〉과 더불어 MBC가 오랜 기간 자부심을 지니고 방영하던 간판급 프로그램이었다. 더군다나 〈전원일기〉는 신군부의 서슬 퍼런 국보위를 발판 삼아 대통령직에 오른 전두환 정권 시절에 방영을 시작해서 한일월드컵이 개최된 김대중 정권 시기에 종영된 농촌 드라마로 처음에는 흑백 화면으로 시작해서 도중에 컬러 화면으로 바뀔 정도로 오랜 기간 방영된 작품이기도 하다.

더욱이 온갖 풍상을 다 겪어야 했던 시대적 격동기의 한가운데서도 흔들림 없이 수많은 시청자의 사랑을 한 몸에 받은 기적 같은 드라마라는 점에서 실로 전무후무한 기록을 남긴 작품으로 기억된다. 양촌리에 사는 김 회장 부부 역을 맡은 최불암과 김혜자는 40대 초반으로 이 드라마에 출연을 시작해서 종영된 시점에는 60대 초반에 이르렀으니 한 편의 드라마와 함께 20년의 세월을 보낸 셈이다. 물론 정애란, 김용건, 고두심, 유인촌, 김수미, 박은수 등도 장기간 고정 출연했으며, 특히 일용 엄니로 나온 김수미는 20대 말 나이에 이미 노인 역을 맡아 화제가 되기도 했다. 안타깝게도 그녀는 최근 갑자기 세상을 뜨고 말았는데, 김수미보다 먼저 고인이 된 출연진들로는 정애란, 박윤배, 전미선, 김자옥, 트위스트 김, 김인문, 김지영, 김상순, 박용식 등을 들 수 있다.

최불암이 연기한 김 회장의 모습이 어눌한 것에 빗대어 90년대 한때는 최불암 유머 시리즈가 유행하기도 했는데, 그중에서 가장 대표적인 예로 기억나는 것은 교통신호를 위반하는 내용이다. 빨간 신호를 무시하고 계속해서 길을 무단횡단하던 최불암을 교통순경이 단속하려 들자 최불암이 하는 말은 "너도 한번 해 봐 인마, 재밌어."라는 식이다. 철권통치로 일관하던 전두환을 직접 대놓고 욕할 수는 없으니 애꿎은 최불암을 고지식한 바보로 만들어 간접적으로 스트레스를 해소한 셈이다.

그러나 실제로 양촌리 김 회장은 고루하고 융통성 없는 시골 농사꾼이다. 아무리 세상이 변해도 농사꾼은 흙을 파먹고 살아야 한다며 아들을 타이르는가 하면, 남들이 뭐라고 하건 오랜 세월 홀어머니를 모시고 사는 그만의 외고집, 그리고 무표정한 얼굴로 기가 찬 듯이 토해 내는 최불암식의 허탈한 웃음소리 등이 당시 높은 자리에서 융통성 없이 막무가내식으로 마구 밀어붙이던 답답한 세태를 반영하고도 남는다.

물론 〈전원일기〉는 농촌계몽 드라마가 아니다. 70년대 일 년 열두 달, 매일 아침마다 지겹도록 들어야 했던 새마을 운동 노래에 젖어 살던 사람들에게는 그래도 훈훈하고 따뜻한 인심이 살아 있는 농촌의 일상적인 모습을 통해 도시에서 맛볼 수 없는 매우 인간적인 체취를 느낄 수 있었기 때문에 그토록 오랜 기간 대중들의 인기를 독차지할 수 있었던 것이다. 어릴 적 향수를 자극하는 측면 또한 무시할 수 없는 인기 요인이 되었을 것이다.

어쨌든 김 회장 일가와 일용이네를 중심으로 이어지는 온갖 희비가 엇갈리는 숱한 일화와 함께하면서 사람들은 삭막한 도시 생활의 숨 막히는 분위기에서 벗어나 서로 따뜻한 인정이 오가는 세상을 그리워하고 있었는지도 모른다. 그리고 실제로 오랜 군사독재가 종말을 고하고 새로운 문민정부가 들어서면서 〈전원일기〉에 대한 관심과 흥미는 그만큼 상대적으로 줄어들 수밖에 없었다.

〈전원일기〉가 시청자들의 인기를 끌자 KBS에서도 이에 뒤질세라 농촌 드라마 〈대추나무 사랑걸렸네〉를 제작해서 1990년 9월부터 2007년 10월까지 무려 17년간 방영했지만, 〈전원일기〉만큼 주목받지는 못했다. 물론 출연진들도 김상순, 서승현, 김인문, 전원주를 비롯해서 김무생, 남능미, 박인환 등을 거쳐 백일섭, 윤미라에 이르기까지 쟁쟁한 연기자들이 총동원되었지만, 〈전원일기〉와 차별성을 두는 데 그다지 성공하지 못함으로써 시청자들의 시선을 끌지 못하고 말았다.

사랑과 진실

 김수현 극본과 박철 연출의 1984년 MBC 드라마 〈사랑과 진실〉은 근대화 과정에서 물질 만능의 가치관에 사로잡힌 시대적 격변기를 배경으로 열등감과 질투심, 욕망의 성취와 좌절로 고통을 겪는 효선(정애리)과 미선(원미경) 자매의 굴곡진 삶의 여정을 그린 드라마다. 1980년대 어둠의 시절 최고의 시청률을 올린 〈사랑과 진실〉은 한국 드라마의 단골 메뉴인 출생의 비밀을 핵심 배경으로 삼고 있어 우리 사회가 얼마나 혈연 문제에 민감한지 실감케 한다.

 자신의 생모가 따로 있다는 사실을 모른 채 자신을 키운 유모를 어머니인 줄 알고 자란 효선은 모든 면에서 항상 완벽을 추구하는 우등생이자 모범생이며 어머니를 늘 걱정하는 효녀이다. 반면에 동생 미선은 뭐든지 뛰어난 언니 효선에게 열등감과 질투심을 느끼며 오로지 자신의 예쁜 외모만 믿고 영화배우를 꿈꾸며 나대는 철부지다. 이쯤 되면 이미 자매간의 갈등이라는 주제와 낳은 정과 기른 정이라는 매우 감상적인 주제를 통해서 최소한 여성 시청자들의 자리만큼은 안전하게 확보한 상태라 할 수 있다.
 그러던 어느 날 교통사고를 당해 병원에서 사경을 헤매던 어머니가 숨을 거두기 직전에 효선인 줄 알고 털어놓은 사실로 인해 미선은 큰 충격을 받는다. 언니 효선이 원래 재벌가의 딸임을 알게 된 것이다. 하지만 미선은 그런 사실을 언니 효선에게 숨기고 마치 자신이 효선인 것처럼 속이고 재벌가의 윤 여사(김윤경)를 찾아가 잃어버린 딸 노릇을 한다.

한편 독학으로 힘겹게 대학을 마치고 미국 유학까지 다녀온 효선은 대학교수가 되어 자수성가를 이루는데, 자신이 윤 여사의 친딸이라는 사실을 알게 되면서 큰 충격을 받는다. 미선 또한 효선의 행복을 가로 챘다는 죄책감과 더불어 언제 그런 사실이 발각될지도 모른다는 불안감으로 악몽에 시달리며 지내던 중에 결국 자신의 정체가 드러나자 어디론가 종적을 감춘다.

행복하게 잘 살아 보겠다는 욕심은 누구나 다 지니고 살 수밖에 없는 소박한 꿈이기도 하지만, 문제는 타인의 불행을 등에 업고 쟁취한 행복이 과연 얼마나 지속될 것인가 하는 점이다. 물론 인간의 질투심은 그 뿌리가 매우 깊은 것임에 틀림없다. 더군다나 그것이 열등감과 상처받은 자존심에서 비롯된 것일수록 손쉽게 떨쳐 내기 어려운 강한 증오심과 질투심을 유발하기 마련이다. 그것은 형제 자매지간도 마찬가지다.

효선과 미선, 자매간에 벌어지는 자만심과 열등감의 충돌은 결국 그 화살이 자기 자신에게 돌아오는 부메랑 효과로 인해 두 여성 모두 불행을 겪게 되지만, 그런 비극은 스스로가 자초한 결과였다. 세속적인 야망과 욕심 때문에 그녀들은 배우자 선택에서도 결코 현명한 판단을 내리지 못하고 마는데, 그런 어리석음은 그녀 자신들의 개인적 결함에서 비롯된 결과였다.

물론 인간은 누구나 다 부분적인 결함을 지니고 살아갈 수밖에 없는 노릇이지만, 돈이 만능인 시대적 조류에서 유독 혼자만이 독야청청하기는 실로 어려운 과제임에 틀림없다. '황금 보기를 돌같이 하라'는 오랜 금언은 머리로만 아는 사실이지 실천은 그만큼 어려운 일이 아니겠는가. 더욱이 당시 전두환 정권 밑에서 이철희, 장영자 부부가 벌인 희대의 어음 사기 사건으로 온 세상이 들끓었던 시점이었음을 감안한다면, 황금에 눈이 먼 인간 군상의 모습을 다룬 〈사랑과 진실〉은 우리 모두에게 따끔한 일침을 가한 드라마이기도 했다.

사랑과 야망

〈사랑과 진실〉이 두 자매의 엇갈린 운명을 다룬 이야기라면, 역시 같은 김수현 극본의 1987년 MBC 주말 드라마 〈사랑과 야망〉은 상반된 성격의 두 형제 태준(남성훈)과 태수(이덕화)가 겪는 사랑과 야망, 그리고 좌절에 관한 드라마다. 〈사랑과 진실〉에 못지않은 높은 시청률로 인기를 끌었던 작품으로, 시골 방앗간집 주인(김용림)의 아들인 태준과 태수, 그리고 여동생 선희(임예진)는 제각기 다른 성격으로 각자의 운명에 마주쳐 시련을 겪지만, 자신들을 키운 어머니처럼 억척스레 삶을 개척해 나간다는 이야기다.

장남 태준은 한 치의 오차도 용납하지 못하는 꼼꼼하고 치밀한 성격의 완벽주의자로 머리도 좋아서 서울로 유학을 떠나 재학 시절 내내 장학금을 받는 수재지만 잔정이 없는 차가운 심성의 소유자다. 사법고시를 패스한 후 국회의원 비서로 일하며 정치가를 꿈꾸다가 사업가로 변신한다. 그는 첫사랑 미자(차화연)와 우여곡절 끝에 결혼한다.

반면에 물불을 가리지 않는 사고뭉치 동생 태수는 매우 충동적인 성격으로 공부는 뒷전으로 사고를 치고 서울로 달아난 뒤 나중에 건설업계 사장으로 성공한다. 그는 원치 않는 정자(안명숙)와의 결혼에 실패하지만 은환(김청)과 재혼해 안정을 얻는다.

그리고 선희는 비록 소아마비로 다리를 저는 처지이지만 비단결처럼 고운 마음씨의 소유자로, 항상 사고만 치는 작은 오빠 태수 때문에 가슴 졸이며 살아간다. 결국 착한 선희는 오빠 태준의 착실한 친구인 의

사 장홍조(노주현)와 결혼해 행복하게 살아간다.

  이들 삼 남매의 인생 역정은 비록 제각기 다른 꿈을 안고 서로 다른 길을 걷게 되지만, 그 중심에는 항상 독하고도 모진 성격의 어머니가 버티고 서 있다. 그 어떤 시련과 곤경에도 결코 흔들리는 법이 없는 어머니의 모습은 가난과 고통에 익숙한 이 땅의 모든 어머니를 대변하는 특징이기도 하다.

  그렇다. 이 땅의 모든 자식은 예기치 못한 시련을 맞이해 온갖 고초와 갈등을 겪게 되지만, 그럼에도 불구하고 마지막으로 의지하는 대상은 그보다 더한 역경을 헤쳐 온 억척스러운 어머니들이었다. 혹독한 운명으로 말할 것 같으면 일제의 탄압, 전쟁과 혁명의 세월을 겪으며 어떻게든 살아남아야 했던 이 땅의 어머니들을 능가할 자가 따로 있겠는가. 우리의 어머니들이야말로 진정한 고난과 시련의 달인들이었으며, 흔들리는 가족과 나라를 지탱해 준 중심축이었다고 자부할 수 있다.

사랑이 뭐길래

〈사랑과 진실〉에서 호흡을 맞춘 명콤비 김수현 극본, 박철 연출의 1991년 MBC 드라마 〈사랑이 뭐길래〉는 세대 간의 가치관이 충돌하기 시작한 90년대를 대표하는 코믹 홈드라마로 폭발적인 시청률을 올린 히트작이다. 사돈 관계에 있는 두 집안의 서로 다른 분위기가 당시 시대상을 드러내기도 했는데, 엄격하고 고지식하며 권위주의적인 이 사장(이순재) 집안과 민주적이고 매우 개방적인 박 이사(김세윤) 집안의 대비가 매우 흥미롭다.

유교적 가치관에 얽매인 이 사장에게 항상 구박만 당하고 사는 부인 여순자 여사(김혜자), 그리고 박 이사의 부인 한심애(윤여정)는 수다쟁이 불평꾼으로, 두 여성은 서로 친구 사이지만 결국 사돈 관계로 발전한다. 이 사장의 아들 대발(최민수)과 박 이사의 딸 지은(하희라)이 결혼하게 되면서 두 집안은 온갖 구설수에 휘말리고, 여기에 여운계, 강부자, 사미자, 신애라 등이 가세하면서 온 집안이 시끌벅적해진다.

"네가 나를 모르는데 난들 너를 알겠느냐."로 시작되는 무명 가수 김국환의 노래 〈타타타〉는 당시 드라마의 인기에 편승해 덩달아 대박을 터뜨렸으며, 대발의 아버지 역을 맡은 이순재는 드라마의 인기에 힘입어 국회의원에 당선되기까지 했다. 평생을 함께하는 부부끼리도 서로의 마음을 알 수 없는 경우가 있듯이 고루한 남편에게 항상 면박만 당하고 살아가는 여순자 여사가 답답할 때마다 틀어 놓는 노래가 바로 〈타타타〉라는 점에서 수많은 주부가 그녀의 심정에 공감을 느낀 것은 어쩌면 당연한 결과였을지 모른다.

크게 발전하라는 뜻에서 지은 대발이라는 이름의 주인공은 소아과 레지던트로 아버지의 구박에도 군소리 없이 살아가는 엄마처럼 순종적인 여성을 구하는 남성 우월주의자다. 반면에 사회학 박사 과정 중에 있는 지은은 박 이사의 딸로 엄마의 반대를 무릅쓰고 고루하기 짝이 없는 남자와 결혼하겠다고 고집을 부려 집안에 평지풍파를 일으킨다. 마침내 결혼에 성공한 그녀는 마침내 자신이 전공한 사회학의 정신에 따라 철옹성과도 같은 시댁의 보수 체제를 개혁하기 위해 일대 도전을 감행한다. 가장 최초의 개혁은 남녀 구분해 따로 먹는 밥상 제도의 타파를 통해 이루어진다. 이는 가히 혁명적인 변화였다.

서로 다른 가치관의 충돌과 타협, 그리고 화해 과정을 다룬 이 드라마는 당시 매우 강압적인 전두환 정권이 물러나고 보다 유연한 노태우 정권이 들어서면서 맞이한 서울 올림픽을 계기로 새로운 개방 물결에 힘입은 결과, 세대 간의 가치관 충돌이 불가피한 시점에 때맞춰 나온 작품이기도 했다. 그런 점에서 기성세대의 고루한 가치관에 과감히 도전하는 며느리의 출현은 곧이어 나타난 '서태지와 아이들'의 돌풍을 예고한 것이기도 했다.

하지만 그런 갈등은 세대 간의 차이뿐 아니라 같은 또래 집단에서도 발생한다. 지은의 할머니들이 바로 그렇다. 기독교 신자인 할머니 진숙(여운계)과 불교 신자인 이모할머니 선숙(강부자), 그리고 무신론자인 이모할머니 미숙(사미자) 사이에는 항상 티격태격 입씨름이 벌어지기 일쑤다. 그런저런 쏠쏠한 재미로 〈사랑이 뭐길래〉는 역대 드라마 사상 가장 높은 시청률을 기록하기도 했다.

세 친구

　목연희, 이성은 극본, 송창의 연출의 2000년 MBC 시트콤 드라마 〈세 친구〉는 절친한 노총각 친구들 정웅인, 박상면, 윤다훈 3인을 중심으로 벌어지는 유쾌하고 코믹한 일상을 다룬 내용이다. 정신과 의사 정웅인과 의상실 영업실장 박상면, 그리고 헬스클럽 매니저인 윤다훈은 모두 서른 고개를 갓 넘긴 노총각들로 제각기 다른 성격들의 소유자다. 당시 시청자들은 이들이 일상에서 벌이는 온갖 해프닝과 엎치락뒤치락하는 실랑이로 실소를 터뜨리며 하루에 쌓인 피로와 스트레스를 한 방에 날려 버리곤 했다.

　정신과 의사 정웅인은 모범생 출신으로 어려움을 모르고 살아서 세상 물정에 어둡고 자기주장이 강하며 보수적이라 융통성이 없으며 유머 감각도 없는 강박적 성격의 소유자다. 결벽증이 심한 완벽주의자로 특히 여자라면 겁부터 집어먹는 그는 그래도 속으로는 은근히 여자에게 관심을 보인다.
　그에 반해 박상면은 매우 낙천적이고도 유머 감각이 풍부한 따스한 성품의 남자로 모든 것을 항상 긍정적으로 바라보는 여유를 지니고 있어 여자들에게 인기가 높지만 깊이 사귀지는 못하고 그저 어울리기만을 좋아한다. 잡기에 능하고 특히 스케치를 잘 그린다. 그러나 자신의 외모에 열등감을 지니고 있으며, 먹는 것에 집착해 항상 입안에 뭔가를 집어넣고 오물거린다. 당연히 비만 증세가 있다.
　반면에 항상 여자를 밝히며 잔머리 굴리기를 잘하는 떠버리 윤다훈은 매우 수다스럽고 어수선해서 한 가지 일에 집중을 못 하지만 애교만큼은 흘러넘쳐서 주위 사람들 모두에게 넉살 좋고 친밀하게 접근하는 재주가 있다. 하지만 만사에 게으르고 생색을 잘 내며 은근히 겁도 많다.

정웅인의 후배 의사인 다혈질의 노처녀 안문숙은 남몰래 정웅인을 짝사랑하지만, 자존심 때문에 사랑을 먼저 고백하지 못한다. 뜻하지 않게 강력한 연적으로 나타난 헬스클럽 카운터 직원 안연홍을 견제하느라 무진 애를 쓴다. 가장 웃긴 것은 안문숙이 운전면허를 따고 정웅인과 함께 도로 주행을 연습하는 장면으로, 겁이 나서 우회전을 하지 못하는 바람에 밤새도록 직진만 하다 결국에는 부산까지 내려간 두 남녀의 일그러진 표정이 일품이다.

그런데 멋대가리 없는 정웅인을 제외하고 여기에 등장하는 젊은 군상들의 모습을 살펴보면 과거에 젊은이들이 보였던 조용하고 과묵한 모습들과는 달리 천방지축이고 재기발랄하다는 점에서 신세대 청춘들의 이미지를 잘 드러낸 것으로 평가된다. 특히 여성을 상대로 작업에 들어가는 일에 천부적인 재능을 지닌 윤다훈의 입심과 좋아하는 상대에게 막무가내식으로 들이대는 안연홍의 모습은 달라진 애정 풍속도의 현실을 실감케 한다. 하기야 21세기에 접어든 새천년 시대에 걸맞는 분위기를 반영한 것으로 볼 수도 있겠으나, 이미 지난 90년대에 새롭고 자유로운 가치관을 접하며 사춘기를 겪은 젊은이들이 기성세대와는 달리 매우 낙천적인 모습에다 고루한 가치관에 얽매이지 않는 자유분방함을 보인다는 점에서 확실히 변화된 세상임을 실감하게 된다. 당연히 주인공들과 동질감을 느낀 젊은 층 시청자들에게 큰 인기를 끌었다.

겨울연가

　배용준과 최지우가 주역을 맡은 윤석호 연출의 2002년 KBS 드라마 〈겨울연가〉는 방영 당시 국내에서는 별다른 호응을 얻지 못했으나 의외로 일본에서 욘사마 돌풍을 일으키며 한류 열풍의 도화선이 되었던 드라마로 첫사랑에 얽힌 세 남녀의 운명적인 만남과 헤어짐을 다룬 이야기다. 특히 일본의 중장년층 주부들 사이에서 배용준의 인기가 치솟아 욘사마는 일약 국제적인 유명 인사로 떠올랐다. 그 후 드라마의 무대가 되었던 남이섬은 몰려든 일본 관광객들로 한동안 북새통을 이루기도 했다. 그야말로 이상 열기를 보인 셈인데, 첫사랑에 관련된 애절한 사연이 그동안 사회의 주류가 되지 못하고 아웃사이더로 지내야 했던 일본 주부들의 심금을 울린 것 같다.

　하지만 국내에서 〈겨울연가〉는 당시 막강한 시청률을 과시하던 〈상도〉, 〈여인천하〉와 방영 시간대를 함께하는 죽음의 조에 속해 있었기 때문에 고전을 면치 못했으며, 그것도 윤석호 연출의 전작 〈가을동화〉에 비해서도 낮은 시청률을 기록할 정도로 국내 시청자들에게는 별다른 호응을 얻지 못하였다. 왜냐하면 〈가을동화〉와 마찬가지로 우리나라 막장 드라마에서 걸핏하면 전가의 보도처럼 써먹는 출생의 비밀과 교통사고, 기억상실증 등 진부한 플롯을 재탕하고 있기 때문이다. 그럼에도 불구하고 첫사랑의 주제는 뭔가 물리치기 어려운 마력이 숨겨져 있는 듯이 보인다. 이처럼 누구에게나 애틋한 추억을 떠올리게 하는 첫사랑의 주제는 〈겨울연가〉의 독특한 매력이기도 하다.

서울에서 춘천으로 전학 온 고교생 강준상(배용준)은 자신의 출생에 관한 비밀을 풀기 위해 같은 반 친구 김상혁(박용하)의 아버지를 찾아간다. 그런 와중에 정유진(최지우)과 가까워진 준상을 상혁은 몹시 경계한다. 상혁 역시 유진을 좋아하기 때문이다. 그런데 우연히 접한 유진의 가족사진을 통해서 자신의 생부가 사실은 상혁의 아버지가 아니라 유진의 아버지라고 믿게 된다. 배다른 남매를 좋아했다는 사실에 충격을 받은 준상은 어머니를 따라 미국으로 떠나기로 결심했는데, 직전에 유진을 만나러 달려가다 교통사고를 당하고 만다. 갑자기 준상의 사망 소식을 접한 유진은 큰 충격을 받고 상심한다.

그 후 세월이 흘러 우연히 재미 사업가 이민형을 본 유진은 큰 혼란에 빠지는데, 죽은 준상과 너무도 닮았기 때문이다. 그녀로부터 죽은 애인에 관한 이야기를 들은 이민형은 과거에 준상이 살았다는 춘천 집을 찾아가는데, 놀랍게도 그곳에서 어머니를 만나고, 그녀의 입을 통해 자신이 기억상실증에 걸린 준상임을 알게 된다. 하지만 이미 상혁과 약혼한 유진의 곁을 떠나기로 작심한 민형은 이번에도 역시 교통사고를 당해 뇌 손상 후유증으로 시력을 잃게 되고 그동안 해외 유학을 다녀온 유진은 해변의 집에 홀로 사는 민형과 재회하고 사랑을 다시 확인한다.

이처럼 안타까운 이별과 상봉을 반복한 준상과 유진의 애달픈 러브 스토리는 그들의 사랑이 첫눈처럼 순수하기 이를 데 없는 첫사랑이라는 점에서 더욱 크게 다가와 많은 이의 심금을 울린다. 하지만 이 드라마에는 이처럼 애절한 사랑의 주인공들만 나오는 게 아니다. 준상과 유진으로 인해 마음의 상처를 더욱 크게 받은 인물들도 있다. 유진을 준상에게 빼앗김으로써 질투심과 분노에 휩싸인 상혁이 그렇고, 준상을 좋아하지만 단 한 순간도 그의 마음을 얻지 못한 오채린(박솔미)의 아픔과 비애가 있다. 어쨌든 〈겨울연가〉는 비록 신파조의 내용에도 불구하고 일본 열도를 강타하며 한류 열풍의 기폭제 노릇을 톡톡히 했다는 점에서 매우 기념비적인 작품으로 기억된다.

천국의 계단

 박혜경 극본, 이장수 연출의 2003년 SBS 드라마 〈천국의 계단〉은 당시 MBC 드라마 〈대장금〉과 함께 시청률 경합을 벌일 정도로 높은 인기를 차지한 화제작이지만, 다른 한편으로는 막장 드라마의 전형으로 꼽히기도 한다.

 권상우와 최지우가 주연을 맡은 애달픈 사랑의 이야기로, 금지된 사랑과 이루어질 수 없는 사랑의 장벽에 괴로워하며 몸부림치는 네 남녀가 중심인물이다. 서로 남매처럼 닮은꼴인 차송주(권상우)와 한정서(최지우), 그리고 자폐적인 성격으로 애정 결핍증에 빠진 한태화(신현준)와 질투의 화신 한유리(김태희)가 이야기를 이끌어 간다. 태화와 유리는 정서의 의붓형제다.

 태어날 때부터 운명적인 만남으로 이루어진 송주와 정서의 인연은 순수한 사랑의 천국으로 인도하는 듯 보이다가 종국에는 영원한 이별로 마무리되고 만다. 어릴 때부터 남매처럼 친하게 어울리며 자란 그들은 모두 부유한 집안의 자식들로, 송주는 대기업 회장의 외아들이고 정서는 건축과 교수의 외동딸이다. 하지만 정서는 아버지의 재혼으로 계모를 맞이하면서 점차 삶의 나락으로 빠져드는데, 특히 계모가 데리고 들어온 의붓동생 유리로 인해 돌이킬 수 없는 곤경에 빠지고 만다. 이쯤 되면 이복형제끼리의 갈등과 질투, 그리고 근친상간적 사랑의 금지, 교통사고와 기억상실, 불치병의 죽음 등 우리나라 막장 드라마의 모든 요소가 골고루 양념처럼 배어 있음을 알 수 있다.

　정서의 계모 태미라(이휘향)는 자신이 낳은 딸 유리를 감싸고 돌며 정서를 학대하는데, 유리의 친오빠 태화는 정서를 은밀히 사랑하면서도 남매 관계라 감히 드러내지 못한다. 반면에 유리는 자신보다 공부도 잘하고 더 나아가 자기가 좋아하는 송주와 오누이처럼 사이좋게 지내는 정서를 몹시 질투하고 미워한다. 유리는 수시로 정서를 괴롭히고 못살게 구는 일에 그치지 않고 억울한 누명까지 씌워 부녀지간을 갈라놓으면서 결국에는 정서의 유학 기회를 자신이 가로채고 송주와 함께 해외로 떠난다.
　그 후 귀국한 유리는 음주 운전 중에 정서를 들이받아 기억상실증에 걸리게 만들고 처벌이 두려워 오빠 태화에게 정서를 떠맡긴다. 정서를 데리고 어디론가 잠적한 태화는 정서에게 그녀의 이름이 김지수라고 속이며 결혼까지 하려고 든다. 하지만 정서의 기억이 돌아오고 송주와 다시 만나게 되자 결국 태화는 정서를 포기하고 오히려 그들의 관계를 돕는다. 그동안 유리의 계략에 넘어가 정서가 죽은 줄만 알고 있던 송주는 유리와의 약혼을 깨고 마침내 정서와 결혼하기에 이른다. 하지만 행복도 잠시일 뿐, 안구암에 걸려 시력을 잃게 된 정서는 암이 뇌로 전이되면서 송주의 품에 안겨 조용히 숨을 거둔다.

　이처럼 가슴 아픈 송주와 정서의 사랑 이야기에 못지않게 드라마의 한 축을 이루고 있는 또 다른 주인공은 바로 질투의 화신 유리라 하겠다. 하기야 인간의 질투심과 탐욕에는 따로 약도 없고 그래서 종교가 더욱 필요한지도 모르겠지만, 이 모든 사건이 유리를 중심축으로 벌어진다는 점에서 정서와 송주보다는 오히려 한유리가 드라마의 주인공에 가깝다고 볼 수도 있겠다. 다만 한 가지 아쉬운 점이 있다면 신현준의 미스캐스팅과 김태희의 연기력이 기대에 못 미친다는 사실이라 하겠다. 그럼에도 불구하고 이 드라마는 당시 폭발적인 시청률을 기록하며 큰 인기를 끌었다.

불새

　이유진 극본, 오경훈 연출의 2004년 MBC 드라마 〈불새〉는 자살로 생을 마감한 이은주의 마지막 TV 출연작이다. 가난한 고아 출신으로 아메리칸드림을 성공시킨 사업가 장세훈(이서진)이 과거에 자신을 버렸던 옛 애인 이지은(이은주)과 현재 불구의 몸으로 자신을 붙들고 놓아주지 않는 아내 윤미란(정혜영) 사이에서 갈등과 혼란에 빠져 괴로워하다 결국에는 옛사랑을 되찾는다는 이야기다.

　신영섬유 사장의 딸 지은은 대학 시절 사랑한 세훈과 집안의 반대를 무릅쓰고 결혼까지 하지만 가난한 달동네 생활에 점점 지쳐 가는데, 세훈과 갈등을 겪은 데다 사고로 유산까지 하게 되자 세훈에게 이별을 통보하고 그 곁을 떠난다. 그 후 세훈이 미국으로 유학을 떠난다는 소식에 그를 붙잡기 위해 공항으로 달려가지만, 이를 말리려던 지은의 아버지가 차에 치여 사망하게 된다. 아버지를 죽게 했다는 죄책감으로 세훈에 대한 미련을 접은 지은은 아버지의 죽음으로 집안이 몰락하면서 연회장 도우미로 일하기 시작한다.

　시간이 흘러 연회장에서 세훈과 우연히 마주친 지은은 그가 대학 동창인 미란과 약혼한 사실을 알고 착잡한 심경에 빠진다. 유학 중에 자신의 실수로 하반신 불구가 된 미란에 대한 죄책감으로 그녀와 약혼까지 한 세훈은 귀국한 후 지은과 재회하면서 마음이 흔들린다. 그런 낌새를 눈치챈 미란은 질투심과 분노에 사로잡힌 나머지 지은에게 온갖 행패를 벌이며 수모를 안겨 준다. 그러던 어느 날 우연히 휠체어에서 일어나 두 발로 멀쩡하게 서 있는 미란의 모습을 발견한 세훈은 충격과 더불어 엄청난 배신감에 빠져든다. 그동안 미란은 세훈을 곁에 붙들어 두기 위해 상태가 호전되어 충분히 걸을 수 있음에도 불구하고 그 사실을 숨긴 채 계속해서 불구자 연기를 한 것이다. 결국 세훈에게 파혼당한 미란은 신세를 비관해 자살하고, 세훈과 지은은 되찾은 사랑을 서로 확인한다.

여기서 미란과 세훈의 관계를 어떻게 봐야 할 것인지 한번 짚어 볼 필요가 있다. 물론 세훈은 죄책감에 따른 연민의 정으로 미란을 대한 것이기 쉬우며, 세훈에 대한 미란의 마음은 진정한 사랑이라기보다는 자존감의 승부를 내세운 강한 집착의 결과라 할 수 있다. 그런데 이처럼 사랑과 집착을 혼동함으로써 자신은 물론 타인까지 힘겹게 만드는 사람들이 우리 주위에 심심치 않게 존재한다는 사실이 안타까울 따름이다. 그런 점에서 첫사랑의 결실을 맺은 지은과 세훈은 엄청난 행운아들인 셈이다. 그리고 한때 지은을 사랑했던 정민이 무심코 내뱉은 대사, '자살'을 거꾸로 하면 '살자'가 된다는 말은 행복 전도사로 알려진 최윤희 씨가 인용해 유명해지기도 했지만, 정작 이은주와 최윤희 두 사람 모두 자살로 생을 마감했으니 참으로 아이러니하지 않을 수 없다.

발리에서 생긴 일

　김기호 극본, 최문석 연출의 2004년 SBS 드라마 〈발리에서 생긴 일〉은 주먹으로 입을 틀어막고 솟구치는 울음을 억지로 참는 조인성의 연기와 충격적인 마지막 장면으로 더욱 유명해졌다. 일찍 부모를 여의고 고아로 외롭게 자란 수정(하지원)은 비록 힘겨운 삶이지만 백마 타고 나타날 왕자를 꿈에 그리며 살아간다. 그런 그녀 앞에 나타난 운명의 두 남자, 강인욱(소지섭)과 정재민(조인성) 사이에서 수정은 예기치 못한 비극적 상황에 휘말리고 만다. 물론 한 여성을 두고 벌어지는 삼각관계 스토리는 매우 진부한 주제일 수 있지만, 비극적인 결말을 제외하고 본다면, 우리의 일상에서 흔히 접할 수 있는 이야기라 할 수 있다. 그래서 두 남자 사이를 오가며 갈팡지팡하다 꽃다운 청춘을 마감하고 마는 수정의 모습이 더욱 안쓰럽다.

　가난해서 변변한 학력조차 없는 수정은 그래도 머리가 좋고 외국어 실력이 뛰어난 덕에 인도네시아 발리에서 여행사 가이드로 일한다. 그러던 어느 날 재벌가의 차남 정재민과 최영주, 강인욱 일행을 만나 수모를 겪은 뒤에 여행사 사장에게 사기를 당하고 빚까지 떠안게 되자 한국으로 도망쳐 어릴 적 친구 미희(신이)의 달동네 단칸방에 들어가 얹혀살게 된다. 설상가상으로 말썽꾼 오빠의 빚까지 떠맡은 수정은 발리에서 만난 재민이 재벌가의 아들임을 알게 되면서 회사로 그를 찾아가 도움을 청하고 마침내 수정에게 마음이 끌린 재민의 도움을 받게 된다.

한편 달동네 옆집으로 이사 온 강인욱은 재민의 회사에 근무하지만, 과거에 사귀던 애인 영주(박예진)가 재민과 약혼하면서 재민의 견제를 받는다. 그런데 재민이 수정에게 관심을 보이기 시작하자 영주가 수정에게 질투심을 보이게 된다. 하지만 수정에게 마음이 끌린 것은 재민뿐이 아니었다. 인욱도 겉으로 드러내지는 않았으나, 은근히 수정을 좋아하게 된 것이다.

이처럼 네 사람 사이에 복잡 미묘한 관계와 질투심이 서로 뒤엉킨 가운데 이들 관계를 이용하려는 재민의 형 일민(김일우)으로 인해 사실상 수정과 재민, 인욱 세 사람은 서서히 파멸의 길로 접어들고 만다. 동생 재민을 편애하는 부모의 눈에 들기 위해 재민을 곤경에 빠트리고자 애쓰는 일민은 재민의 연적인 인욱을 이용해 공금을 빼돌리게 만들고, 만일의 경우 인욱에게 뒤집어씌울 작정이다. 하지만 인욱이 먼저 선수를 쳐 공금을 빼돌린 뒤 수정을 데리고 발리로 도망치고, 두 사람의 뒤를 쫓은 재민은 호텔에 함께 누워 있는 인욱과 수정을 쏴 죽이고 자기도 자살한다.

결국 이 드라마의 핵심도 질투와 분노로 인해 벌어지는 인간의 파멸적인 최후를 극적인 모습으로 보여 주는 데 있다고 할 수 있다. 드라마에서처럼 직접적으로 살인에까지 이르지는 않는다 하더라도 정신적 상처와 파멸로 이끄는 경우는 실제로 흔히 벌어지는 일이다. 단적인 예로, 인기 연예인을 상대로 입에 담을 수 없는 끔찍스러운 내용의 악플을 다는 누리꾼들의 모습을 보면 결코 본의는 아닐지언정 미필적 고의에 의한 살인 행위에 가까운 행위가 아닐 수 없다. 그런 악플에 상처를 입은 나머지 실제로 자살한 연예인들이 적지 않기 때문이다. 물론 그런 악플은 잘나가는 연예인의 성공에 대한 극도의 질투심 때문으로 보이는데, 하기야 복권에 1등 당첨되어 졸지에 팔자 고친 친구가 있다면 말로는 축하해 주겠지만, 속으로는 얼마나 부럽겠는가. 그러니 "사촌이 논을 사면 배가 아프다."라는 속담은 오히려 점잖은 축에 들어간다.

파리의 연인

 김은숙, 강은정 극본, 신우철, 손정현 연출의 2004년 SBS 드라마 〈파리의 연인〉은 다소 엉뚱한 구석이 있기는 하지만 투박한 매너에도 불구하고 따뜻한 마음씨를 지닌 그러나 정작 사랑에는 미숙한 순진녀 강태영(김정은)이 두 남자 사이에서 갈등하다 마침내 신분의 장벽을 극복하고 꿈같은 사랑의 쟁취에 성공하는 현대판 신데렐라 이야기다.
 물론 이처럼 신분 상승을 이루는 신데렐라의 모습에만 초점을 맞추다 보면, 대리만족을 제공해 준다는 이점을 제외하고는 현실성이 매우 떨어진다는 약점 때문에 시청률 확보에 어려움이 클 수밖에 없다. 하지만 박신양의 힘 있는 연기와 김정은의 순정미가 코믹하고 환상적인 콤비를 이룬 덕에 인기몰이에 성공한 드라마라 할 수 있다.

 재벌가의 아들로 태어나 단 한 번도 패배나 쓰라린 좌절을 겪어 보지 못했기에 매우 오만방자하지만 강박적인 성향 때문에 내심 사랑을 두려워하는 이혼남 한기주(박신양), 그리고 태영을 짝사랑하며 저돌적으로 들이대는 자유분방한 보헤미안 스타일의 반항아 윤수혁(이동건) 사이에서 갈등을 겪게 되는 태영은 파리에서 영화를 공부하던 중에 이들 두 남자와 첫 인연을 맺는다.
 자동차 회사 사장인 한기주는 파리에 머물던 시절, 가정부로 고용했던 태영에게 호감을 느낀다. 그런데 태영을 좋아한 것은 기주뿐 아니라 조카인 수혁도 있었다. 그리고 수혁은 이미 기주에게 기울어진 태영의 마음을 돌리기 위해 무진 애를 쓴다. 자기 가슴을 가리키며 "이 안에 너 있다."라는 말로 그녀에 대한 사랑을 고백하는 수혁을 단지 친구로만 대하는 태영의 태도에 크게 낙담한 수혁은 삼촌인 기주에게 강한 질투심을 느끼게 된다.

그러나 아버지 한 회장(김성원)의 강요로 국회의원의 딸 문윤아(오주은)와 정략결혼을 해야 할 처지에 놓인 기주는 약혼식장을 뛰쳐나가고 태영을 찾아가 사랑을 고백한다. 공개적으로 망신을 당한 문윤아는 질투심과 분노에 사로잡힌 나머지 온갖 수단을 동원해 태영을 괴롭히고 기주를 차지하려고 든다. 그런데 앙심을 품은 것은 수혁도 마찬가지다. 삼촌을 연적으로 둔 수혁은 자신의 모든 것을 앗아 간 기주에게 복수하기 위해 회사 기밀을 빼돌려 경쟁사에 넘김으로써 기주를 곤경에 빠트린다.

그런데 질투와 복수심에 이어 우리 드라마의 단골 메뉴인 출생의 비밀이 밝혀지면서 기주가 삼촌이 아니라 형이라는 사실이 드러나고 이에 엄청난 충격을 받은 수혁은 분노의 질주를 하다 교통사고를 당하면서 기억상실증에 걸리고 만다. 하지만 그것은 모든 것을 포기한 수혁이 기주와 태영을 위해 기억상실을 연기한 것일 뿐이니 여느 드라마의 기억상실과는 그 차원이 다르다고 하겠다.

따라서 그동안 자기밖에 모르며 제멋대로 굴던 수혁의 나르시시즘적 특성은 현대의 젊은 세대를 대변한다고 볼 수도 있겠는데, 어떻게 한순간에 그런 특성이 뒤바뀔 수 있는지 신기하기만 하다. 하지만 덩달아 마음의 상처를 입은 태영도 기주의 미래를 위해 그의 곁을 떠난다. 한편 기주는 사업에만 전념하다 다시 초심으로 돌아가는 심정으로 파리로 가서 정비사로 일하다가 그곳에서 태영과 운명적인 만남을 다시 이루게 된다. 그렇게 드라마는 해피 엔딩으로 마무리되면서 그동안 가슴 졸이던 시청자를 안심시킨다.

〈파리의 연인〉은 진부한 신데렐라 스토리의 현대판이라 할 수 있음에도 불구하고 방영 당시 엄청난 시청률을 올리며 인기몰이에 성공했다. 백마 탄 왕자님의 인기는 역시나 시대적 차이를 초월해 변함없이 유지되고 있음을 확인할 수 있었다. 따라서 돈 많은 남성에 빌붙어 팔자 한번 고쳐 보려는 저급한 환상을 부추긴다는 일각의 비판도 거세게 일었지만, 절대 다수의 여성들은 그런 비판에 아랑곳하지 않고 드라마 자체를 즐긴 것으로 보인다.

하지만 아이러니하게도 원래 제작진의 의도는 그런 허황된 신데렐라 콤플렉스에 대해 그 나름대로 경종을 울리려 했던 것으로 알려졌는데, 막판에 이상한 방향으로 엔딩을 처리한다는 소문이 돌자 시청자들의 거센 반발로 인해 결국에는 적당히 해피 엔딩으로 마무리했다는 것이다. 아무튼 우리나라 시청자들의 거센 입김은 표현의 자유조차 뒤집어 엎을 정도로 막강한 힘을 지니고 있음을 알 수 있다.

신데렐라 스토리나 기억상실을 가장한 모습 외에도 기묘한 출생의 비밀 역시 억지에 가깝다고 하겠다. 수혁이 삼촌인 줄 알았던 기주의 존재가 사실은 아버지가 다른 형제였으며, 기주도 누나인 줄 알고 지내던 인물이 사실은 친모일 뿐만 아니라 아버지인 줄 알고 자란 인물 역시 외할아버지였다는 설정 자체가 무슨 이상하게 꼬인 꽈배기처럼 시청자들의 두뇌를 혼란시킨다. 굳이 그럴 필요가 있었을까 싶기도 하다. 그래도 극 중에 흐르는 조성모의 노래 〈너의 곁으로〉는 계속 히트를

쳤으며, 박신양의 양복 넥타이 매는 법까지 유행할 정도로 드라마의 인기는 식을 줄 몰랐으니 참으로 한국 드라마의 파워는 아무나 넘볼 분야가 아님에 틀림없다.

미안하다, 사랑한다

　이경희 극본, 이형민 연출의 2004년 KBS 드라마 〈미안하다, 사랑한다〉는 해외 입양아의 비극적인 운명을 다룬 이색 드라마다.

　세상에서 버림받은 주인공 무혁(소지섭)은 어릴 적 호주에 입양되었다가 양부모에게마저 버림받고 거리의 불량배가 되어 들개처럼 살아간다. 그는 같은 입양아 처지의 지영(최여진)을 사랑하고 있었는데 그녀가 자신을 배신하고 다른 남자와 결혼식을 올리던 중에 킬러의 습격을 받은 지영을 구하기 위해 자신이 대신 총을 맞고 쓰러진다. 구사일생으로 살아남지만, 머리에 총알이 박힌 그는 시한부 생명의 처지에 놓인다. 그 후 무혁은 자신이 태어나고 그리운 어머니가 살고 있는 한국에서 죽겠다는 마음으로 한국행 비행기에 몸을 싣는다.
　하지만 귀국한 후 목격한 사실은 충격 그 자체였다. 자신을 낳아 준 어머니는 유명 배우 오들희(이혜영)였고, 해외 촬영차 호주에 방문했던 인기 가수 윤(정경호)이 바로 그녀의 아들이라는 사실을 알게 되었기 때문이다. 더욱이 그들이 오붓하게 호화로운 삶을 즐기고 살아가는 모습을 바라본 무혁은 씻을 수 없는 배신감과 분노, 질투심을 느끼고 마침내 복수를 다짐한다. 이들 모자의 주변을 맴돌며 복수의 기회만을 엿보던 무혁은 윤의 애인 민주(서지영)에게 접근을 시도하고 더 나아가 윤의 매니저로 들어간다. 그리고 서서히 민주를 유혹하기 시작한 무혁은 마침내 윤의 이미지에 치명타를 가하기 위해 윤과 은채(임수정)의 스캔들을 고의적으로 언론에 터뜨린다.

그런데 날이 갈수록 무혁은 은채에게 깊은 사랑을 느끼게 되고, 무혁과 윤 두 남자 사이에서 갈팡질팡하며 갈등하던 은채는 무혁이 시한부 생명이라는 사실을 알게 되면서 무혁에게로 완전히 돌아선다. 결국 윤도 둘의 사랑을 인정하고 물러선다. 무혁은 나중에 자신의 출생에 얽힌 비밀과 어머니가 자신을 버린 게 아니라는 사실을 알고 어머니를 용서한다. 그리고 은채에게 사랑한다는 말을 남긴 채 숨을 거둔다. 그 후 은채는 무혁과의 추억을 되새기며 그의 무덤 앞에서 스스로 목숨을 끊는다. 은채에게 "밥 먹을래, 나랑 살래? 밥 먹을래, 나랑 같이 죽을래?"라고 외치는 무혁의 처절한 절규가 크게 화제를 일으킨 드라마다. 소지섭은 〈발리에서 생긴 일〉에서 여주인공 하지원과 함께 죽음을 맞이하더니 〈미안하다, 사랑한다〉에서도 역시 임수정과 함께 비극적인 죽음을 맞이함으로써 해피 엔딩과는 거리가 멀다는 인상을 심어 주기도 했다.

이처럼 〈미안하다, 사랑한다〉는 머리에 총알이 박힌 해외 입양아의 시한부 인생, 자신을 버린 부모에 대한 복수와 용서 등 다소 극단적이고 비현실적인 내용을 담고 있다. 그럼에도 불구하고 서로 엇갈린 애정의 삼각관계나 그로 인한 질투와 죄책감, 상실과 이별 등 우리 주변에서 흔히 찾아 볼 수 있는 감정적 고통의 문제를 다루고 있어서 특히 젊은 시청자들 사이에서 큰 인기를 모은 것으로 알려졌다.

마치 한 편의 그리스 비극을 보는 듯한 〈미안하다, 사랑한다〉의 비장미는 특히 소지섭의 강렬한 눈빛에서 뿜어내는 카리스마적 파워에 힘입어 젊은 시청자들 사이에서 '미사 신드롬'을 불러일으켰는데, 미사란 드라마 제목의 약어다. 이 드라마를 통해 그동안 무명에 가까웠던 임수정도 일약 주연급 스타로 발돋움하기에 이르렀다. 한편 〈미안하다, 사랑한다〉의 폭발적인 인기에 편승해 그 후 일본판 〈미안하다, 사랑한다〉도 제작되었으나, 주연을 맡은 나가세 토모야의 한국어 발음이 정말 들어 주기 힘겨울 정도로 너무 엉망이라 오히려 역효과를 낳고 말았다는 풍문이다. 그런 점에서 소지섭의 뛰어난 연기는 그야말로 독보적이라 할 수 있겠다.

굳세어라 금순아

신인 한혜진과 강지환을 일약 스타덤에 올려놓은 이정선 극본, 이대영 연출의 2005년 MBC 드라마 〈굳세어라 금순아〉는 온갖 시련에도 불구하고 결코 좌절하지 않고 용기 있게 삶을 헤쳐 나가는 싱글 맘 나금순(한혜진)의 씩씩한 모습을 그린 드라마다.

혼자 힘으로 아이를 키우는 젊은 과부 나금순은 매우 촌스럽기는 해도 당차고 억센 의지의 여인으로 곤경에 처했을 때마다 주먹을 불끈 쥐고 "아자!" 소리치며 기합을 넣어 스스로 용기를 북돋는다. 어린 나이에 부모를 잃고 하숙집을 운영하는 할머니(윤여정) 밑에서 컸으며, 하숙생 노정완(김남길)과 눈이 맞아 임신한 상태로 결혼까지 했으나 남편이 사고로 일찍 죽는 바람에 아이를 낳고 시댁에 얹혀살면서 미용사의 꿈을 키운다.

부모 없이 자란 탓에 일찍 철이 들고 독립심이 매우 강한 또순이 기질을 지닌 금순은 아무리 서럽고 힘겨워도 그런 내색을 일체 하지 않는 여성이다. 비록 그녀는 미용사를 꿈꾸지만, 취업이 여의치 않자 스쿠터를 타고 녹즙 배달 일을 하던 중에 우연히 외과의사 구재희(강지환)와 충돌하는 사고를 통해 인연을 맺게 된다. 그 후 재희의 어머니 오미자 여사(윤미라)가 운영하는 헤어 숍에 취업해 꿈에 그리던 미용사 일을 시작한 금순은 재희를 은근히 좋아하는 미용실 실장 장은주(이세은)의 질투 대상이 되기도 한다. 재희의 어머니 오미자 여사는 은주를 며느릿감으로 점찍고 은근히 그녀를 응원하고 밀어주기도 하지만, 재희의 마음은 다소 엉뚱하더라도 씩씩한 모습의 금순에게 쏠리고 결국에는 숱한 우여곡절 끝에 두 사람은 결혼에 골인한다.

그런데 이 드라마에 등장하는 인물들의 특성이 매우 다양하면서도 우리의 일상에서 흔히 마주칠 수 있는 사람들이라는 점에서 더욱 흥미롭다. 주인공 금순과 재희도 마찬가지다. 특히 구재희는 의사 신분으로 환자가 아닌 사람들 앞에서는 오만불손하기 이를 데 없으며, 승부욕도 매우 강한 편이라 운전 중에 누가 자신을 추월이라도 하면 기필코 따라잡아 자기가 추월을 해야만 직성이 풀리는 성격의 소유자이다. 그렇게 남에게 지기 싫어하는 특성은 악착같이 공부해서 의사로 성공하는 데 밑거름이 되기도 했지만, 겉으로 그토록 자신만만하고 잘난 척하는 이면에는 남들이 혹시라도 자신을 무시하지나 않을지 두려워하는 마음이 자리 잡고 있었다.

그런데 재희의 그런 태도에 결정적인 영향을 끼친 것은 어릴 적부터 알게 된 자신의 출생에 관한 비밀이었던 것이다. 비록 어머니는 생부와 이혼한 것이라고 둘러댔지만, 재희는 자신이 사생아로 태어났음을 진작부터 알고 있었던 것이다. 그런 이유 때문에 그는 순수하고 정직한 태도로 용기 있게 세상을 헤쳐 나가는 금순을 통해 자신에게도 솔직해질 수 있는 용기를 얻고 그녀와 일생을 함께하기로 작정한 것이다.

시장에서 힘겹게 장사를 하며 금순을 키운 불같은 성격의 할머니도 사실은 정이 무척 많은 인물이고, 젊은 나이에 청상과부가 된 막내며느리 금순의 처지를 딱하게 여기고 딸처럼 데리고 사는 시아버지 노 소장(박인환)은 젊은 시절 자기를 닮아 사고만 치는 차남 노태완(이민기) 때문에 더욱 골치가 아프다. 그런 노 소장을 구박하는 아내 김정심(김자옥)은 고졸 학력에 고아나 다름없는 며느리 금순을 무시하고 죽어라 일만 시키는 엄한 시어머니지만, 그녀도 안하무인 격인 큰며느리 하성란(김서형) 때문에 오히려 스트레스를 받으며 '며느리살이'를 한다. 하기야 예전에는 힘겨운 시집살이로 정신과 외래를 찾는 며느리들이 많았지만, 요즘에는 자기주장이 강하고 제멋대로인 며느리 때문에 정신과 외래를 찾는 시어머니들이 훨씬 많아진 게 사실이다.

잘생긴 외모로 모델을 꿈꾸는 차남 태완은 입으로만 항상 큰소리치는 백수건달로 속으로 은근히 제수인 금순을 좋아한다. 하지만 그가 걸핏하면 사고를 쳐서 부모의 속을 썩이는 것도 사실은 부모의 관심과 사랑을 받고 싶어 그랬던 것이다. 한편 갓 태어난 금순을 버리고 재가한 생모 영옥(양미경)은 평생 죄책감에 시달리며 살아간다. 영옥을 새엄마로 맞이한 장은주는 재희의 어머니가 운영하는 헤어 숍을 책임지게 되는데, 아버지의 수제자인 재희를 좋아하게 되면서 그의 마음을 빼앗은 금순에게 강한 질투심을 느끼지만, 자존심 때문에 내색하지 않으려 애쓴다. 이 외에도 많은 인물이 등장하지만, 한결같이 인간적인 결함과 장점을 두루 겸비한 모습으로 나타나 온갖 희비쌍곡선을 그려 낸다. 실제로 그런 모습이야말로 우리 자신들의 자화상이 아닐까 한다.

내 이름은 김삼순

　김도우 극본, 김윤철 연출의 2005년 MBC 드라마 〈내 이름은 김삼순〉은 로맨틱 코미디로, 발군의 연기력을 보인 김선아의 활약 덕분에 높은 시청률을 올렸다.

　방앗간집 셋째 딸로 태어난 30대 올드미스 삼순이(김선아)는 시루떡을 쪄내던 아버지와는 달리 케이크를 굽는 파티시에로 일한다. 잘생긴 연하남만 보면 가슴이 설레기도 하지만 스스로 뚱보라 여기고 내세울 것도 없는 자신의 신세를 한탄하며 소주잔으로 외롭고 울적한 마음을 달랜다. 술기운에 콧노래를 부르며 밤길을 혼자 걷다가도 혹시나 뒤따라오는 남자라도 있을까 싶어 뒤돌아보기도 하지만 어두운 뒷골목 길은 항상 썰렁한 정적만이 감돈다.
　거친 말버릇의 덜렁쇠에다 뚱뚱하기까지 한 노처녀 삼순은 특히 촌스러운 자기 이름에 열등감이 심하다. 프랑스에서 파티시에 유학 중에 아버지가 돌아가시는 바람에 귀국한 그녀는 케이크 만드는 일에 대해서만큼은 자부심이 대단하다. 유명 호텔의 파티시에로 근무하던 중에 다른 여자에게 한눈판 애인을 잡으러 갔다가 결근하는 바람에 직장도 잘리고 애인까지 빼앗긴 삼순은 하도 서러운 나머지 남자 화장실에서 소리 내어 울다가 아줌마가 남자 화장실에서 모유 수유를 하냐며 막말을 퍼붓는 진헌(현빈)과 첫 만남을 갖는다.

　그 후 진헌의 어머니(나문희)가 운영하는 호텔로 면접을 보러 가는 길에 진헌과 다시 마주치는데, 공교롭게도 삼순이 면접용으로 준비한 망고 무스 케이크를 맛본 진헌은 자신이 운영하는 레스토랑에 그녀를 채용한다. 취업도 되고 기분이 좋아진 삼순은 맞선을 보게 되는데, 갑자기 진헌이 나타나 심술을 부리며 훼방을 놓는다. 둘은 심한 언쟁을 벌이며 사이가 틀어지지만, 뜬금없이 진헌으로부터 계약 연애 제안을 받고 어이없어한다. 사실 그는 수시로 맞선을 강요하는 어머니의 잔소리가 듣기 싫어 그런 편법을 동원한 것인데, 공교롭게도 삼순의 가족이 살던 집이 저당을 잡히는 바람에 그녀는 돈을 빌리는 대가로 계약 연애를 시작하게 되면서 점차 진헌을 좋아하게 된다.

그러던 어느 날 진헌의 옛 애인 희진(정려원)이 그동안 미국에서 위암 수술을 받고 많이 호전된 상태로 다시 돌아오면서 일이 복잡하게 꼬여 간다. 결국 희진과 다시 시작하기로 결심한 진헌이 계약 파기를 선언하고 대신 돈은 갚지 않아도 된다고 하자 삼순은 진헌의 따귀를 때린다. 결국 레스토랑을 그만둔 삼순은 이름도 '김희진'으로 개명하고 언니와 함께 자신의 독자적인 제과점을 차린다. 하지만 삼순과 희진 사이에서 갈팡질팡하던 진헌은 마침내 희진과 결별하고, 건강이 여의치 못한 희진은 그를 체념한 상태에서 의사가 되기 위해 다시 미국으로 돌아간다. 그 후 오해가 풀린 삼순과 진헌은 서로의 사랑을 다시 확인한다.

이 드라마의 재미는 두 남녀 주인공이 일반 보통 사람들처럼 뭔가 어설프고 허점이 많으면서 실수도 많이 한다는 점에서 온다. 일종의 허당 체질이 매력 포인트인 셈이다. 그런 점에서 개명을 포기하고 촌스러운 이름 삼순이로 계속 살기로 결심한 김삼순은 그래도 가장 소중한 사랑을 얻었으니 이 세상 모든 노처녀의 로망을 대신 실현해 준 셈이다. 그것도 돈 많고 잘생긴 연하남이니 달리 무슨 말이 또 필요하랴.

그런 점에서 당연히 잘생긴 왕자님을 맞이한 신데렐라의 행운 스토리를 연상할 수도 있겠지만, 드라마의 삼순이는 노처녀에 뚱보라는 핸디캡을 지녔을 뿐만 아니라 욕쟁이에다 성격도 참지 못하고 덜렁대기 일쑤라 솔직히 말해 신붓감으로는 낙제점이 아닐 수 없다. 그리고 바로 그런 점이 전통적인 신데렐라 이미지를 뒤집어엎는 반전 포인트의 매력이기도 하다.

더 나아가 지나치게 외모 지상주의에 빠진 오늘날의 세태에도 일격을 가함으로써 별로 내세울 만한 특징이 없는 일반 사람들로서는 비록 드라마 속의 내용이긴 하나 그 나름대로의 대리 충족을 통해 상당한 위로가 되는 것도 사실이다. 그럼에도 불구하고 정려원의 상대역으로 나온 한국계 미남 혼혈 배우 다니엘 헤니의 외모에 반한 여성들이 한둘이 아니었으니 사람은 일단 잘생기고 봐야 한다는 말도 전혀 틀린 말이라 할 수 없겠다.

엄마가 뿔났다

가족 드라마로서는 〈사랑이 뭐길래〉 이후 17년 만에 다시 왕년의 솜씨를 발휘한 김수현 극본의 2008년 KBS 드라마 〈엄마가 뿔났다〉는 정을영 연출로 한 지붕 밑에 살아가는 서로 다른 세대들이 겪는 온갖 희비애락을 그린 홈드라마다. 퇴직한 무골호인 나일석(백일섭)의 아내 김한자(김혜자)는 자기 뜻과는 달리 삼 남매가 한결같이 속을 썩이자 어느 날 갑자기 가출을 선언한다. 늙은 노라의 가출을 다룬 현대판 〈인형의 집〉이라고나 할까. 어쨌든 가족을 위해 모든 것을 희생하는 게 당연한 일로 받아들여지는 아날로그 세대의 엄마와 자기밖에 모르는 디지털 세대의 이기적인 자식들에 관한 이야기로 자못 심각해 보이는 사회문제를 다소 희화적으로 전면에 내세운 이색 드라마다. 하지만 이 모든 이야기는 결국 우리 자신들과 관련된 문제일 수밖에 없다.

드라마의 주인공 김한자는 가난한 집 딸로 태어나 힘겹게 여상을 마친 후 경리 사원으로 일하다가 고교 친구 나이석(강부자)의 이란성 쌍둥이 오빠 나일석과 결혼해 삼 남매를 낳고 생활고에 시달리면서도 군소리 한마디 하지 않고 시아버지(이순재)를 극진히 모시며 가족 뒷바라지에 평생을 바친 순진무구한 여자다. 어떤 점에서 보면 남편보다 시아버지와 사이가 더 좋고 말도 잘 통한다. 그런데 자식들이 머리가 크면서 엄마 말을 듣지 않자, 그동안 자기를 잃고 가족에 얽매여 살아오기만 했던 그녀는 점차 자신이 살아온 삶에 억울한 감정과 더불어 일말의 회의를 품게 되면서, 마침내 독자 노선을 걷기 시작한다. 속된 말로 엄마가 정말 뿔난 것이다. 착한 사람이 화나면 정말 무섭다는 말이 실감 나게 하는 여자다.

철도 공무원으로 정년퇴직한 남편 나일석은 돈이나 출세와는 전혀 무관한 인물로 문제를 헤쳐 나가는 일에는 항상 뒷전에 머물러 모른 척하는 그저 사람 좋은 무골호인일 뿐이고, 유능한 이혼 전문 변호사로 성공한 장녀 영수(신은경)는 집안의 자랑거리임에도 결혼에 대한 부정적인 태도로 인해 결혼을 미루는 데다 설상가상으로 아이 딸린 이혼남이자 동료 변호사인 이종원(류진)과 사귀며 반동거 상태임이 드러나 엄마의 속을 뒤집어 놓는다. 영수는 우여곡절 끝에 결혼에 골인하지만, 전처 경화(양정아)의 막무가내식 몰상식한 행동으로 엄청난 스트레스를 받는다. 경화의 존재는 이 드라마에서 가장 쓰레기 같은 인간의 전형인 동시에 질투와 복수의 화신으로 등장한다. 그런데 경화처럼 자신의 잘못을 죽어도 인정하지 못하는 철면피의 모습은 국회 청문회 같은 곳에서도 많이 목격한 듯하다.

어디 그뿐인가. 공부와는 담을 쌓고 지내다 세탁소를 운영하는 아들 영일(김정현)은 큰소리만 남발하는 철딱서니 없는 인물로, 사교성이 많아 좋긴 한데 연상의 여자를 덜컥 혼전 임신시켜 엄마를 기절초풍케 만든다. 반면에 막내딸 영미(이유리)는 머리 좋고 빈틈없이 정확한 성격 때문에 시댁 앞에서 결례를 범하면서 한때 혼사가 깨지기도 하는 우여곡절 끝에 가까스로 결혼에 골인하지만, 시어머니와 늘 전쟁 상태다. 시부모에게 딱 부러지게 할 말 다 하는 요즘 젊은 며느리 세대를 대변하는 아마존의 여전사라 하겠다. 이처럼 골치 아픈 자식들 일 때문에 기진맥진한 엄마는 마침내 인내심의 한계를 느낀 나머지 가출이라는 폭탄선언을 가족에게 날린다. 그러고 보면 하느님은 모든 걸 다 내어주시지 않는다는 말이 가슴에 와닿는다.

이들 김한자의 가족 외에도 매우 독특한 주변 인물들이 등장해 드라마의 재미를 더한다. 김한자의 시누이 나이석은 바람난 남편과 헤어지고 농땡이꾼 아들마저 미국 이민을 떠나는 바람에 혼자가 되면서 모든 세상을 부정적인 시선으로 바라본다. 특히 TV에 나오는 여배우들에 대해 빈정대며 험담을 늘어놓기 일쑤인데, 미모의 여자에게 남편을 빼앗긴 아픈 사연 때문일 것이다. 그래서인지 술기운만 돌기 시작하면 그야말로 못 말리는 시비꾼으로 돌변한다. 게다가 감성이 너무 풍부해서 걸핏하면 울음을 터뜨린다. 한마디로 주책바가지 실없는 여성으로 그런 점에서는 쌍둥이 오빠 나일석을 닮았다.

영미의 시댁도 매우 특이하다. 시아버지 김진규(김용건)는 공무원 출신으로 매너 좋은 멋쟁이 신사이나 돈 많은 아내 고은아(장미희)의 비위나 맞추고 눈치 보기에 급급한 공처가로, 우리 주변에서 흔히 찾아볼 수 있는 인물형이다. 반면에 시어머니는 겉으로는 온갖 교양과 품위로 포장되어 있어 오만하기 이를 데 없으나 실상은 엄청나게 천박하고 속물적이면서 편견이 심한 데다 타인에게 인색하기 그지없다. 스스로 완벽한 삶의 주인공이라 믿으면서 자신의 미모 유지에 목숨을 거는 매우 위선적인 나르시시스트다. 하기야 그런 이중성은 새삼스러운 문제도 아니겠지만, 다른 무엇보다 그런 여성과 한 지붕 밑에 몸담고 살아가는 가족들의 정신 건강이 더욱 염려된다.

그런 어머니의 이중성에 반기를 든 아들 김정현(기태영)은 어머니와는 달리 솔직하고 편견을 모르는 영미에게 끌리며 착한 아들 노릇에서 졸업한다. 이런 모습의 가족은 우리 주위에서 심심치 않게 찾아 볼 수 있는 현상으로 그런 점 때문에 등장인물들의 일거수일투족이 우리에게 전혀 낯설지가 않고 친숙하게 다가오는 것이라고 보는데, 특히 일상적 대화 묘사에 능숙한 작가 김수현의 솜씨가 유감없이 발휘된 드라마라 하겠다.

보석 비빔밥

　임성한 극본, 백호민 연출의 2009년 MBC 주말 드라마 〈보석 비빔밥〉은 비취, 루비, 산호, 호박 등 네 가지 보석의 이름을 가진 궁씨 집안 사 남매가 엮어 가는 홈드라마로 그 집에 세 들어 사는 재벌집 아들 서영국(이태곤)과 스님이 되려는 미국인 카일(마이클 블렁크), 그리고 욕을 입에 달고 사는 우악스러운 친할머니(김영옥)와 혼자 고상한 척하는 외할머니(정혜선)가 가세해 온갖 해프닝을 벌인다.

　비취(강세정), 루비(소이현), 산호(이현진), 호박(이일민) 등 사 남매는 항상 밖에서 사고를 치고 돌아다니는 철없는 아버지 궁상식(한진희)과 허영기로 똘똘 뭉친 엄마 피혜자(한혜숙) 때문에 골머리를 앓다가 끝내는 반란을 일으키고 푼수데기 부모를 집에서 몰아낸다. 막장 드라마의 전설로 불리는 임성한 작가다운 발상으로 자식들이 합세해 부모를 집에서 쫓아낸다는 설정 때문에 콩가루 집안이라는 시청자들의 거센 비난을 듣기도 했지만, 코믹한 분위기 탓에 그런대로 넘어갈 수 있었다.
　하지만 의외로 드라마의 전개는 막장으로 치닫지 않고 매우 건전한 방향으로 흘러 많은 시청자를 어리둥절하게 만들기도 했는데, 갑자기 등장한 겹사돈 문제로 영국과 끝순 남매가 서로 티격태격하거나 영국의 어머니 이태리 여사(홍유진)가 치매 증세로 벌이는 해프닝 등은 차라리 애교에 가깝다고 할 수 있다. 마지막 회에서 끝순과 호박의 결혼식 날 식장으로 향하던 이태리 여사가 도중에 차 안에서 남편(박근형)의 품에 안겨 숨을 거두는 장면은 갑자기 눈물겨운 장면으로 급반전하는 효과를 노린 것이었는지는 몰라도 전체적인 흐름에는 어울리지 않는 매우 어색한 설정이기도 했다.

착하고 올바르기만 한 비취는 영국과 맺어지고, 막내 호박은 영국의 여동생 끝순과 맺어지면서 겹사돈 관계를 이루게 되는데, 비취네 집에 세 들어 살던 벽안의 스님 지망생 카일은 은근히 차녀 루비를 좋아하지만, 간호사로 일하는 새침데기 루비가 같은 병원의 찌질한 마마보이 의사 유병훈(윤종화)의 끈질긴 구애에 넘어가는 바람에 적지 않은 시청자들이 크게 실망하기도 했다. 대신 카일은 마음을 비우고 입산수도에 전념한다.

그런데 다소 기이한 점은 의젓하고 차분한 모습의 자식들에 비해 부모가 오히려 더 주책맞고 경솔한 모습을 보인다는 점이다. 더군다나 요즈음 청소년 세대의 당돌한 모습을 다루고 싶어 끝순이와 막내 호박을 등장시켜 겹사돈 사태까지 몰고 가기도 했으나, 단순히 부모 자식 세대 차이가 아니라 같은 형제끼리도 확연히 다른 인식의 차이를 보이고 있어 그런 인식의 괴리를 어떻게 해석해야 좋을지 모르겠다.

다만 드라마의 코믹한 분위기를 이끌어 가는 데 가장 큰 중심축은 역시 사 남매의 친할머니 결명자와 외할머니 백조 두 노인이 엮어 내는 환상의 명콤비라 할 수 있다. 이들은 푼수 없는 아들딸 챙기느라 노심초사하기도 하지만, 비취가 운영하는 비빔밥 전문 식당 일을 도우며 끝없이 티격태격하기 일쑤다. 게다가 노래방 사장 박 노인을 사이에 두고 결명자와 백조는 치열한 신경전을 벌이기도 한다. 결국 박 노인과 결명자는 뒤늦게 혼례를 올림으로써 한 집안에 겹경사가 벌어진다.

수상한 삼형제

문영남 극본, 진형욱 연출의 2009년 KBS 주말 드라마 〈수상한 삼형제〉는 제각기 다른 독특한 성격의 삼 형제가 좌충우돌하며 벌이는 사랑에 관한 이야기다. 고지식한 경찰 김순경(박인환)과 그의 아내 전과자(이효춘)는 고물상을 운영하는 장남 건강(안내상), 보쌈집을 운영하는 차남 현찰(오대규), 그리고 형사로 일하는 막내 이상(이준혁) 등 세 아들을 두었지만, 막내며느리 후보 어영(오지은)의 아버지 주범인(노주현)이 과거에 김순경과 악연이 있던 인물임이 드러나면서 집안에 평지풍파가 일기 시작한다. 더욱이 큰며느리 엄청난(도지원)은 자신의 과거가 드러날까 전전긍긍이고, 집안 살림을 도맡다시피 한 둘째 며느리 도우미(김희정)는 바람둥이 남편 때문에 골머리를 앓는다.

등장인물의 이름에서 보듯이 문영남 작가는 매우 특이한 작명법으로도 유명한데, 단지 독특한 이름으로 끝나는 게 아니라 배역을 맡은 인물의 캐릭터와도 딱 맞아떨어짐으로써 코믹한 효과를 거두기도 한다. 단적인 예로, 짠돌이 잔소리꾼 김순경은 승진도 제대로 못하고 만년 경사로 지구대에 근무하는 경찰관이며, 그와 악연이 있는 주범인은 다소 주책맞은 인물로 과거에 몸담았던 범죄 세계와 손을 끊고 혼자 힘으로 두 딸 어영과 부영을 키운다. 모든 게 다 좋은 게 좋다는 식으로 얼렁뚱땅 어영부영 키운 탓에 어영과 부영으로 이름을 지었는지 모르지만, 엄마 없이 자란 어영은 똑 부러진 성격임에도 정에 굶주려 그런지 온갖 수발 다 들어 보살피며 정성을 기울인 약혼자 왕재수(고세원) 검사에게 한순간에 버림받고 큰 상처를 받는다. 그야말로 재수 없는 마마보이요 밥맛 떨어지는 왕재수와 언쟁을 벌이며 난리를 부리던 포장마차 현장에 신고를 받고 출동한 경찰 김이상은 그때부터 어영과 운명적인 인연을 맺는다.

드라마의 중심인물이기도 한 막내아들 김이상은 아버지의 뒤를 이어 경찰에 투신한 둘도 없는 효자이자 뚝심과 애교를 겸비한 인물로 특히 아버지 김순경의 자부심이기도 하다. 반면에 장남 김건강은 이름과 달리 몹시 우유부단하고 의지박약한 백수건달로, 한동안 이혼한 사실조차 가족에게 숨긴 채 고시원에서 지낸 집안의 미운 오리 새끼다. 하지만 그런 장남을 편애하고 감싸고도는 어머니 전과자는 이름처럼 전과가 있는 여성은 아니고 단지 둘째 며느리 도우미에게 엄청난 시집살이를 시키며 무시하고 괴롭히는 인정머리 없는 시어머니다.

가난한 집 출신의 도우미는 이름 그대로 시댁 도우미 신세로 지내며 남편 김현찰로부터 사랑받지도 못하고 소위 개무시를 당하는데, 그의 이름이 현찰인 이유는 오로지 돈 버는 일에만 꽂혀 살기 때문이다. 부모의 지나친 장남 편애로 사랑과 관심을 제대로 받지 못하고 자란 현찰은 공부는 뒷전이고 일찌감치 사회로 나가 돈벌이에 혈안이 된다. 여러 사업에 손대며 돈을 번 그는 장남 건강을 대신해 부모를 모시고 살면서 자기 나름대로 아들 노릇에 충실하지만, 어느 순간에 부도를 내고 어쩔 수 없이 보쌈집을 차린다. 재미있는 건 도우미와 김현찰 부부의 아들 형제 혼수와 상태의 이름을 합치면 혼수상태가 되는데, 혼전 임신 상태에서 결혼 당시 혼수를 아이로 해 왔다고 해서 붙여진 이름이다.

한편 장남 건강과 결혼에 성공하는 엄청난은 이름 그대로 사기성이 농후한 엄청난 일로 주위를 놀라게 하는 엄청난 여성이다. 즉흥적이고 임기응변에 능한 그녀는 전과자 하행선(방중현)과의 사이에서 낳은 아들 종남의 존재를 숨기고 건강과 결혼함으로써 자신의 과거가 드러날 것에 전전긍긍하는데, 그녀의 재혼 소식에 발끈한 행선은 결국 청난의 행복을 빌며 모든 것을 포기하고 이름처럼 먼 길을 떠난다. 또한 청난의 부탁으로 아들 종남을 대신 맡아 보살펴 준 조난자(이상숙)는 나중에 건강의 고물상 일까지 도와준다.

　그 외에도 이상한 경찰서장, 김순경과 함께 근무하던 지구대 경사, 김이상이 이끄는 강력팀 형사로 유치장 경사, 부영과 결혼하는 백마탄(이장우) 형사, 방범용 형사, 조사중 형사, 최우선 경위 등 재미있는 이름들이 등장한다. 가장 노골적인 이름은 태연희(김애란)와 결탁해서 현찰의 사우나를 강탈한 사기꾼 박사기(윤갑수)다. 이처럼 웃기는 이름의 등장인물들과 함께 어울리며 동고동락하다 보면 어느 틈에 드라마는 막을 내리고 아쉬움을 남긴 채 작별 인사를 고한다.

이웃집 웬수

　최현경 극본, 조남국 연출의 2010년 SBS 주말 드라마 〈이웃집 웬수〉는 이혼한 윤지영(유호정), 김성재(손현주) 커플이 어린 딸 은서(안은정)를 사이에 두고 양육 문제로 치열한 신경전을 벌이는 줄거리로, 그들의 주변 인물들까지 가세해 온갖 희비쌍곡선을 연출한다. 그런 점에서 보면 딸 은서가 이 드라마의 가장 중요한 중심축을 이룬다고 볼 수도 있다. 이웃에 살면서 끝없이 티격태격 언쟁을 벌이는 두 남녀의 모습을 얼핏 보고 있노라면 막장 드라마 냄새가 나기도 하지만, 그래도 그 나름대로 이성과 품위를 잃지는 않는다. 오히려 이혼을 밥 먹듯 하는 요즘 세태에 대한 일종의 경고성 패러디로 볼 수도 있다. 특히 손현주의 찌질한 남자 및 마마보이 연기가 실로 경이롭기까지 한데, 유호정과 김미숙의 감성 연기를 비롯해 반효정의 못된 시어머니 연기 또한 일품이다.

　김성재와 말다툼을 벌이던 중에 어린 아들 준서를 사고로 잃고 나서 성재와 헤어진 윤지영은 딸 은서를 데리고 친정에 얹혀살다가 따로 독립해 힘겨운 나날을 보낸다. 때마침 외국으로 떠난 친구의 집을 빌려 살게 된 그녀는 새벽에는 우유 배달, 낮에는 레스토랑의 주방 보조로 일한다. 그러던 어느 날 성재의 삼촌이자 이혼남인 김우진 사장(홍요섭)이 바로 옆집에 새로 세 들어 입주하고, 은서가 옆집에 산다는 사실을 알게 된 딸바보 성재는 은서와 친해져서 자기가 데려다 키울 작정으로 아예 삼촌 집으로 들어가 함께 살게 된다.
　한동안 양육비를 제대로 지급하지 않아 대판 언쟁을 벌이기도 했던 지영과 성재는 마침내 두 사람이 교대로 돌아가며 은서를 돌보기로 극적인 합의를 보기에 이른다. 하지만 성재가 이미 아들이 딸린 싱글 맘 강미진(김성령)과 사귀며 재혼을 꿈꾸고 있다는 사실을 알고 있는 은서의 마음을 사로잡는 일이 말처럼 쉽지가 않아 성재는 벙어리 냉가슴 앓듯이 홀로 애를 태운다. 그런 성재가 더욱 찌질한 모습을 보이기 시작한 것은 지영이 일하는 레스토랑 주방장 건희(신성록)와의 관계를 의심하면서부터다. 하지만 자기밖에 모르는 연하남 건희의 집요한 구애조차 애써 외면한 지영은 결국 자기만의 독자적인 길을 걷기로 한다.

그런데 이 드라마에는 이들 커플 외에도 천방지축인 윤하영(한채아)과 훈남 노총각 채기훈(최원영) 커플, 기훈의 노처녀 누나 채영실(김미숙)과 이혼남 김우진 커플이 웃음을 자아내고, 특히 지영과 하영의 결혼 문제로 속이 새까맣게 타들어 간 부모 윤인수(박근형)와 이선옥(정재순)은 정년퇴임을 맞이한 노부부의 애환을 실감 나게 보여 준다. 그중에서도 가장 안타까운 커플은 채영실과 김우진으로, 과거 한때 맞선을 본 인연을 지녔으나 김우진은 그런 사실을 까맣게 잊고 살다가 갑자기 집주인으로 나타난 영실과 마주친다. 자신을 알아보지도 못하는 김우진에 크게 실망한 노처녀 영실은 공연히 심술을 부리며 우진에게 잔소리를 퍼붓는다.

어쨌든 우여곡절 끝에 성재와 미진은 재혼하기에 이르고, 하영은 아저씨라고 부르며 따라다니던 기훈과 결혼에 성공하는데, 웃기는 것은 하영의 뜬금없는 계약 결혼 요구에 노총각 기훈이 울며 겨자 먹기로 합의했다는 사실이다. 변화된 요즘 젊은이들의 결혼 풍속도를 잘 드러낸 장면이다. 그런 기훈을 두고 직장 상사 성재는 '밥 먹다 말고 사랑해'라는 별명을 붙이고 수시로 놀려 댄다. 성재와 함께 식사 도중에 하영의 전화를 받은 기훈이 쩔쩔매며 작은 목소리로 "사랑해."라고 말하는 모습을 빗댄 것이다. 가장 극적인 결합은 집주인 영실과 세입자 우진의 결혼으로, 오랜 세월 마음속에 품고 있던 옛정이 마침내 결실을 보게 되어 뒤늦게나마 해피 엔딩을 맞이한다. 그리고 이들 등장인물이 보여 주는 실로 다양한 허점과 결함들은 사실 우리 자신들의 모습이기도 하며 그런 허점들을 직접 목격함으로써 우리 각자를 되돌아보는 시간을 제공한다는 점에서 드라마도 일종의 산교육의 장이 될 수 있겠다.

이처럼 재혼 문제와 맞물려 돌아가는 자녀 문제를 다룬 또 다른 드라마로는 정현정 극본, 김정규 연출의 2016년 KBS 주말 드라마 〈아이가 다섯〉을 들 수 있다. 아내와 사별하고 어린 남매를 키우는 싱글 대디 이상태(안재욱)와 친구에게 남편을 빼앗기고 어린 3남매를 키우는 싱글 맘 안미정(소유진)이 엎치락뒤치락 우여곡절 끝에 재혼에 성공하지만, 이들 역시 아이들 문제로 속을 끓이다가 결국에는 오해를 풀고 화해하며 단란한 모습을 보여 준다. 가장 웃긴 장면은 차 안에서 직장 상사인 이상태가 안미정에게 사랑을 고백하자 순간적으로 당황한 미정이 상태에게 꾸벅 머리를 숙이며 "감사합니다!"라고 깍듯이 인사하는 모습이다. 시청자의 허를 찌르는 예상 밖의 태도에 절로 웃음이 터져 나오는 장면이 아닐 수 없다. 마지막에 다섯 아이를 데리고 야외 캠핑을 즐기는 이들 부부의 단란한 모습을 보며 지나던 사람들이 놀라움을 금치 못하는데, 요즘 젊은 층의 결혼과 출산 기피 현상으로 심각한 인구 감소를 겪고 있는 작금의 세태를 돌이켜 보면 실로 대단한 부부가 아닐 수 없다.

역전의 여왕

　박지은 극본, 김남원, 정대윤 연출의 2010년 MBC 드라마 〈역전의 여왕〉은 화장품 회사 개발팀장으로 일하는 당찬 여자 황태희(김남주)가 연하의 잘생긴 미남 사원 봉준수(정준호)를 유혹해 결혼까지 하지만, 실제로는 무능력한 데다 줏대 없는 남편 때문에 곤욕을 치르다가 마침내 인생 역전에 성공한다는 이야기다. 오늘날 능력과 자신감으로 충만한 현대 여성이 예기치 못한 시련과 곤경을 맞이하면서 오히려 남다른 용기를 발휘해 자신의 인생을 역전하는 기회로 역이용한다는 통쾌한 인생 승리 스토리다.

　권력욕과 질투심에 사로잡힌 올드미스 한송이 상무(하유미)의 눈 밖에 나서 회사마저 쫓겨난 태희는 남편인 봉준수가 여우 같은 옛 애인 백여진(채정안)의 유혹에 놀아나자 질투심과 배신감에 사로잡혀 복수를 다짐한다. 재벌 2세로 구조본부장에 취임한 구용식(박시후)의 후원에 힘입어 결국에는 한 상무와 백여진의 콧대를 납작하게 만들어 복수에 성공하고 태희와 용식은 맺어진다. 과거 세대의 여인들처럼 일방적으로 당하며 참고만 살 수 없는 현대 여성의 당돌하고 옹골진 모습을 다소 코믹한 분위기로 엮어 내 많은 여성 시청자의 공감을 이끌어 냈다.

　고액 연봉에 고급 아파트까지 소유한 황태희는 오만하기 그지없는 올드미스지만 같은 팀에 새로 입사한 신출내기 사원 봉준수를 보는 순간 첫눈에 반하고 만다. 노골적으로 작업에 들어간 그녀는 마침내 준수의 마음을 잡는 데 성공하고 결혼을 약속하지만, 양가의 어머니들이 펄쩍 뛰고 반대한다. 하지만 태희와 결혼하면 자신의 출셋길이 보장된다고 철석같이 믿은 준수의 고집으로 결국에는 결혼에 골인한다. 그런데 예기치 못한 사태가 벌어진다. 그동안 태희를 총애하고 아꼈던 한송이 상무가 태희의 결혼 소식에 배신감을 느끼고 그녀를 회사에서 내쫓은 것이다. 더군다나 한 상무 라인에 올라탄 백여진은 봉준수의 옛 애인으로 자신이 버린 준수가 태희와 결혼하게 되자 질투심에 마음이 다시 바뀌면서 준수에게 접근해 유혹하고 태희의 팀장 자리까지 빼앗는다.

전업주부가 된 태희는 딸까지 낳고 살림에만 전념했으나, 그때까지 승진도 못 하고 평사원에 머문 준수는 자신의 기대와는 달리 혼자 힘으로 처자식을 먹여 살려야 하는 입장에 놓이게 되자 차츰 짜증을 내기 시작하고 부부 관계도 뒤틀리게 된다. 그런 와중에 백여진과 준수의 밀회 사실을 알게 된 태희는 큰 충격을 받고 질투심을 넘어 엄청난 분노와 배신감을 느끼고 이혼을 선언하고 만다. 그때 실의에 빠진 태희를 위로해 준 사람은 재벌 2세 구용식이다. 그런데 공교롭게도 용식은 군대에 있을 때 봉준수 병장에게 숱하게 괴롭힘을 당한 전력이 있었으니 원수가 외나무다리에서 만난 셈이다.

어쨌든 우여곡절 끝에 태희와 용식이 해피 엔딩을 맞이하는 것으로 끝나는 이 드라마는 자기주장이 확실한 현대 여성의 진면목을 유감없이 드러낸 작품이라 할 수 있다.

반짝반짝 빛나는

　배유미 극본, 노도철 연출의 2011년 MBC 드라마 〈반짝반짝 빛나는〉은 병원 분만실의 실수로 인생이 뒤바뀐 두 여성 한정원(김현주)과 황금란(이유리)의 기구한 운명을 다룬 드라마로, 고지식하고 멋대가리 없는 출판사 편집장 송승준(김석훈)을 사이에 두고 두 여성은 치열한 각축전을 벌인다. 김현주와 이유리가 덜렁쇠 낙천가 정원과 탐욕적인 질투의 화신 금란 역을 맡아 각축을 벌이는 과정에서, 특히 금란 역의 이유리가 보여 주는 광기 어린 연기가 단연 돋보인다.

　이 드라마 역시 출생의 비밀이 핵심 문제로 등장한다. 하지만 그로 인해 벌어지는 모든 마음의 상처는 결국 용서와 화해로 급마무리된다. 본의든 아니든 가진 자와 빼앗긴 자, 가로챈 자와 잃은 자의 문제는 각박한 현대를 살아가는 많은 사람이 공감할 수 있는 주제라 할 수 있겠으나, 뒤바뀐 자식들이 원래의 자기 자리를 찾아갔을 때 마주칠 수밖에 없는 일종의 문화 충격 비슷한 모습은 거의 보이지 않는다. 더군다나 항상 침착하고 강직한 성품의 한 사장(장용)이 통제 불능의 광기에 사로잡힌 금란의 친아버지라는 사실이 도저히 믿기지 않는다. 그런 의구심은 지하세계의 큰손으로 온갖 술수에 능한 백곰 여사(김지영)의 아들이 하필이면 매우 강박적인 성격의 완벽주의자이며 원칙주의자 송승준이라는 점에서도 제기된다. 하지만 그럼에도 불구하고 등장인물들의 다양한 캐릭터는 우리 주위에서 흔히 마주할 수 있는 특성들이라는 점에서 그리 낯설게 느껴지지는 않는다.

출판사를 운영하는 한 사장의 딸 정원은 명문대를 졸업하고 아버지 회사에서 팀장으로 일한다. 밝고 상냥한 그녀는 맞선 상대인 윤승재(정태우) 앞에 나타나 자기를 배신했다며 추태를 부리는 황금란과 운명의 첫 만남을 가진다. 한편 애인의 배신으로 충격을 받은 금란은 병원에 입원해 안정을 취하는데, 우연히 혈액형이 부모와 다르다는 사실을 알고 의문을 갖는다. 자신이 태어난 병원을 찾아가 문의를 하던 길에 정원의 아버지 한 사장과 우연히 마주친 금란은 정원도 자신과 똑같은 출생 조건임을 알게 되고 한 사장을 찾아가 남몰래 그의 세면도구를 빼내어 유전자 검사를 의뢰하게 된다.

친자 확인 결과 한지웅 사장의 친딸임을 확인한 금란은 한 사장 집을 찾아가 정원과 자기가 분만실에서 뒤바뀐 사실을 밝히고 그 집에 들어가 살기로 한다. 한편 그 사실에 크게 충격을 받은 정원은 슬픔에 겨워 흐느끼고 송 편집장이 위로해 주면서 서로 애틋한 감정을 느끼기 시작한다. 하지만 송승준을 짝사랑한 금란이 질투심에 사로잡혀 정원에게 심한 말을 퍼붓고, 정원은 금란이 원하는 대로 자신을 낳아 준 어머니(고두심)를 찾아가 그 집에서 살기 시작한다.

그 후 정원과 승준이 결혼을 약속하고 정원이 금란에게 이제부터 더 이상 승준에게 관심 갖지 말라고 충고하자, 금란은 길길이 날뛰며 정원의 삶을 철저히 망가뜨려 버리겠다고 온갖 저주를 퍼붓는다. 그리고 금란은 승준의 어머니 백곰 여사를 찾아가 읍소하며 승준과 맺어질 수 있도록 자신을 도와 달라고 애걸한다.

하지만 예기치 못한 피습 사건으로 금란이 병원에 입원하자 백곰 여사는 의사에게 '금란이 아기를 가질 수 없는 상태'가 된 것으로 해 달라고 요구하면서 아들 승준에게 금란과 결혼할 것을 요구한다. 이에 충격을 받은 승준은 정원에게 이별을 통보하고 시골 대안 학교 선생으로 떠나 버린다.

한편 자기가 아기를 가질 수 없다는 사실에 충격을 받은 금란은 의사로부터 자세한 내막을 전해 듣고 그동안 자신이 저지른 과오를 반성하고 정원을 찾아가 용서를 빌고 서로 화해한다. 그 후 바닷가 대안 학교를 찾은 정원은 승준과 재회하면서 다시 결합하고 마침내 결혼식을 올린다. 그리고 정원이 던진 부케를 곁에 있던 금란이 받는 것으로 드라마는 끝난다.

이처럼 해피 엔딩으로 끝났지만, 그동안 그토록 심하게 저주를 퍼붓던 상대와 너무도 극적인 화해를 한 데다 서로 축복까지 나누는 모습에는 설득력이 다소 떨어져 보인다. 극단으로 치닫던 감정적 앙금의 문제 해결이 우리의 실제 삶에서는 드라마에서처럼 그렇게 간단치가 않다는 점에서 너무 나이브한 마무리가 아닐까 한다. 하기야 서로 한 치의 양보도 없이 마주 보고 달리는 기차처럼 극한의 대립과 반목을 거듭하고 있는 오늘날의 세태를 보고 있노라면 정원과 금란의 극적인 타협과 화해는 그야말로 깊은 수렁에서 헤매는 우리에게 가장 절실한 모습으로 다가오지만, 그것이 말처럼 쉽지 않다는 점에서 뒷맛이 영 개운치 않은 점도 부인하기 어려운 게 사실이다.

더군다나 드라마 중반 이후부터는 악랄하기 그지없는 금란의 폭주로 인해 정원의 존재가 미미해지는 바람에 조연급인 이유리가 오히려 주연급인 김현주를 제치고 주인공이 아닌가 싶을 정도로 주객전도된 종횡무진 맹활약을 펼친다. 또한 금란의 활약에 바람을 불어 넣어 주는 뒷배로 등장한 큰손 백곰 여사도 다소 생뚱맞은 역할을 담당하며 그녀 나름대로 드라마 분위기를 주도하는데, 이들 두 여성의 조합을 보고 있노라면 어지럽게 돌아가는 우리나라 정치판이 연상되는 것은 또 왜일까.

넝쿨째 굴러온 당신

　2012년 폭발적인 시청률로 장안에 큰 화제를 몰고 왔던 박지은 극본, 김형석 연출의 KBS 주말 드라마〈넝쿨째 굴러온 당신〉은 당차고 도도한 커리어 우먼 차윤희(김남주)가 낙천적이고 다정다감한 미국 입양아 출신의 외과의사 방귀남(유준상)과 결혼해 겪게 되는 예기치 못한 시련과 화해, 그리고 극복 과정을 다룬 홈드라마다.
　이들 주인공 외에도 윤여정, 장용, 강부자, 김영란, 유지인, 양희경, 양정아, 조윤희, 오연서 등 쟁쟁한 연기파들이 동원되어 드라마의 분위기를 살리고 있으며, 특히 이채로운 것은 김남주의 실제 남편 김승우와 유준상의 아내 홍은희를 비롯해 아나운서 이금희와 김재원, 양희경의 언니 양희은이 특별 출연 한다는 점이다.

　주인공 차윤희는 드라마 제작에 관여하는 PD로, 불의를 보면 참지 못하는 쿨한 성격의 덜렁쇠이다. 자기주장이 확실해서 시집살이는 절대 하지 않는다는 신념하에 자신의 이상형을 '능력 있는 고아'로 삼고 마침내 그 꿈을 이룬다. 그녀는 미국 입양아 출신의 능력 있는 의사 방귀남을 남편으로 맞이했으니 맞는 말이다. 하지만 그녀의 꿈은 뜻하지 않게 방귀남의 친부모 가족이 나타나면서 산산조각이 나 버린다. 단팥빵집 주인인 시아버지 방장수(장용)야 원래 과묵하고 무뚝뚝해서 그렇다 치고 시어머니 엄청애(윤여정)는 30년 전 어린 아들을 잃어버린 대가로 집안에서 온갖 푸대접을 감수하고 살아온 탓에 그동안 맺힌 한을 엉뚱하게 며느리인 차윤희에게 화풀이하며 괴롭힌다. 거기다가 설상가상으로 시할머니 전막례(강부자)는 미신 숭배자로 차윤희에게 자식을 낳도록 압박을 가한다.

이처럼 넝쿨째 굴러 들어온 막강한 시댁 군단의 출현으로 차윤희는 엄청난 스트레스를 받는 가운데 임신까지 하게 되면서 직장에서도 한때 밀려날 위기에 처하지만, 그래도 남편인 방귀남의 적절한 중재 역할 덕분에 시댁과의 갈등을 쿨하게 극복해 나간다. 이 드라마가 폭발적인 인기를 끈 배경은 우리 사회의 고질적인 고부 갈등 문제라 할 수 있는데, 특히 자녀 출산 및 양육 문제와 직장 문제 등으로 갈등을 겪을 수밖에 없는 여성 시청자들에게 시어머니와 며느리 사이에 벌어지는 첨예한 대립 구도가 엄청난 공감을 불러일으킨 것으로 보인다.

그런 점에서 자기를 왕따시키는 직장 회의실에 쳐들어가 당당한 자세로 자신의 신조를 밝히는 차윤희의 태도는 오늘날 변화된 여성들의 모습을 단적으로 드러내는 장면이라 하겠다. 그녀는 이렇게 일갈한다.

"제 신조가요, 계란으로 바위를 깰 순 없지만 더럽힐 순 있다거든요? 누가 그러더라구요. 저하고 친해져서 별로 좋을 건 없지만, 적이 되면 아주 피곤해지는 스타일이라고. 그럼 이만."

이처럼 당당한 모습으로 방을 걸어 나가는 차윤희의 뒷모습을 보며 사장은 아무 말도 못 하고 한숨만 내쉰다. 그리고 그런 차윤희의 사이다 발언을 지켜보는 수많은 여성 시청자의 가슴이 얼마나 통쾌, 상쾌했을지는 불 보듯 뻔하다. 그러니 시청률이 높을 수밖에 없지 않겠는가.

옥탑방 왕세자

　이희명 극본, 신윤섭, 안길호 연출의 2012년 SBS 이색 퓨전 드라마 〈옥탑방 왕세자〉는 조선 시대 왕세자 이각(박유천)이 세자빈의 죽음을 계기로 3명의 신하 송만보(이태리), 호위무사 우용술(정석원), 내시 도치산(최우식)과 함께 300년의 세월을 뛰어넘어 생각지도 못한 현대 사회 서울 한복판에 날아들게 되면서 겪는 기상천외한 모험담을 그린 타임 슬립 드라마다.

　전생에 부용이었던 박하(한지민)는 시장에 물건을 납품하는 일로 열심히 살아가는 한없이 착하고 밝은 성격의 아가씨로, 갑자기 그녀가 사는 옥탑방에 왕세자 일행이 날아들면서 복잡한 사건에 휘말리게 된다. 어려서부터 계모 밑에서 자란 그녀는 자신을 무시하고 괴롭히는 의붓언니 세나(정유미) 때문에 일찌감치 독립해 스스로 돈을 벌어 생활해 나갈 만큼 강하고 다부진 성격의 소유자다. 그러나 정에 약해서 거절도 잘 못하는 성격이라 뜬금없이 나타난 왕세자 일행을 뒷바라지하면서 고생이 이만저만이 아니다. 처음에는 엄청난 문화 충격으로 우왕좌왕하며 온갖 해프닝을 벌이던 왕세자 일행은 박하의 도움으로 차츰 낯선 환경에 적응해 나가기 시작한다.

　그런데 전생에 세자빈이자 부용의 언니 화용이었던 세나는 현세에서 여길남 회장(반효정)의 손자인 용태무(이태성)와 사랑하는 사이로, 유력한 회장 후계자인 용태용(박유천)을 제거하고 회사를 차지하려는 태무의 탐욕에 적극 가담함으로써 본의 아니게 여길남 회장마저 죽음으로 몰아간다. 사실 그녀가 전생에 세자빈이 된 것도 자기보다 영특하고 재주가 많은 동생 부용을 질투한 나머지 저지른 악행의 결과였는데, 원래 부용이 세자빈으로 간택될 예정이었으나 화용이 인두로 동생의 얼굴에 화상을 입힘으로써 부용 대신 자기가 세자빈이 된 것이다. 그 이후로 부용은 얼굴 흉터 때문에 항상 가리개를 사용한다.

현세에 여길남 회장의 손자 용태용으로 환생한 왕세자는 미국 유학 중에 그를 질투한 용태무와 요트에서 말다툼을 벌이던 중에 태무의 주먹을 맞고 바다에 빠지고 마는데, 태무는 구조할 생각을 접고 귀국해 실종된 것으로만 보고한다. 그런데 용태무는 역모를 꾀했던 무창군의 환생이다. 하지만 왕세자를 본 여길남 회장은 용태용이 살아 돌아온 것으로 굳게 믿고 그를 후계자로 삼으려 한다. 이에 그동안 회사를 차지하려는 야심을 키우고 있던 용태무가 초조해진 나머지 세나와 공모해 왕세자를 죽이려 하고, 위험에 처한 그를 전생에서처럼 이번에도 박하가 나서 위기에서 구해 내고 자기가 대신 태무가 몰던 차에 치여 물에 빠진다. 어쨌든 왕세자는 모든 사건을 종결한 뒤 옥탑방 옥상에서 박하와 둘만의 결혼식을 올리고 일행과 함께 전생의 삶으로 돌아가서 세자빈 사건을 마무리한다.

전생에서 왕세자는 총명한 부용에게 살아도 죽고 죽어도 사는 것이 무엇이냐는 수수께끼를 던지기도 했지만, 현세에서도 박하에게 똑같은 질문을 던진다. 박하의 이름에서 연꽃을 의미하는 부용을 떠올렸기 때문에 혹시 부용의 환생이 아닌지 의심이 들었기 때문이다. 하지만 박하는 우리 인생은 살아도 사는 게 아니니 인생이 정답이라고 둘러대는가

하면, 산 것도 아니고 죽은 것도 아니니 혼수상태라고 하는 둥 엉뚱한 대답으로 오히려 무식하다는 핀잔을 들으며 알밤 세례를 받는다. 물론 왕세자가 기대한 답은 죽음마저 초월한 영원한 사랑이었을 것이다.

하지만 우리 인생이 살아도 사는 게 아니라는 박하의 웃기는 대답이 영원한 사랑이라는 정답보다 더욱 가슴에 와닿는 건 왜일까. 웃어도 웃는 게 아니고, 놀아도 정말 노는 게 아닌 우리의 고달픈 현실이 오히려 진실에 가깝기 때문일 것이다. 그런 점에서 옥탑방은 고달픈 현대 서민들의 삶을 상징하는 것이며, 왕세자가 살던 궁궐은 온갖 음모와 술수, 탐욕을 뒤로하고 오늘날에 와서는 단지 과거의 유물로만 남아 있을 뿐이니 그야말로 격세지감이 들지 않을 수 없다. 그럼에도 불구하고 그런 궁궐의 오랜 병폐는 오로지 현대의 정치판에서 끊임없이 재연되고 있음을 우리는 더욱 실감하게 된다. 그런 병폐는 하루하루 힘겹게 살아가는 옥탑방에서는 그저 사치에 불과할 따름이니 말이다. 그런 점에서 졸지에 옥탑방 신세를 지는 가운데 가난한 백성의 처지를 이해하게 된 왕세자의 모습을 이 시대의 권력자들도 본받았으면 좋겠다는 생각도 든다.

백년의 유산

 구현숙 극본, 주성우 연출의 2013년 MBC 드라마 〈백년의 유산〉은 백 년을 이은 가업으로 국수 공장을 경영하는 노인 엄팽달(신구)의 외손녀 채원(유진)이 재벌가의 며느리로 들어갔다가 질투심에 가득 찬 시어머니 방 회장(박원숙)의 음모로 정신병원에 수용된 후 도주하다가 머리를 다쳐 기억상실증에 빠져 곤경에 처하게 되지만, 까도남 이세윤(이정진)의 도움으로 재기에 성공하고 그 후 결혼으로 이어진다는 스토리다. 못된 시어머니의 질투와 복수, 사고로 인한 기억상실, 유산 상속을 둘러싼 자식들의 해프닝, 출생의 비밀에 얽힌 소동 등 막장 드라마의 단골 메뉴인 온갖 양념을 동원해 고루 버무린 내용이지만 그래도 마지막은 해피 엔딩으로 마무리된다.

 마음씨 곱고 차분한 채원은 방영자 회장의 찌질한 아들 김철규(최원영)와 결혼했으나 출발부터 철부지 마마보이 남편과 질투심 많은 시어머니로 인해 온갖 수모와 구박을 당하며 실로 어처구니없는 시련을 겪는데, 심지어는 아들이 바람피운 것처럼 아들 옷에 고의로 립스틱 자국을 묻혀서 분란을 일으키고 이혼을 유도하기까지 한다. 시어머니의 자작극임을 눈치챈 며느리에게 폭행까지 일삼은 방 회장은 마침내 채원이 이혼을 결심하고 위자료를 요구하자, 아들이 교통사고로 입원했다는 교묘한 속임수로 며느리를 차에 태워 정신병원에 강제 입원까지 시킨다. 하지만 야밤에 병원을 탈출해 달아나다 산길에서 굴러떨어진 채원은 의식을 잃고 쓰러지고 때마침 차를 몰고 지나가던 이세윤이 구조해 병원에 입원시킨다.

다행히 의식은 회복했지만 그녀가 기억상실 증세를 보이게 되자 그 틈을 이용해 시어머니는 정신병원 입원 기록마저 없애고 세윤과 채원이 불륜을 일으키는 것처럼 몰래 사진을 찍어 증거를 조작한다. 이에 죄책감을 느낀 채원이 이혼을 결심하자 그녀를 놓치기 싫었던 남편 김철규는 신경질을 부리며 예전처럼 똑같이 유리잔을 집어 던지는데, 그 순간 놀란 채원이 모든 기억을 되살린다.

결국 친정으로 돌아온 채원은 세윤의 도움으로 회사 구내식당에 영양사로 취업하게 되는데, 이번에는 시누이였던 주리(윤아정)의 온갖 갑질에 시달리게 된다. 세윤을 차지하기 위해 주리는 질투심과 탐욕에 눈이 먼 나머지 수단 방법을 가리지 않고 날뛰다가 결국 스스로 파멸을 자초한다.

그런데 서로 사랑하게 된 채원과 세윤은 느닷없이 세윤에게 얽힌 출생의 비밀이 드러나면서 졸지에 피 한 방울 섞이지 않은 남매 관계로 밝혀져 엄청난 충격에 빠진다. 왜냐하면 세윤의 어머니 백설주(차화연)는 친모가 아니라 양모일 뿐이며 그의 친모는 채원의 아버지 민효동(정보석)과 혼인한 계모 양춘희(전인화)였기 때문이다. 어릴 적 같은 보육원에서 자란 두 여인은 동시에 임신을 하게 되었는데, 설주의 아기가 죽자 그녀는 춘희의 아기와 몰래 바꿔치기한 것이다. 이런 사실이 드러나면서 모든 것을 포기한 세윤은 출국을 결심하고 공항으로 가던 길에 마지막으로 생모인 양춘희를 보러 가다가 교통사고로 의식을 잃고 병원에 입원한다. 결국 세윤이 의식을 되찾고 깨어나자 양가의 부모들도 모든 문제를 덮어 두고 세윤과 채원의 미래를 축하해 주기로 합의한다.

다만 출생의 비밀이든 기억상실이 어찌 됐든 간에 멀쩡한 사람을 정신병원에 마음대로 가두고 입원 기록마저 멋대로 없애는 시어머니의 전횡은 결코 있을 수 없는 일이며, 그런 터무니없는 일을 사람들이 사실로 믿을까 두렵기도 하다. 물론 악독하고 비정한 시어머니의 만행을 돋보이게 하려는 고육지책일 수도 있겠지만, 너무 앞서간 느낌을 지울 수 없다. 더군다나 요즘은 악독한 시어머니에게 시달리는 며느리보다 오히려 드센 며느리 때문에 정신과 치료를 받으러 오는 시어머니들이 늘어난 현실임에 비춰 볼 때, 그야말로 세상이 많이 바뀌었음을 실감하게 된다.

어쨌든 시어머니 역을 맡은 박원숙의 놀라운 연기는 실로 타의 추종을 불허하는 악마성을 유감없이 뿜어 대는데, 그녀가 목숨처럼 아끼는 찌질한 마마보이 아들의 모습 또한 어머니와 환상적인 조합을 이룬다. 물론 정도 나름이긴 하겠으나 고부 관계에서 드러나는 온갖 불협화음의 핵심에는 그런 악마적인 속성이 잠재되어 있음을 부인하기 어려워진다. 그런 점에서 비록 과장된 모습이긴 하지만, 드라마에서 전개되는 내용은 우리 자신과 전적으로 무관한 남의 이야기로만 치부할 수 없는 묘한 매력이 자리 잡고 있음을 인정하지 않을 수 없게 된다. 그렇게 우리는 드라마가 던지는 밑밥을 덥썩 물고 마는 것이다.

별에서 온 그대

　천방지축 인기 톱스타 천송이(전지현)와 그녀의 수호천사 노릇을 자처하는 외계인 출신 대학 강사 도민준(김수현)이 벌이는 400년의 시공을 뛰어넘은 사랑을 그린 박지은 극본, 장태유, 오충환 연출의 2013~2014년 SBS 드라마 〈별에서 온 그대〉는 역시 한 해 전에 SBS에서 인기리에 방영되었던 드라마 〈옥탑방의 왕세자〉와 비슷한 구도와 설정이지만 이번에는 왕세자가 아니라 외계인이라는 점이 다르다. 그러나 무엇보다 뚜렷이 구분되는 점은 여주인공 천송이의 독특한 캐릭터성이라 할 수 있다. 천성이 착하고 정이 많아 자기희생적인 특성이 강한 박하에 비해 입담이 거칠고 천방지축인 데다 자기밖에 모르는 지독한 공주병의 소유자 천송이는 그야말로 전형적인 히스테리성 나르시시즘의 전형이다.
　그런 점에서 오늘날 지독한 왕자병과 공주병을 앓고 있는 젊은이들의 언행을 보고 있자면 그들이야말로 머나먼 별나라에서 온 외계인처럼 낯설게 느껴지기도 한다. 하기야 그들 역시 고루한 사고방식의 기성세대들을 외계인처럼 생소하게 느끼겠지만 말이다.

　천송이가 위기에 처할 때마다 초능력을 발휘해 그녀를 구출하는 외계인 도민준은 천송이의 바로 옆집에 사는 이웃으로, 대학에서 긍정심리학을 가르치는 강사인 동시에 천송이의 스승이기도 하다. 하지만 지구인과 소통하는 데 익숙지 않은 그는 타인의 입장을 고려할 줄 모르는 매우 냉담하고 냉소적인 인물이라는 인상을 주기 쉬운데, 그것은 자기밖에 모르는 오늘날의 왕자병 젊은이들처럼 과잉보호를 받고 자라서

가 아니라 오히려 홀로 친구도 없이 외롭게 400년 동안이나 지구에서 살면서 체득한 인간관계의 허탈감과 실망감, 상실감 및 두려움에서 비롯된 결과였다. 그래서 그는 타인과의 유대 관계 없이 혼자 다니며 밥도 혼자 먹는다. 그렇게 마음의 문을 닫고 사는 그에게도 단 한 명의 친구가 있는데, 오랜 지기인 장영목 변호사는 도민준의 정체를 알고 있는 유일한 인물이다.

여러 가지 초능력을 발휘하는 외계인이기도 하지만, 20대 외모와는 달리 매우 구시대적 발상의 소유자인 도민준은 최신 뉴스나 유행에 무관심해서 집에 전화도 없을 정도다. 그러니 처음에 인기 톱스타인 천송이마저 알아보지 못해 간첩이나 외계인 취급까지 받는다. 천송이를 모르면 간첩이거나 외계인이기 때문이다. 하지만 피차 상대를 알아보지 못한 것은 둘이 똑같다. 천송이도 도민준이 외계인이라는 사실은 꿈도 꾸지 못한 일이었으니 말이다. 그런데 천송이는 기묘하게도 도민준이 가장 싫어하는 특성들을 모조리 갖고 있는데, 특히 무식하면서 잘난 척하는 여자와 술주정하는 여자는 도민준이 아주 질색한다. 당연히 처음부터 이들의 관계는 최악인 상태로 시작될 수밖에 없다.

천송이의 무식이 어느 정도냐 하면, 피곤한 오후에는 모카라테가 짱이라면서 모카(목화)씨를 몰래 숨겨 들여온 문익점 선생님에 고마움을 표시하기도 하는데, 못 말리는 그녀의 그런 멘트는 끝도 한도 없이 이어진다. 이처럼 매우 생뚱맞은 4차원적 언행을 일삼는 천송이야말로 "너 어느 별에서 왔니?"라는 질문의 대상이 아닐 수 없다. 하지만 마냥 푼수데기처럼 보이던 그녀도 자신과 라이벌 관계에 있으면서 사이가 안 좋았던 여배우 한유라(유인영)의 자살 원인으로 자기가 지목받으면서 온갖 논란과 험담의 대상이 되고 연예계에서 퇴출당할 위기까지 겪는 시련에 마주치자 상당히 의연한 모습을 보이기도 한다.

그런데 주인공인 천송이와 도민준의 주변에서 벌어지는 모든 사건의 주범은 의외로 재벌 그룹의 후계자 이재경(신성록)임이 드러난다. 그는 천송이를 짝사랑하는 이휘경의 형으로 겉으로는 타의 추종을 불허하는 모범적인 신사이자 경영인 행세를 하지만, 뒤에서는 자신의 앞길을 가로막는 모든 사람을 무참하게 살해한 두 얼굴의 사나이로 지독한 사이코패스라 할 수 있다. 사회봉사 활동에도 열심인 그는 자신의 출세에 지장이 있다는 이유로 친형마저 살해했으며, 전처를 정신병원에 가두는가 하면, 내연 관계에 있던 한유라가 임신한 상태에서 결혼을 요구하자 자살을 가장해 은밀히 살해한 뒤 자살의 원인을 천송이로 몰고 간다. 나중에는 천송이마저 죽이려 들지만, 번번이 도민준의 개입으로 실패하고 그가 벌인 모든 악행이 드러나 결국 감옥에 들어간다.

하기야 세상에는 전신에 문신을 새기고 험악하게 생긴 조폭만 있는 게 아니라 겉으로는 온갖 미소와 미사여구로 사람들을 현혹하면서도 뒤로는 숱한 사람을 파멸로 몰고 가는 진정으로 무서운 사이코패스도 존재하기 마련이니 단순히 겉모습만 보고 판단할 일이 결코 아니다. 어쨌든 천송이와 도민준은 서로 깊이 사랑하는 사이로 발전하지만, 자기가 살던 별로 돌아가지 않으면 그대로 소멸할 위기에 처한 도민준은 마침내 그녀의 곁을 떠나 외계로 향한다.

그 후에도 도민준은 천송이 앞에 불현듯 나타났다 사라지거나 감옥에 수감된 이재경 앞에도 나타나 그가 진정으로 마음을 비웠는지 확인하고 사라진다. 아무래도 천송이의 미래가 염려되었나 보다. 생텍쥐페리의 어린 왕자를 능가하는 깊은 배려심과 온정의 수호천사가 아닐 수 없다. 하기야 매우 타산적이고 이기적인 현대의 젊은 남성들에 실망한 여성들은 도민준과 같은 헌신적인 수호천사를 꿈꾸기 마련이라는 점에서 주역을 맡은 김수현의 인기가 하늘을 찌를 듯 치솟은 것으로 보인다. 그런 인기에 힘입어 해외에서도 〈별에서 온 그대〉를 리메이크했는데, 정식 판권계약 없이 무단으로 제작한 작품 또한 출현했으니 인도네시아의 〈별에서 온 그대〉, 중국의 〈별에서 온 상속자들〉이 그 대표적인 예이다. 어찌 됐건 왕싸가지 천송이와 순진남 도민준의 기묘한 케미는 전통적 가치관에 따른 연애 패턴과는 전혀 다른 4차원적 재미를 선사한다.

왔다! 장보리

백호민 연출, 김순옥 극본의 2014년 MBC 드라마 〈왔다! 장보리〉는 출생의 비밀을 배경으로 뒤바뀐 운명의 두 여인 장보리(오연서)와 연민정(이유리)을 중심으로 그녀들의 친어머니 김인화(김혜옥), 도혜옥(황영희)이 이끄는 두 가족 사이에 벌어지는 암투와 음모, 갈등이 벌어지는 이야기다. 결국 장보리는 우여곡절 끝에 자신의 친부모를 되찾고 어릴 때 소꿉친구였던 이재화(김지훈)와 다시 만나 해피 엔딩을 이루지만 세속적인 야망에 불타 온갖 나쁜 짓을 다 했던 연민정은 파멸을 맞이하고 만다는 권선징악 드라마다.

여기서 광기의 연기력을 발휘한 이유리는 〈반짝반짝 빛나는〉에서도 뒤바뀐 운명의 악역을 맡아 미친 존재감을 마음껏 뽐내기도 했는데, 그녀가 맡은 악역을 비웃기만 할 수 없는 이유는 우리 각자의 내면에도 그와 비슷한 탐욕과 질투, 분노, 복수, 원망, 저주의 감정 등이 도사리고 있을 수 있기 때문이다. 가장 소극적이고 비열한 방식의 복수는 인기인의 웹사이트에 들어가 익명의 악플을 다는 것인데, 문제는 그런 악플에 시달리다 견디지 못하고 자살까지 하는 연예인도 있다는 사실이다. 그런 점에서 보면 악행은 무슨 거창한 사회적 물의를 일으키는 범죄를 통해서만 벌어지는 것이 아니라 아주 사소하고 미미한 행위를 통해서도 얼마든지 저지를 수 있는 일이라 할 수 있다.

시골 장흥에서 국밥집을 경영하는 도혜옥 밑에서 국밥 배달일을 하며 지내는 보리는 사실 도혜옥의 친딸이 아니라 길에 버려진 아이를 데려다 키운 딸이다. 그래서 도혜옥의 친딸 민정이 유달리 보리를 무시하고 냉대하는데, 보리라는 이름도 보리밥을 잘 먹으니 보리라고 지어 주라는 민정의 말에 따른 것이다. 그런데 사실 보리의 본명은 장은비로 비술채의 수장 박수미(김용림)의 손녀인 동시에 김인화와 장수봉(안내상) 부부의 친딸이었으나, 엄마 김인화가 운전 중에 사고로 시아주버니 장희봉을 치어 죽이고 달아나는 과정에서 딸까지 잃어버린 것이다.

민정에게 심한 구박을 당하면서도 꿋꿋하게 살아가는 보리와는 달리 탐욕과 질투심이 강한 민정은 보리의 그림을 몰래 베껴 비술채가 주최한 미술 대회에서 1등을 차지하고 자신이 고아 출신이라 거짓말을 둘러대며 김인화의 동정심을 산다. 결국 김인화의 후원으로 대학까지 졸업한 민정은 자신을 양딸로 삼아 달라 간청해 마침내 그 뜻을 이룬다. 그런데 뜻하지 않게 민정이 관계를 끝내려던 애인 문지상(성혁)의 아이를 임신하게 되자 김인화 몰래 장흥에 내려가 딸 비단을 낳은 뒤 보리에게 아기를 떠넘기고 돌아온다. 그리고 재벌 회장의 아들 이재희(오창석)에게 접근해서 그의 도움으로 유학까지 다녀온다.

한편 보리는 민정의 딸 비단을 자신의 친딸처럼 키우며 한복의 달인 송옥수(양미경)에게 제조 기법을 배우지만 그녀가 자신의 큰어머니인 사실을 모른다. 송옥수의 소개로 친할머니 박수미에게 한복을 배우게 되지만 그때부터 이를 시기한 연민정의 악랄한 방해 공작에 시달리기 시작한다. 더욱이 보리가 옛 기억을 되찾고 어릴 적 동무였던 이재화 검사와 가까워지자 민정은 더욱 초조해진다. 이재화는 바로 자신이 차지하려는 이재희의 이복형이기 때문이다. 이래저래 보리와 민정은 악연으로 똘똘 뭉친 관계라 할 수 있다.

그런데 민정에게 스토커로 고소당해 유치장까지 다녀온 문지상이 복수의 칼을 갈며 민정의 뒤를 쫓고 비단에 얽힌 출생의 비밀에 더해 보리의 친부모까지 밝혀지면서 상황은 더욱 복잡해진다. 결국 모든 것을 잃고 감옥에 간 민정은 화상으로 인해 장애와 더불어 임신까지 불가능해진 상태에서 출소한 뒤 도혜옥의 구박을 받으며 국밥집에서 일한다. 마침내 보리와 이재화는 전통 혼례를 올리고 보리가 입덧을 하는 것으로 드라마는 막을 내린다.

어디 그뿐인가. 민정뿐 아니라 김인화와 도혜옥이 저지른 악행까지 더해지면서 보리와 이재화 검사는 정신없이 뛰어다니게 된다.

그러고 보면 이 드라마의 사실상 주역은 장보리와 이재화가 아니라 연민정과 문지상으로 보인다. 모든 사건과 음모의 중심에 이들이 있기 때문이다. 하지만 그런 사악한 일면은 우리 자신이 인식하지 못할 뿐 각자의 내면 깊이 숨겨져 있는 경우도 많으니 너무 그들만을 욕하지는 말자. 사실 나쁜 짓으로 치면 김인화와 도혜옥이 저지른 악행도 그대로 적당히 넘길 일이 결코 아니다. 그럼에도 불구하고 얼렁뚱땅 넘어간 것은 두 여성 모두 어머니라는 특수 신분 때문일 것이다. 실제로 우리나라 드라마 정서상 어머니의 존재는 지상의 모든 법과 상식을 초월한 감히 범접할 수 없는 존재로 군림하기 일쑤다. 누군가 난동을 부리는 현장에 출동한 경찰이 자수를 권유할 때 항상 동원하는 수단도 어머니를 불러 대신 설득하도록 유도하는데, 아무리 막돼먹은 자식도 어머니 앞에서는 무릎을 꿇기 마련이니 우리나라 어머니의 힘이 얼마나 막강한지 실감하게 된다.

응답하라 1988

이우정 극본, 신원호, 유학찬 연출의 2015~2016년 tvN 드라마 〈응답하라 1988〉은 2013년에 방영된 〈응답하라 1994〉의 후속작으로 응답하라 시리즈의 세 번째 작품이다. 서울 올림픽이 개최된 1988년부터 1995년에 이르기까지 서울 쌍문동에 세 들어 사는 만년 은행 대리 성동일(성동일)과 잔소리꾼 아내 이일화(이일화), 그리고 그들이 낳은 삼남매 보라, 덕선, 노을이 엮어 가는 코믹 로맨스 가족 드라마다.

서울 올림픽이 열리고 한 세대나 지난 뒤에 방영된 이 드라마는 그 시절을 기억하는 부모 세대 입장에서 보면 남다른 감회가 깊을 것으로 보이기도 한다. 오랜 세월 그들의 가슴을 짓눌렀던 가난과 열등감, 모멸감, 비굴함, 패배감, 분노와 억울함 등 복잡한 감정의 응어리를 떨쳐 내고 모처럼 새로운 도약의 계기를 만든 것이 서울 올림픽이었기 때문이다. 그것은 자부심과 자신감을 심어 준 기회가 되기도 했으며, 진정한 자유와 민주사회의 가능성을 엿보게 해 준 시점이기도 했다. 따라서 비록 먹고살기에는 여전히 힘들지만, 그래도 보다 나은 미래에 대한 희망의 숨통을 틀 수 있는 기회를 맞이했다는 점에서 그 의미가 남달랐을 것이다. 물론 오늘날의 젊은이들은 그런 벅찬 감회의 순간을 경험하기 힘들겠지만 말이다.

조급하고 무뚝뚝하지만 정이 많고 자상한 성품의 성동일은 친구 빚보증을 잘못 서는 바람에 전 재산을 날리고 반지하 셋방살이를 하면서도 가족을 위해 묵묵히 애쓰며 살아가는 사람 좋은 가장이다. 구수하고 감칠맛 나는 전라도 사투리의 욕쟁이에다 마치 소크라테스처럼 "악처도 처"라는 말에서도 보듯이 가끔씩 번득이는 명언을 쏟아 내는 기발한 발상의 능력자이기도 하다. 빚보증을 잘못 서 하루아침에 망하면서 길바닥에 나앉는 집안이 예전에는 한둘이 아니었다. 그만큼 사기꾼들이 넘쳐났다는 이야기다.

아내 일화는 빚보증을 잘못 선 남편 때문에 생활고에 허덕이는 데다 자식들마저 맨날 난리를 피우는 통에 골머리를 앓는다. 맏딸 보라(류혜영)는 서울대에 입학해 엄마의 자랑거리이긴 하나 운동권에 가담해 학생 운동으로 걸핏하면 경찰서를 드나들고, 차녀 덕선(이혜리)은 전교 꼴찌에 가까운 성적에 외모만 신경 쓴다. 아들 노을(최성원) 역시 전교 꼴찌라는 점에서는 덕선과 막상막하다. 노을은 따로 자기 방이 없어 부모와 함께 잠을 잔다. 그래서인지 눈치가 백 단이다. 자기 방이 따로 없는 설움을 모르고 자란 요즘의 젊은이들이 남의 눈치를 전혀 보지 않는 이유도 어쩌면 그런 환경적 요인이 작용했기 쉽다.

매우 보수적인 일화는 자식 편애도 심한 편이어서 장녀 보라와 아들 노을만 챙기고 차녀 덕선에게는 무심하기 그지없다. 보라는 공부를 잘해서이고 노을은 아들이기 때문이다. 하기야 세상의 모든 엄마는 '다섯 손가락 깨물어 안 아픈 손가락이 어디 있겠느냐'면서 공평한 자식 사랑을 강변하겠지만, 자세히 들여다보면 깨무는 강도가 조금씩 다름을 알 수 있다. 엄마의 그런 편애 때문에 두 자매는 맨날 싸움판을 벌이는데, 성격이 몹시 드센 보라는 덕선을 괴롭히며 폭력까지 행사하고, 덕선 역시 한 치도 물러서지 않는다.

이처럼 형제자매끼리 서로 치고받고 싸우는 모습은 어느 집에서나 흔히 보는 장면이다. 보라에 대한 편애는 성동일도 마찬가지여서 통닭을 사 오더라도 닭 다리는 무조건 보라의 몫이다. 그러니 참다못한 덕선이 폭발하는 것도 결코 무리가 아니다. 그런데 사법 고시에 합격한 보라는 의사와 결혼까지 하니 그렇게 잘나가는 언니를 곁에서 지켜보는 덕선의 마음이 오죽하겠는가. 항상 언니에게 눌리고 남동생에게 무시당하고 산 차녀 덕선은 가족 중에서 가장 많은 서러운 일을 겪으며 눈물 마를 날이 거의 없을 지경이지만, 원래 밝고 낙천적인 성격이라 학교 성적이 바닥을 쳐도 상관하지 않는다. 비록 자존감이 다소 떨어지고 덜렁대는 특성을 보이지만, 뒤끝이 없고 단순 명쾌한 성격이라 힘겨운 사춘기를 잘 극복하고 나중에는 스튜어디스가 되어 자존감을 회복한다. 한때 덕선이라는 이름이 촌스럽다며 수연으로 바꾸기도 했지만, 다시 덕선으로 살아간다.

따라서 드라마 전체 과정을 통해 가장 큰 심리적 성장통을 겪은 덕선의 입장에서 보자면 〈응답하라 1988〉의 진정한 주인공은 덕선이라 해도 무방할 것이다.

엄마

　오경훈 연출, 김정수 극본의 2015~2016년 MBC 드라마 〈엄마〉는 일찍 남편과 사별한 후 홀로 힘겹게 사 남매 자식들을 키우며 모든 것을 희생한 엄마의 눈물겨운 이야기다. 그런 가운데 물질만능의 배금주의와 금수저, 흙수저로 대비되는 빈부격차 문제, 유산 상속 문제를 중심으로 벌어지는 탐욕과 이기심에 물든 가족 구성원의 갈등과 더불어 거기에 양념으로 첨가된 황혼의 사랑 등이 드라마의 핵심을 이루는 주제들이다.

　주인공 윤정애(차화연)는 착하고 욕심이 없으며 가족을 위해서라면 모든 것을 희생하는 스타일의 전형적인 한국 어머니다. 그녀는 서울 변두리에 디저트 카페를 운영하며 그동안 혼자 힘으로 마련한 이층집에서 사 남매 윤희(장서희), 영재(김석훈), 강재(이태성), 민지(최예슬), 그리고 사위와 두 손녀까지 거느리고 모두 여덟 식구가 함께 모여 산다. 거기에 가게 종업원 콩순이(도희)와 올케 남옥이 강제로 떠맡기고 간 어린 조카 진우까지 합하면 전부 열 식구다.

　어려서부터 엄마를 도운 장녀 윤희는 가난 때문에 제대로 배우지 못한 게 한이 되었는지 두 딸 하나와 두나에게는 유달리 공부를 강요한다. 내가 이루지 못한 것을 자식의 성공을 통해 보상받고 싶어 하는 엄마 유형에 속한다. 그녀의 남편 허상순(이문식)은 의류 재벌 엄 회장의 운전기사로 일하고 있으며, 눈치가 백 단으로 처세술에 능하다. 고아 출신인 그는 법 없이도 살 수 있는 인물로 비록 처가살이를 하고는 있지만, 알고 보면 그는 과거에 연애에 실패하고 자살하려던 윤희의 목숨을 구해 준 생명의 은인이기도 하다.

은행 대리로 근무하는 장남 영재는 공부 잘하는 모범생 출신으로 잘생긴 외모에 매너까지 좋은 마마보이 엄친아다. 하지만 어려서부터 엄마의 과잉보호로 인해 자기밖에 모르는 이기주의자인 그는 전형적인 왕자병 환자로 그와 비슷한 유형의 남자들이 오늘날 어디를 가나 흔히 마주칠 수 있는 인간형이기도 하다. 반면에 항상 형의 옷을 물려받고 자란 차남 강재는 형에 대한 열등감에 사로잡혀 어려서부터 사고뭉치였으며, 그래서 그런지 돈에 매우 집착하고 사치와 허영심이 대단하다.

한편 유복녀로 태어난 막내딸 민지는 엄마와 언니의 뜻에 따라 어엿한 의대생이 되어 집안의 자랑거리였으나, 해부학 실습 시간에 시체를 보고 큰 충격을 받은 이후 가족과 상의도 없이 제멋대로 의대를 자퇴한 후 배우가 되겠다며 오디션을 보러 다닌다. 또한 강재처럼 낭비벽과 허영심이 강해서 엄마가 친구 장여사(윤미라)에게 빌린 등록금을 자기 용돈으로 써 버릴 정도로 양심 불량 철부지다. 반면에 장 여사의 아들 대룡(나인우)은 엄마의 피자 가게 운영을 도우며 지내는 마음씨 착한 마마보이로, 민지와 친하게 지내는 단짝이기도 하다. 두 집안의 기둥이 모두 마마보이라는 점이 특이한데, 이는 결코 예사롭게 넘길 일이 아니다. 실제로 우리 주변에는 그런 마마보이들이 넘쳐나기 때문이다.

드라마는 영재의 결혼 문제로 인해 벌어지는 온갖 해프닝과 더불어 시작하는데, 그런 크고 작은 소동들이 결코 남의 일이 아님을 알 수 있다. 우선 문제는 왕자병 환자 영재가 강남 8학군 출신의 공주병 환자

애인 세령(홍수현)에게 청혼하면서부터 벌어진다. 비록 우여곡절 끝에 결국에는 어렵사리 결혼이 성사되지만, 영재는 강재의 예기치 못한 금융사고로 인해 졸지에 처가살이 신세가 되고 만다. 그런데 세령의 부모는 온종일 붙어 앉아 서로 티격태격하는 사이로, 모녀끼리도 마치 자매 사이인 것처럼 입씨름이 치열한데, 그런 모습 또한 오늘날에 와서는 어디서나 목격할 수 있는 일상적인 장면이 되었다.

영재의 결혼 문제가 일단 마무리되자 이번에는 민지의 의대 자퇴 사실과 강재의 금융사기 사건이 터져 온 집안이 뒤집어지면서 졸지에 가게와 집까지 포함, 전 재산이 날아갈 위기에 처한다. 그런 곤경을 헤치고 살아남은 윤정애는 자신을 돈 많은 노인에게 재가시키려던 자식들에 대한 배신감으로 온 집 안의 가구를 야구방망이로 때려 부순 뒤 시골집에 내려가 한동안 잠적해 버린다. 그 후 그녀를 짝사랑한 의류 재벌 엄일남 회장(박영규)의 구애를 받아들인 윤정애는 마마보이 장남 영재와 엄 회장의 며느리 강나미(진희경)의 필사적인 방해 공작에도 불구하고 마침내 재혼에 성공한다.

한편 강나미의 조카 강유라(강한나)는 모든 면에서 무기력하기 짝이 없는 인물로 드라마에서 가장 딱한 처지에 놓여 있다고 볼 수 있다. 고모 강나미의 강요에 따라 사랑하는 강재와 헤어지고 부와 권력을 겸비한 변호사 김시경(김재승)과 억지로 결혼한 유라는 의심 많은 남편에게 계속해서 매를 맞고 산다. 강재와의 관계를 의심한 김시경은 편집증적 의처증 환자로 아내의 일거수일투족을 감시하는가 하면, 심지어는 허리띠를 풀어 매질까지 가한 후 약을 발라 주는 병적인 사디스트이기도 하다. 그런데 유라는 그런 남편에 저항하기는커녕 오히려 매 맞는 사실까지 감추기에 급급하다. 이는 마치 매 맞는 아내들의 경우에서 보듯이 일종의 도덕적 사도마조히즘 관계처럼 보이기도 한다.

어쨌든 가지 많은 나무 바람 잘 날 없다는 옛말이 하나도 틀리지 않는다는 사실을 입증한 이 드라마의 결론은 한마디로 대한민국 엄마의 위대한 힘이다. '뭉치면 살고 흩어지면 죽는다'라는 말도 '뭉치면 시끄럽고 흩어지면 조용하다'로 바꿔야 할 지경이다. 하지만 엄마의 위대함은 자식을 위한 희생을 통해서만 오는 게 결코 아니라는 점을 기억할 필요가 있다. 물론 예로부터 모성의 위대함을 무조건적인 사랑, 조건 없는 사랑에 두는 주장들도 없는 건 아니지만, 그런 사랑이 무분별한 자식 사랑으로 이어질 경우, 수많은 왕자병과 공주병 환자들을 낳는다는 사실도 잊지 말아야겠다. 특히 부모의 과잉보호가 두드러진 요즘 세태를 보면 오늘날 우리 사회에 만연한 나르시시즘 환자들이 어째서 날이 갈수록 급증하고 있는지 그 원인을 추측해 볼 수 있다.

그런 점에서 집안이 거덜 나게 되자 엄마를 돈 많은 노인에게 재가시키려는 자식들에 반발해 집안의 가구를 때려 부수고 가출해 버리는 엄마 윤정애의 행동은 조건 없는 사랑만을 베푸는 대자대비 엄마의 모습과는 거리가 있다. 그리고 그런 모습이 오히려 더욱 인간적인 체취를 풍기며 우리에게 다가온다. 더 나아가 윤정애는 전적으로 자식들에 목을 매는 것을 거부하고 자신의 행복한 삶을 위해 새로운 삶의 출발을 과감하게 시도함으로써 전통적인 엄마 이미지와는 분명히 다른 모습을 보인다.

태양의 후예

　김은숙과 김원석 극본, 이응복과 백상훈 연출의 2016년 KBS 드라마 〈태양의 후예〉는 가상의 국가 우르크(이라크와 발음이 비슷)에 UN 평화 유지군으로 파병된 특전사 대위 유시진(송중기)과 의료 지원단의 여의사 강모연(송혜교)을 중심으로 벌어지는 휴먼 멜로 드라마다. 전쟁과 질병의 참화 속에 뛰어든 현역 군인과 여의사가 온갖 역경을 이겨내는 가운데 아름다운 로맨스를 꽃피우지만, 서로 다른 가치관과 신념 때문에 갈등을 겪기도 한다. 주역을 맡은 송중기와 송혜교는 그 후 연인 사이로 발전해 결혼까지 함으로써 수많은 젊은이의 부러움을 샀으나, 아쉽게도 불과 2년도 채 못 되어 헤어지고 말았다. 반면에 〈사랑의 불시착〉에서 공연한 현빈과 손혜진은 지금까지 금슬 좋게 잘 지내고 있다.

　유시진 대위는 그동안 한국 드라마에서 좀처럼 찾아 보기 힘들었던 새로운 스타일의 영웅이다. 그동안 찌질하고 이기적인 왕자병 재벌 2세나 갑질하는 나쁜 남자 모습에 식상해진 여성 팬들은 싸움판에서는 무적의 용사지만 여성 앞에서는 순한 양으로 변하는, 그러면서도 농담과 거짓말을 밥 먹듯 하는 잘생긴 귀염둥이 유시진의 모습에 시선을 뗄 수 없었다. 어디 그뿐인가. 매우 이타적이고 의협심도 강해서 정의와 의리를 지키기 위해서는 목숨도 아까워하지 않으며, 아무리 상관의 지시라 하더라고 부당하다고 여기면 영창을 가는 한이 있어도 "아니오"라고 분명히 자신의 뜻을 밝히는 배짱 두둑한 사나이다. 더군다나 지진으로 인한 사고 현장에서 구조 활동을 벌이던 강모연의 신발 끈이 풀어지자 갑자기 나타나 그녀 앞에 무릎 꿇고 앉아 자기가 대신 신발 끈을 묶어 주는 유시진의 멋진 모습은 두고두고 이 드라마 최고의 명장면으로 기억되며 장안의 화제가 되기도 했다.

이처럼 멋진 쾌남 유시진에 비해 미모의 여의사 강모연은 전장에서 사람의 목숨을 거침없이 빼앗는 군인과 달리 인간의 생명이 그 무엇보다 가치 있다고 여기고 목숨을 살리기 위해 애쓰는 의사 직분과 사명에 충실한 인물이다. 한때 병원의 간판스타로 잘나가던 그녀는 교수나 개업의로 성공할 야망을 지니기도 했으나, 이사장의 유혹을 뿌리치자 그 보복으로 우르크 파견 의료 봉사 단장에 임명된다. 하지만 우르크에서 겪은 경험으로 인해 히포크라테스 선언의 정신을 다시 가슴에 되새기고 원래의 초심으로 돌아간다. 이들 외에도 얼짱 군의관으로 알려진 윤명주 중위(김지원)와 의리남 서대영 상사(진구)의 밀당 러브스토리도 드라마의 재미를 더욱 배가시킨다.

그런 점에서 드라마 〈태양의 후예〉는 한동안 세속적인 성공의 유혹에 잠시 흔들렸던 강모연이 매우 인간적이면서도 진정한 영웅의 모습으로 나타난 유시진의 존재를 통해 본래의 순수한 모습으로 돌아가는 한 편의 성장 드라마라고 볼 수도 있다. 물론 유시진도 출세와 성공을 거부하거나 부정하는 것은 아니다. 비록 그는 전장에서 불가피하게 적을 쓰러트려 죽여야만 살아남을 수 있는 특수한 위치의 군인 신분이긴 하나 그렇다고 해서 실생활에서도 그런 것은 결코 아니다. 오히려 그는 짓궂은 농담으로 상대의 긴장을 한순간에 날려 주는 천부적인 재주를 지니고 있으며, 자신의 감정을 솔직히 드러내는 낭만주의자이기도 하다.

〈태양의 후예〉가 우리에게 주는 교훈은 돈과 권력, 출세와 성공을 위해 수단 방법을 가리지 않고 상대를 짓밟고 사회에서 매장해 버리는 비정한 천민자본주의 사회의 이면을 폭로함과 동시에, 약육강식의 아수라장 현실에서 인간다운 미덕과 가치를 잃지 않고 세상을 위해 희생하며 봉사하는 군인 유시진과 의사 강모연이야말로 이 시대가 요구하는 진정한 영웅들이 아니겠는가 하는 점일 것이다. 따라서 진정한 영웅은 어느 날 갑자기 높은 곳에서 내려오는 그런 유명한 존재가 아니라 고달픈 삶의 현장에서 우리와 함께 땀 흘리고 애쓰며 서로 돕기 위해 살아가는 수많은 이름 모를 존재들이라는 점을 이 드라마는 일깨워 주는 듯싶다. 하지만 말처럼 그렇게 희생적이고 이타적인 사람은 우리 현실에서 흔히 찾아 볼 수 있는 일이 아니다. 물론 우리나라 사람만큼 정이 많고 우직한 민족도 드물다고 하지만, 사실 사람 사는 곳은 어디나 다 비슷하지 않을까 싶기도 하다.

질투의 화신

　서숙향 극본, 박신우, 이정흠 연출의 2016년 SBS 드라마〈질투의 화신〉은 한 여성을 두고 두 절친 사이에 벌이는 치열한 경쟁과 질투를 다룬 코믹 로맨스로, 사람들에게 선망의 대상인 방송가를 무대로 삼은 점이 이채롭다. 두 남자 사이에서 양다리를 걸치며 찰떡같은 우정에 금이 가게 만든 장본인 표나리(공효진)는 가난한 집안에 학벌도 변변치 못한 입장이지만 출세와 신분 상승의 꿈을 안고 쇼핑호스트를 거쳐 꿈에 그리던 방송국에 취직해 기상캐스터로 근무하면서도 계속해서 아나운서를 꿈꾸는 입담 좋고 다소 엉뚱한 푼수데기 여성이다.

　그녀는 처음 입사할 때부터 박력 있고 남성미 만점의 마초 기질이 다분하면서도 다소 찌질한 미남 기자 이화신(조정석)을 남몰래 짝사랑하지만, 미녀들이 즐비한 방송가에서 대놓고 그녀들의 짝사랑을 즐기는 왕자병 환자 이화신에 감히 접근할 엄두조차 낼 수 없는 처지다. 그런데 사실 이런 나르시시즘의 극치를 달리는 왕자병 환자들은 요즘 들어 부쩍 늘어난 추세를 보이고 있는데, 이게 다 부모의 과잉보호 탓이다. 그런 이화신이 방콕 특파원을 마치고 3년 만에 돌아와 같은 뉴스팀에 근무하게 되자 표나리는 과거에 자신의 자존심을 짓밟은 이화신에 복수하기 위해 보란 듯이 그의 절친이자 다정다감한 재벌 3세 고정원(고경표)과 사귄다.

　하지만 표나리가 고정원과 본격적으로 사귀기 시작하자 그동안 그녀를 무시하고 냉랭하게 굴던 이화신의 태도가 180도 바뀌면서 심지어 표나리에게 적극 대시하기까지 한다. 그녀가 두 사람을 동시에 사귈 수 없다고 하자 한 달씩 번갈아 사귀거나 또는 낮에는 고정원과 그리고 밤에는 자기와 사귀자고 억지를 부리며 떼를 쓴다. 그런 그에게 표나리는 자기를 좋아하지도 않으면서 질투심 때문에 사귀자고 하는 거냐고 맞받아친다.

결국 모호한 태도를 취하는 표나리 때문에 이화신과 고정원은 갯벌에 나뒹굴며 서로 치고받고 싸우는 난투극을 벌인다. 그리고 마침내 고정원과 헤어진 표나리는 이화신과 결혼식을 올리는데, 주례를 맡은 유방외과 전문의 금석호가 한 말이 그야말로 명언이다. "누구나 사랑을 하지만, 아무나 사랑을 지키진 못합니다." 사랑의 유지가 그만큼 어렵고 중요하다는 말이겠다. 그런 말에 보답이라도 하듯 그 후 아이까지 낳고 계속 티격태격하며 살던 그들은 어느새 노년을 맞이한 모습으로 드라마는 끝난다. 짚신도 짝이 있다는 말은 그래서 나온 모양이다.

물론 짝사랑 상대의 질투를 유발해 결혼에 성공하는 여성의 기발한 전략이 재미를 선사하기도 하지만, 자기밖에 모르는 마초 스타일의 나르시시스트가 보여 주는 질투의 해프닝이 일종의 반전 효과를 일으키며 더욱 코믹한 모습으로 나타난다. 그런 점에서 찌질한 남자 이화신 역을 맡은 조정석의 연기는 실로 발군의 능력을 과시했다고 보며, 겉으로는 다소 엉성해 보여도 속으로는 꼬리가 아홉 개 달린 여우의 모습을 하고 있는 표나리 역의 공효진도 조정석과 함께 그해 최우수 연기상을 탈 정도로 탁월한 코믹 연기 실력을 과시했다.

다만 이화신의 질투로 인해 벌어진 삼각관계 해프닝은 전적으로 표나리의 교묘한 전략에 의한 것이니, 결과적으로 보면 두 남자 모두 그녀의 손에 놀아난 꼴이 된다. 그래서 여자들끼리 하는 말로, '남자들은 모두 애들 같다'는 말도 있듯이 드라마에서도 여지없이 사실인 것으로 드러난다. 그리고 보면 여우를 이길 수 있는 늑대는 이 세상에 없어 보인다.

사랑의 불시착

 박지은 극본, 이정효, 김희원, 김나영 연출의 2019~2020년 tvN 드라마 〈사랑의 불시착〉은 가수 박남정의 히트곡 〈사랑의 불시착〉과는 아무런 관계도 없다. 대재벌의 상속녀에다 독자적인 패션 기업 대표인 윤세리(손예진)가 자신이 손수 개발한 스포츠웨어 기능을 점검해 보기 위해 직접 패러글라이딩을 타고 시험 비행을 하다가 돌풍에 휘말려 북한 지역에 불시착하는데 공교롭게 북한군 장교 리정혁(현빈)과 조우하게 되면서 사랑을 나누는 사이로 발전한다. 그리고 천신만고 끝에 다시 남으로 무사히 돌아온다는 다소 황당한 설정의 로맨스 드라마이지만, 한류 붐을 타고 해외에서도 상당한 인기를 끌었던 작품이다.

 주인공 윤세리는 처음에는 본인이 북한 땅에 불시착한 줄 모르고 자신과 우연히 마주친 리정혁을 남파 간첩 정도로 알았으나, 그가 북한 최전방에 근무하는 중대장 신분임을 알고 소스라치게 놀란다. 이처럼 기묘한 만남을 기화로 정혁의 군관 사택에 기거하게 된 세리는 그의 도움을 받아 남으로 다시 돌아갈 방도를 찾지만, 그것이 생각처럼 여의치 않다. 결국 그녀의 신분이 탄로 날까 염려한 정혁의 제안에 따라 그의 약혼녀로 위장한 세리는 온갖 우여곡절 끝에 남으로 무사 귀환하게 되는데, 그 사이에 정혁과 사랑하는 사이로 발전한다.
 하지만 정혁에게는 이미 약혼녀 서단(서지혜)이 있었으며, 자신의 존재가 정혁에게 위협이 될 수도 있음을 깨달은 세리는 미련 없이 그에게 이별을 통보하고 남하한다. 그런데 남하를 준비하는 과정에서 세리의 정체를 알게 된 보위부 소좌 조철강(오만석)의 집요한 추적으로 총상까지 입은 정혁은 세리의 행방을 찾다가 조철강의 추궁을 받게 되지만, 총정치국장인 아버지 리충렬(전국환)의 도움으로 곤경을 벗어나고 조철강은 체포된다. 그런 우여곡절 끝에 세리와 정혁 두 사람은 최전방 철책선 앞에서 아쉬운 이별을 고하고 헤어진다.

남으로 돌아온 세리는 자신이 부재중에 혼란에 빠진 회사의 상황을 수습하고 다시 일상으로 돌아오지만, 북에 두고 온 정혁을 그리워하는 마음으로 밤잠을 설친다. 그런데 북에서 노동교화소로 보내진 조철강이 도중에 탈출해 세리를 제거하기 위한 목적으로 남하하자 그 사실을 알게 된 정혁도 세리를 보호하기 위해 남하한다. 어떻게 그토록 자유롭게 마음대로 남북을 오가는지 이해하긴 어려우나 어쨌든 세리와 정혁은 극적으로 재회한다.

하지만 정혁을 무슨 수를 써서라도 북으로 데리고 오라는 아버지 리충렬의 지시로 정혁이 지휘하던 5중대원이 세계 군인 체육대회 선수로 위장해 서울에 잠입하는데, 철강과 정혁의 숨 가쁜 숨바꼭질 끝에 세리 역시 총상을 입고 한동안 생사의 갈림길에 놓인다. 결국 모처럼 세리와 재회한 정혁은 아쉬운 마음으로 그녀와 헤어져 북으로 돌아가고, 대신 매년 2주 동안 스위스 별장에서 함께 지내기로 약속한다.

이처럼 매우 비현실적인 상황이 전개되는 〈사랑의 불시착〉은 적지 않은 논란의 대상이 되기도 했는데, 주적 대상인 북한군을 지나치게 미화해 젊은 층의 안보 의식을 흐리게 만들었다는 비난도 들어야 했다.

하지만 빈곤과 통제의 틀에 갇혀 지내는 북한의 실상을 탈북민의 고증을 받아 재현했다는 점에서 단순 미화로 보기 어렵다는 반론 또한 만만치가 않다. 꽃제비의 존재나 빈번한 정전 사태, 기차 연착, 숙박 검열 등이 바로 그렇다. 하기야 박지은 작가 자신이 40대 중반의 나이로 한국 전쟁의 참상을 직접 겪어 보지 못한 세대이니 그럴 수밖에 없을 것이다. 설사 그렇다 해도 남과 북에서 따로 떨어져 지내는 두 사람이 정기적으로 아름다운 스위스 별장에서 만나 행복한 시간을 보낸다는 결말은 너무도 비현실적이다.

그럼에도 불구하고 〈사랑의 불시착〉이 갖는 중요한 의미는 우리가 바로 코앞에 있는 북한 동포의 실상에 무관심하고 북쪽은 쳐다보지도 않은 채 오로지 해외로만 모든 관심을 기울이며 살고 있다는 점이다. 우리와는 매우 다른 외계인처럼 여기는 북한 동포도 사실은 우리의 일부이며 인간적인 측면도 지니고 살아가는 평범한 사람들이라는 점을 깨우쳐 주기 때문이다. 그것은 탈북민을 보면 충분히 이해할 수 있는 대목이기도 하다. 그들도 우리처럼 큰 걸 바라는 것도 아니고 단지 소박하고 행복한 삶을 꿈꾸는 우리와 별반 다를 게 없는 평범한 인간이기 때문이다.

이상한 변호사 우영우

　문지원 극본, 유인식 연출의 2022년 ENA 히트 드라마 〈이상한 변호사 우영우〉는 16회로 종영되기까지 폭발적인 시청률을 기록하며 인기를 독차지한 이색 휴머니즘 드라마다. 특히 자폐증을 지닌 천재적 두뇌의 변호사 역을 맡은 박은빈의 신들린 듯한 연기는 사람들의 마음을 사로잡기에 충분했다. 하지만 주인공 우영우뿐 아니라 그녀를 둘러싼 주변 인물들의 따스하고 훈훈한 인간미와 보살핌 또한 드라마에 온기를 더욱 가해 준다.

　우영우의 아버지 우광호(전배수), 영우를 좋아하는 차분한 성격의 이준호(강태오), 영우와 독특한 인사법을 나누는 덜렁쇠 친구 동그라미(주현영), 자상한 직장 선배이자 멘토인 정명석 변호사(강기영), 영우의 동료이자 로스쿨 동기인 최수연(하윤경) 등이 바로 그 주인공들이다. 이처럼 우리 삶의 주위에는 아무리 각박하고 메마른 세상인심에도 불구하고 언제 어디서나 따뜻한 정을 베푸는 사람들이 존재하기에 그나마 용기를 얻고 고달픈 인생을 헤쳐 나가는 것이 아닐까 한다. 실제로 우리 주위에는 항상 이런 사람들이 존재하기 마련이다. 물론 일부 까칠한 인물들도 등장하긴 하지만, 그래도 영우 곁에는 찬 바람을 막아 주는 든든한 보호벽이 항상 대기하고 있으니 살아갈 용기가 절로 치솟는다.

　사생아로 태어나 엄마 태수미(진경)에게 버림받고 아버지의 보살핌을 받으며 자란 영우는 설상가상으로 자폐증까지 앓으며 불우한 어린 시절을 겪는다. 학교에서는 친구들로부터 무시와 괴롭힘을 당하며 마음의 상처를 얻지만 왈가닥 친구 동그라미의 보호를 받으며 둘도 없는 '절친'으로 발전한다. 이처럼 어릴 때 학교에서 왕따를 당해 본 경험이 있는 사람들에게 특히 영우와 동그라미의 우정은 남다른 감회를 불러일으킬 듯싶다. 어쨌든 사회적 교류에는 매우 미숙하나 비상한 머리와 암기의 천재인 영우는 마침내 서울대 법대를 수석으로 졸업하고 법무법인 한바다에 당당히 입사해 정명석 변호사 팀에 합류하기에 이른다.

처음 입사 인사 장면부터 영우는 사람들을 매우 곤혹스럽게 만드는데, 스스로 자폐증 환자임을 밝히면서 속사포처럼 쏟아 내는 빠른 말투로 "똑바로 읽어도 우영우, 거꾸로 읽어도 우영우, 기러기, 토마토, 스위스, 인도인, 별똥별, 우영우, 역삼역"이라고 자신을 소개한다. 박은빈은 자폐증 환자의 특성을 실로 놀라울 정도로 실감 나게 연기하고 있는데, 처음 한바다 건물에 들어설 때, 입구의 회전문을 통과하지 못해 난감해하는 장면, 상대의 시선을 마주치지 못하는 모습, 김밥을 먹을 때 내용물을 살피고 강박적으로 배열을 맞추는 행동, 손을 내젓고 뒤뚱거리며 걷는 특이한 오리걸음 등을 통해서 유감없이 연기력을 발휘한다.

이처럼 미숙한 사회적 기술과 화법의 예는 끝없이 이어지는데, 위암 판정을 받고 입원한 직장 상사 정명석 변호사가 "어떻게 왔어?"라고 하자 영우는 망설임 없이 "지하철을 타고 왔습니다."라고 대답한다. 일도 바쁠 텐데 뭣 하러 왔느냐는 의미로 한 말인데 영우는 단순히 문자적 의미로만 해석한 것이다. 그런데 그다음이 더욱 걸작이다. 스트레쳐카에 실려 수술실로 들어가는 정명석에게 영우는 절을 꾸벅하며 말한다. "살아서 돌아오십시오." 순수하고 솔직한 마음으로 한 말이지만 곁에 있던 정명석의 모친이 듣기에는 기절초풍할 언행이 아니겠는가. 하지만 이 정도까지는 아니더라도 이와 비슷한 사회적 기술의 미숙함은 누구에게나 존재하기 마련이다. 엘리베이터에서 마주친 한바다 대표 한선영(백지원)이 무슨 고민 같은 것 없느냐고 묻자 영우는 "키스할 때 서로 앞니가 부딪치지 않으려면 입을 벌려야 하는데 그 상태에서는 숨을 쉬기 어렵습니다. 그것이 고민입니다."라고 답한다.

영우에게 항상 놀라운 영감을 던져 주는 고래의 존재는 이 드라마의 마스코트와도 같은 역할을 맡고 있는데, 그녀의 고래 사랑이 각별한 이유는 새끼 고래가 작살에 잡혀 죽게 될 때 어미 고래는 자신이 죽을 것을 예상하면서도 절대로 새끼 곁을 떠나지 않기 때문이라는 것이다. 그러면서 영우는 자기가 고래였다면 엄마가 자기를 버리지 않았을 거라고 말한다. 엄마에게 버림받고 자란 영우의 아픔을 상징적으로 드러낸 말이 아닐 수 없다.

이처럼 고래의 존재가 영우에게 모녀 관계라는 상징적 의미가 있다면, 최수연과 동그라미의 존재는 냉엄하고 비정한 현실 속에서 그녀를 감싸 안아 주고 보살펴 주는 대리모의 역할을 한다고 보겠다. 동그라미가 영우에게 용기를 불어넣어 주는 원동력이라면, 최수연은 봄날의 햇살과도 같은 존재다. 그리고 그녀들 외에도 영우에게는 자신을 키우며 돌봐 준 자상한 아버지와 따스한 마음씨의 직장 상사 정명석 변호사가 있다. 영우의 이런 주변 인물들 때문에 이 드라마는 처음부터 끝까지 사람들의 마음을 포근하게 감싸 주고 편안하게 만들어 주는 장점이 있다. 따라서 드라마에서 다루는 여러 사건 또한 우리가 살아가면서 언제라도 마주칠 수 있는 일상적인 문제들을 다루고 있어 우리에게 전혀 생소하지가 않다.

킹더랜드

최롬 극본, 임현욱, 최선민 연출의 2023년 JTBC 주말 드라마 〈킹더랜드〉는 호텔 회장의 금수저 아들 구원(이준호)과 호텔에서 친절 사원으로 뽑힌 미소 천사 천사랑(임윤아)의 운명적인 만남과 사랑을 그린 코믹 멜로 드라마다. 어릴 때부터 주변 사람들의 가식적인 미소에 극도의 혐오감을 지닌 구원은 항상 미소를 잃지 않고 있는 사원 천사랑을 '천가식'으로 부르며 마음에도 없는 미소를 짓지 말라고 일갈하지만, 그녀는 직책상 근무 중에는 어쩔 수 없이 미소를 지어야만 한다고 응수한다. 이처럼 첫 만남부터 어그러진 두 남녀지만 이들은 그 후부터 알 수 없는 힘에 이끌려 점차 서로에게 매력을 느끼게 된다.

어린 시절에 부모 없이 국밥집을 하는 할머니(김영옥) 손에 자란 천사랑은 비록 내세울 학력은 없지만, 매우 총명하고 야무진 데다 4개 국어에 능통한 실력자다. 거기에 외모와 매너까지 좋아서 킹호텔의 마스코트로 불리며 2년 연속 친절 사원으로 뽑힌 몸이기도 하다. 한편 킹그룹 구일훈(손병호) 회장의 아들 구원은 항상 무표정하고 무뚝뚝하며 매너 없기로 정평이 나 있는 까도남이지만 실상은 츤데레다. 무대 공포증이 있는 그는 말주변도 없어서 본부장에 취임하며 던진 인사말도 앞으로 잘 부탁한다는 한마디로 끝이다. 엄마의 얼굴도 모르고 자란 그에게 가장 큰 적수이자 라이벌은 이복누나 구화란(김선영)으로 그녀는 킹호텔 상무로 실권을 쥐고 흔들며 노골적으로 구원을 견제한다.

이처럼 미숙하고 멋대가리 없는 구원을 그래도 곁에서 항상 든든하게 받쳐 주고 감싸 주는 인물은 비서 노릇을 자처한 입사 동기 노상식(안세하)이다. 그는 천사랑을 좋아하면서도 내색하지 못하는 구원을 향해 "유머도 없지, 센스도 없지, 인기도 없지, 그러니까 연애를 못 하지."라며 놀리다가 방에서 쫓겨나기도 한다. 그런 노상식도 무심코 천사랑에게 반말을 했다가 왜 반말을 하냐고 묻는 그녀에게 오빠 입장에서 그런 것이라 둘러대자 천사랑은 곧바로 "알았어, 오빠."라고 반말로 되받아치며 손까지 흔들어 주는 순발력을 발휘한다. 어쨌든 엄마의 얼굴도 기억하지 못하고 자란 구원은 사랑을 받지 못한 트라우마 탓인지 결코 웃는 법이 없으며, 사랑의 표현에 미숙하기 그지없어서 연애도 빵점이다. 그러니 천사랑을 내심 좋아하면서도 겉으로는 오히려 기분 나쁜 말로 쏘아붙이기 일쑤다. 따라서 가식적인 미소를 자기 앞에서는 절대 보이지 말라는 돌직구를 날리지만, 사실 속으로는 그녀의 미소를 엄청 좋아하고 즐긴다.

금수저의 전형처럼 보이는 구원이 해외 유학을 마치고 귀국해서 낙하산 인사로 단숨에 킹호텔 본부장 자리에 앉은 것과는 달리 천사랑은 오로지 실력만으로 인정받아 고속 승진을 거듭하는 가운데 마침내 모든 직원이 선망하는 호텔 최고의 고객들만 머문다는 킹더랜드에 근무하게 된다. 그리고 숱한 우여곡절 끝에 두 남녀는 마침내 서로 사랑하는 사이로 발전한다. 하지만 그렇게 밀어붙여 해피 엔딩으로 끝내 버리면 그것은 결코 K-드라마라 할 수 없다. 따라서 한국 드라마다운 놀라운 반전 카드가 중반 이후부터 계속해서 터지게 된다.

킹호텔 창립 100주년 기념식의 성공적인 마무리로 누나 구화란과의 본격적인 권력 다툼에서 점차 우위를 점하기에 이른 구원은 마침내 킹호텔 사장에 임명되고, 천사랑으로부터 생모 한미소를 찾을 수 있는 정보를 얻게 되는데, 엄마 없이 자란 천사랑은 자신과 비슷한 처지의 구원에 대해 깊은 공감을 느끼고 그를 돕는다. 그런 와중에 갑자기 나타난 한미소가 아들 구원을 찾아와 용서를 구하자 구원은 오히려 몹시 당혹스러워한다.

  예기치 못한 어머니와의 상봉과 화해로 크게 고무된 구원은 마침내 깜짝 이벤트를 통해 프러포즈를 벌일 계획이었으나, 자기보다 먼저 할 말이 있다는 천사랑의 입에서 이제 그만 떠나고 싶다는 말이 떨어지자 하늘이 무너지는 듯한 좌절과 절망을 느낀다. 하지만 그녀의 말은 헤어지자는 뜻이 아니라 킹호텔을 그만두고 자기만의 독자적인 호텔 사업을 하겠다는 뜻이었다. 천사랑은 할머니의 재정적 지원에 힘입어 바닷가에서 아담한 호텔을 운영하기 시작하고, 마침내 갑을 관계를 떠나 떳떳한 호텔 사장끼리 맺어지는 결혼식이 노상식의 사회로 조촐하게 치러진다. 구 회장과 한미소도 사이좋게 참석한다.

  한 편의 동화 같은 해피 엔딩이다. 하지만 천사랑은 단순히 백마 타고 나타난 왕자님을 버선발로 뛰어나가 맞이함으로써 극적인 신분 상승을 누리는 그런 유형의 신데렐라와는 질적으로 다른, 매우 총명하고 독립심이 강한 현대 여성의 전형이라 하겠다. 다만 그렇게 자립심이 강하고 자기주장이 분명한 탓에 오늘날 우리 사회가 직면한 결혼과 출산에 대한 기피 현상만큼은 심각한 문제가 아닐 수 없다.

  그런 점에서 보면 제대로 웃지 못하는 까도남 구원의 얼어붙은 심장을 녹여 준 천사랑의 존재는 이름 그대로 하늘에서 내려온 천사라 하겠다. 따라서 이 드라마를 시청한 많은 젊은 남성들 역시 천사랑 같은 여성을 꿈꾸며 잠들었을 것으로 짐작되는데, 반대로 젊은 여성들 역시 구원처럼 돈 많고 잘생긴 남성을 꿈꿨을지도 모른다. 하지만 아무리 좋은 조건을 지닌 남성일지라도 사랑에 미숙한 남성일 경우에는 여성 입장에서 볼 때 매우 피곤할 가능성이 높다고 하겠다.

정신병동에도 아침이 와요

　2023년 넷플릭스 드라마 〈정신병동에도 아침이 와요〉는 박보영이 정신병동 간호사 정다은 역을 맡아 출연한 의학 드라마로, 처음에 남다른 사명감을 지니고 정신과 입원 환자들의 치료에 지나친 열성과 의욕으로 접근했다가 오히려 역효과를 낳으면서 크게 낙심하고 상처를 받은 나머지 본인 자신이 우울증에 빠져 정신병동에 입원까지 하기에 이르는 아이러니를 다룬 이야기다. 그래도 결국에는 우울증을 극복하고 다시 간호사로 복귀한다.

　주인공 정다은은 성실하고 마음씨 고운 간호사로 원래 내과에 근무하다가 본의 아니게 정신병동으로 옮기게 된다. 환자에게 지나치게 정성을 쏟는 바람에 일 처리가 늦어지게 되자 다른 간호사들의 불만을 사게 된 것이다. 그렇게 정신병동에서 근무를 시작한 정다은은 자상한 엄마처럼 뒤에서 든든하게 받쳐 주는 수간호사 송효신(이정은)의 격려와 배려 속에 최선을 다해 환자들을 돌보지만, 망상을 지닌 환자에 접근했다가 처음으로 따귀를 맞는 봉변을 당하고, 그 후에도 다른 환자를 돕다가 머리채를 잡히는 봉변을 당하기도 한다.
　그런데 환상 속에 빠져 지내는 우울증 환자를 돕다가 그가 옥상에서 뛰어내려 투신자살을 시도하자 크게 충격을 받은 정다은은 그때부터 자신이 우울증에 빠져 음식도 거부한 채 두문불출한다. 그런 모습을 보다 못한 어머니가 그녀를 정신과에 입원시키지만, 다행히 증세의 차도를 보여 퇴원한 정다은은 한동안 자신의 능력에 회의를 느끼고 간호사

업무를 포기할 생각까지 하는데, 결국 그녀의 근본적인 문제는 자기가 돌보던 환자들처럼 자신도 타인의 인정을 받지 못한다는 것이었다.

  그런 점에서 중학교 때 친구들로부터 왕따를 당하면서 받은 마음의 상처가 그녀에게는 보이지 않는 동기로 작용해 유달리 환자들에 대한 지나친 헌신으로 작용한 것으로 보인다. 일종의 자기 자신을 구원하려는 환상이 다른 환자들에 대한 구원 환상으로 형태를 바꾸어 나타난 것이다. 어쨌든 다른 병동과 달리 정신병동에는 커튼이 없어 아침이 일찍 온다는 송효신의 말과는 다르게 정다은은 자신에게도 과연 아침이 올지 확신을 갖지 못하지만, 그래도 주변 사람들의 도움으로 자신감을 회복하고 간호사 업무에 복귀해 다시 활기찬 아침을 맞이하기에 이른다.

웰컴투 삼달리

　권혜주 극본, 차영훈, 김형준 연출의 2023~2024년 JTBC 드라마 〈웰컴투 삼달리〉는 어릴 때부터 제주도 삼달리에서 짝꿍으로 어울리며 자란 조삼달(신혜선)과 조용필(지창욱)이 벌이는 엎치락뒤치락 코믹 로맨스물이다. 아름다운 제주 풍광을 배경으로 펼쳐지는 어설픈 두 남녀의 밀당과 더불어 마치 한식구 같은 시골 마을 인심뿐 아니라 남이 잘되는 꼴을 보지 못하고 온갖 험담과 악플로 한 개인의 삶을 잔인하게 파멸로 몰고 가는 밴댕이 소갈딱지 도시인의 야박한 인심이 극명한 대조를 이루는 가운데, 세련되지 못한 시골 청춘들이 벌이는 온갖 삶의 희로애락이 짙푸른 바다를 배경으로 펼쳐진다.

　여장부 스타일의 제주도 삼달리 해녀회장 고미자(김미경)와 버스 운전기사 조판식(서현철)의 세 자매 조진달(신동미), 조삼달, 조해달(강미나)은 서울 생활을 접고 어느 날 갑자기 예고도 없이 고향집에 들이닥친다. 기가 세기로 유명한 첫째 진달은 찌질한 재벌가 아들 전대영(양경원)과 이혼한 상태고, 막내 해달은 애어른 같은 아홉 살짜리 딸 하율(김도은)을 혼자 기르는 젊은 과부다. 그런데 서울에서 함께 살던 이들 세 자매가 느닷없이 짐을 꾸려 도망치듯 고향집을 찾은 것은 전적으로 둘째 삼달 때문이다.

　원래 삼달은 오랜 짝꿍 조용필의 구애를 물리치고 서울로 상경해 패션 사진작가로 성공 가도를 달리면서 삼달리에서도 개천에서 용 났다고 난리가 나지만, 그녀의 성공을 시기한 어시스턴트 방은주(조윤서)가 삼달의 남친 천충기(한은성)를 가로챈 사실을 알고 말다툼을 벌이다가 엄청난 곤경에 빠지고 만다. 앙심을 품은 방은주가 자살 미수 사건을 벌이며 당시 대화 내용이 담긴 녹취록을 기자들에게 공개하는 자리에서 상사인 조삼달의 갑질로 자기가 죽으려 했다고 거짓 폭로를 했기 때문이다. 갑질 소문이 전국에 퍼지자 삼달을 욕하고 비난하는 문자가 빗발치고 모든 계약이 취소되면서 삼달은 완전히 설 자리를 잃고 만다. 억울하다는 해명도 해 보지만, 그녀의 주장을 귀담아들어 주는 기자는 아무도 없는 실정이다. 마치 온갖 가짜 뉴스에 온 나라가 들썩이는 우리 자신의 모습과도 매우 닮았다. 그리고 그런 음해성 거짓 소문을 퍼뜨리며 쾌재를 부르는 인간들 또한 적지 않은 것도 사실이다.

집 앞에 몰려든 기자들 성화에 어찌할 바를 모르던 삼달은 마침내 기자들이 진달과 해달의 불행한 신상마저 가십거리로 폭로하게 되자 더 이상 서울 생활을 견디지 못하고 함께 삼달리 고향집으로 돌아가기로 작심하는데, 세 자매가 갑자기 들이닥치자 어머니 고미자는 천불이 나 화병이 도질 지경이다. 처음에 삼달은 모든 것을 잃고 추락한 용이 되어 개천으로 돌아온 자신의 모습을 사람들에게 보여 주기 싫어 집 안에 몸을 숨기고 지냈으나, 그녀에 대한 소문이 온 마을에 퍼진 데다 그동안 제주 기상청 예보관으로 일하며 개천을 지켜 오던 조용필과 우연히 마주침으로써 더이상 자신의 상황을 숨길 수 없게 된다.

삼달은 계속 자기 주변을 맴돌며 괜찮냐고 걱정해 주는 용필에게 오히려 짜증만 내고 좀처럼 마음을 열지 않아 그러지 않아도 말주변이 없는 용필을 더욱 초조하게 만든다. 그런데 고향집을 비운 사이에 심장병이 있는 어머니 고미자를 용필이 곁에서 지켜보며 대신 돌봐 왔던 사실을 알게 되면서 삼달은 크게 감동하면서 다시 마음을 열게 된다. 하기야 일찍 엄마 부미자를 바다에서 잃은 용필은 평소에도 고미자를 엄마라고 부르며 아들처럼 굴었는데, 부미자의 죽음을 고미자의 탓으로 여긴 남편 조상태(유오성)는 그동안 고미자 집안과 척을 지고 살지만, 그의 아들 용필은 그런 아버지와 달리 삼달이네 집안과 가족처럼 지낸다. 그리고 사실 오래전에 아들 용필과 헤어지라고 삼달에게 요구한 것도 바로 조상태였다.

어쨌든 그런 우여곡절 끝에 결국 고미자와 조상태는 제각기 가슴에 묻어 둔 해묵은 감정을 서로 해소하고 삼달과 용필의 사랑을 허용해 준다. 다만 마지막 놀라운 반전으로 고미자와 조상태가 보여 준 눈물겨운 용서와 화해의 모습만큼은 요즘 들어 우리 사회에서 더욱 보기 힘들어진 것 같아 몹시 안타까울 따름이다. 특히 서로 마주 보고 달리는 기차처럼 양극단으로 갈라선 오늘날의 국론 분열 상태를 보면 더욱 그렇다. 더 나아가 드라마는 남을 짓밟고 올라서야 만족하는 도시인의 살벌한 경쟁 사회에 대한 경고도 잊지 않는다.

다른 한편으로 바닷속에선 욕심내지 말고 자기 숨만큼만 버티라는 해녀들의 불문율도 가슴에 와닿는다. 지나침은 모자람만 못하다는 과유불급(過猶不及)이라는 옛말과 상통하는 의미로 해석되는데, 무조건 앞만 보고 달리는 우리의 조급함과 빨리빨리 문화에 대해 일침을 가하는 의미도 되겠다. 하기야 비정한 서울 생활에 학을 떼고 따뜻한 고향 집에서 숨 고르기에 들어간 삼달의 모습을 보면 그녀가 받은 상처의 깊이가 어느 정도인지 짐작이 간다. 특히 〈철인왕후〉에 이어 선머슴 같은 여성 역할에 가장 잘 어울리는 신혜선의 연기력이 단연 돋보이는 드라마라 하겠는데, 반면에 요즘 같은 시대에 지창욱이 연기한 조용필처럼 순애보적인 순진남이 과연 얼마나 존재할지 의심스럽기만 하다.

2부

불의와 비리 앞에
주먹을 불끈 쥐다

수사반장

MBC 드라마 〈수사반장〉은 1971년 3월에 방영을 개시해 1989년 10월 종영에 이르기까지 무려 18년간 장기 방영된 최장수 수사 드라마로 수사반장 최불암을 비롯해 김상순, 조경환, 남성훈 등이 형사로 출연해 인기를 끌었다. 이계인, 조형기, 변희봉 등은 범인역 전담으로 나왔으며, 이들 가운데 김상순, 조경환, 남성훈, 김호정은 이미 고인이 된 지 오래다.

70년대 유신 정국과 80년대 5공화국에 걸친 기나긴 독재 시기와 맞물린 이 범죄 수사물은 숨 막힐 듯한 어두운 정국을 반영하는 바로미터이기도 했는데, 정의 실현을 위해 사회 혼란을 야기하는 그 어떤 불법 행위도 용납하지 않겠다는 명분을 내세움으로써 당시 얼어붙은 사회 분위기를 여지없이 드러낸 드라마이기도 했다.

하지만 시청자들 입장에서는 매회 달라지는 새로운 사건 해결을 통해 스트레스 해소는 물론 일종의 카타르시스마저 느끼는 기회를 제공받기에 충분했다. 더욱이 수사반장 박영한 역을 맡은 최불암의 소탈하고 인자한 모습이 무소불위의 권력을 행사하는 독재자의 이미지와는 거리가 멀기 때문에 더욱 큰 인기를 끌었던 것 같다.

그것은 사건 해결을 위해 맹활약을 펼치는 수사관들의 모습에서도 확인되는데, 욱하기 쉬운 다혈질의 성격이지만 정의감에 불타는 김 형사(김상순), 말수가 적고 침착한 성격이지만 격투에 능한 조 형사(조경환), 조용하고 사려 깊은 남 형사(남성훈) 등을 통해 당시 민주화 투사들에 대한 악랄한 고문 수사로 악명이 자자하던 경찰력의 부정적인 이미지를 쇄신하는 데 크게 일조했다고 볼 수 있다. 반면에 악역 전담이었던 이계인, 조형기, 변희봉 등은 그 후 이미지 변신을 노리면서 조연 배우로 크게 성공하기도 했다.

이처럼 기념비적인 범죄 수사 드라마 〈수사반장〉의 속편 격인 〈수사반장 1958〉이 수십 년의 세월이 지난 2024년에 방영되기도 했지만, 예전만큼의 인기를 끌지는 못했다. 이미 노령에 접어든 박영한의 과거 회상으로 시작하는 이 드라마는 1950년대 시골 장터의 소도둑 검거왕으로 이름을 날리면서 서울 경찰서로 발령받고 강력 사건 해결에 뛰어든 애송이 형사 박영한(이제훈)의 활약상을 보여 주고 있으나, 은행을 습격해 총기를 난사하는 복면 무장 강도단의 출현 등 과거뿐 아니라 오늘날에 와서도 좀처럼 보기 힘든 사건을 연출하는 등 리얼리티가 급격히 떨어지는 역효과를 낳기도 했다. 그것은 아마도 제작진의 연령대가 MZ세대라 당시 시대상에 대한 안목이 부족한 탓에 기인한 것으로 어쩔 수 없는 노릇이겠다.

모래시계

　〈여명의 눈동자〉로 엄청난 돌풍을 일으킨 김종학, 송지나 명콤비가 4년이 지난 1995년에 방영한 SBS 드라마 〈모래시계〉는 우리 현대사의 격동기였던 80년대를 배경으로 박태수(최민수), 윤혜린(고현정), 강우석(박상원) 등 세 남녀의 운명적인 만남을 통해 비극적인 시대상을 다룬 작품이다. 그동안 금기시되다시피 했던 광주 민주화 운동과 삼청교육대 등 사회적으로 민감한 주제를 본격적으로 다룬 최초의 드라마로 폭발적인 시청률을 기록해 드라마 방영 시간대에는 거리가 한산할 정도였으며, 로케 현장인 강원도 정동진역은 유명 관광지로 떠오르기도 했다.

　하지만 조폭에 대한 지나친 미화로 당시 초등학생들 사이에서 조폭이 장래 희망 1위를 차지하는 부작용을 낳기도 했다. 더군다나 카지노 대부의 딸 혜린과 조폭 중간 보스 태수의 이루어질 수 없는 사랑, 그리고 여기에 더해 감히 넘볼 수 없는 짝사랑의 대상 혜린을 위해 자기 목숨마저 아낌없이 버리는 충직한 보디가드 백재희(이정재)의 희생은 아무나 범접하기 어려운 조폭 세계를 더욱 신비스러운 선망의 세계로 탈바꿈하기에 족했다. 특히 광주 도청 앞과 삼청교육대에서 폭압적인 군인들을 상대로 거칠게 저항하는 조폭들의 사나이다운 모습은 마치 의로운 협객처럼 보이게 하는 아이러니를 연출하기도 했다.

　〈모래시계〉는 특히 파격적인 소재와 애절한 배경 음악, 고현정의 열연, 최민수의 카리스마 넘치는 연기에 힘입어 엄청난 인기 가도를 달렸는데, 마지막 사형 집행 장면에서 박태수가 친구 강우석에게 던진 "나 지금 떨고 있니?"라는 대사는 그야말로 일품이었다. 냉혹하기 그지없는 조폭도 죽음 앞에서는 두려움에 떨 수밖에 없으면서도 그런 사실을 스스로 인정하지 못할 정도로 강한 자존심을 드러내고 있기 때문이다. 〈모래시계〉의 배경 음악으로 깔린 미국 가수 수잔 잭슨이 부른 추억의 팝송 〈에버그린〉과 소련 가수 이오시프 코브존이 부른 〈백학〉의 애절한 멜로디 역시 선풍적인 인기를 끌었다.

태수와 우석은 고교 동창이다. 공붓벌레 모범생인 우석에 비해 태수는 오로지 주먹에 의존해 자신의 힘을 과시한다. 하지만 육사 진학을 꿈꾸던 태수는 아버지의 좌익 활동 전력 때문에 뜻을 이룰 수 없게 되자 대신 조폭 세계로 흘러 들어가 중간 보스로 자리 잡기에 이른다. 한편 검사를 꿈꾸며 사법 고시를 준비하는 우석은 학생 운동으로 경찰에 쫓기는 혜린을 구해 준 것을 인연으로 친해지지만, 그녀의 아버지이자 카지노 대부인 윤 회장(박근형)은 그런 딸의 신변을 보호하기 위해 충직한 부하 백재희를 보디가드로 곁에 붙인다. 혜린을 여신처럼 떠받드는 재희는 자신의 모든 것을 바쳐 그녀에게 충성한다. 재희의 그런 모습은 거의 종교적인 수준에 근접해 보일 정도로 숭고해 보이기까지 하는데, 그런 점이 조폭에 대한 선망과 미화라는 부작용을 낳는 단초가 되기도 했다.

시위에 불참하며 학업에만 몰두하던 우석은 혜린을 통해 점차 시위에 가담하기 시작하고, 결국 휴학과 동시에 군대에 입대하면서 특전사의 혹독한 충정 훈련을 받은 뒤 곧바로 광주 사태 진압에 동원되는데, 그곳에서 벌어진 참혹한 현장 모습에 큰 충격을 받는다. 당시 광주에 내려간 태수 역시 예기치 못한 상황에 휘말려 얼떨결에 시민군에 가담했으나, 동행한 동료가 사망하자 서울로 귀환한다. 한편 우석을 통해 혜린을 알게 된 태수는 어느덧 그녀를 사랑하게 되었으나, 혜린이 아버지 윤 회장에게 태수와의 결혼을 허락해 달라고 하자 윤 회장은 태수를 제거하기로 결심한다.

그 후 혜린이 집을 나와 공장에서 일하며 태수와 함께 둘만의 행복한 보금자리를 꾸미지만, 윤 회장의 흉계로 태수는 얼마 가지 않아 삼청교육대로 끌려가 생사의 기로에 놓이고 만다. 결국 태수를 포기하고 아버지 사업을 물려받기로 약속한 혜린의 요청에 힘입어 가까스로 풀려난 태수는 그녀의 뜻에 따른다. 한편 사법 고시에 합격해 검사가 된 우석이 태수의 오랜 동료 이종도(정성모)가 저지른 범죄 수사에 착수하자 위기의식을 느낀 종도는 혜린과 태수 모두를 제거하기에 광분한다. 결국 혜린을 구하기 위해 재희는 자신의 목숨을 바치고, 태수는 국외로 도주하려던 종도와 격투 끝에 그를 살해하고 만다. 그런 태수에게 우석은 사형을 구형하고 혜린과 우석은 사형이 집행된 태수의 유골을 말없이 산에 뿌린다.

모처럼 이루어진 민주화를 통해 집권한 김영삼 정권 당시 방영된 〈모래시계〉가 일으킨 엄청난 돌풍은 분명 조폭 세계의 이면을 다루거나 미화한 점에 있는 게 아니라, 그동안 공개적인 언급이 불가했던 광주 항쟁과 삼청교육대 등 국보위 시절 전두환 장군을 비롯한 신군부가 저지른 비극적인 만행이 그것도 생생한 화면을 통해 사상 최초로 세상에 까

발려졌다는 점에 기인한다고 볼 수 있다. 따라서 당시 시청자들의 가장 큰 관심은 세 남녀의 비극적인 삼각관계에 있다기보다 오히려 오랜 기간 지하에 묻혀 있던 신군부의 무자비한 학살 만행의 폭로에 있었다고 보는 게 맞을 것이다. 결국 만천하에 드러난 신군부의 전횡적 폭력으로 인해 희생당한 사람들 역시 우리 자신의 일부임에 틀림없는 사실이기에 〈모래시계〉를 통해 수많은 시청자가 그토록 울분에 찬 공감으로 반응한 것이 아닐까 한다.

올인

　최완규 극본, 유철용, 강신효 연출의 2003년도 SBS 드라마 〈올인〉은 서로 판이하게 다른 환경에서 태어나 자란 두 남자 김인하(이병헌)와 최정원(지성)의 성공에 대한 야망과 숙명적인 대결을 그린 작품으로, 이들은 불행한 환경에도 불구하고 순수함을 잃지 않고 살아가는 민수연(송혜교)을 가운데 두고 엎치락뒤치락 치열한 경합을 벌인다. 드라마의 인기가 얼마나 컸던지 제주도 로케 현장에 세워진 수녀원 건물은 지금도 그대로 보존되어 관광객들이 줄을 잇는 관광 명소가 되고 있다.

　폭발적인 인기를 끌었던 〈모래시계〉와 마찬가지로 〈올인〉 역시 카지노와 조폭 세계가 중요한 배경을 이루고 있다. 주인공 인하는 어린 나이에 고아가 되어 한때 타짜로 명성을 날렸던 삼촌 김치수(임현식) 밑에서 자랐다. 환경이 그렇다 보니 반항적인 문제아로 성장해 영등포 바닥에서 알아주는 건달이 되었으며, 자신의 패거리를 이끌고 영등포 뒷골목을 안방처럼 누비고 다닌다. 하지만 준수한 외모에 머리가 영악하고 배짱이 두둑한 데다 의리까지 강해서 그를 따르는 패거리에게 거의 지존 대접을 받는다.

　어머니가 세상을 떠나자 극장 영사 기사로 일하는 아버지를 찾아 상경한 수연은 기차에서 인하를 처음 마주치게 된다. 아버지를 만나고 그를 도와 극장에서 일하던 그녀는 사채업자에게 폭행을 당하는 아버지를 극장주 최도환의 아들이자 인하와 같은 반 친구 최정원이 구해 주면서 서로 또한 알게 된다. 그 후 수연의 아버지가 조폭 임대치의 불곰파에게 죽임을 당하고 그 복수를 위해 정원이 임대치의 숙소에 불을 질러 죽게 만든다. 결국 인하와 정원이 경찰에 체포되지만, 최도환이 손을 써서 정원은 풀려나고 오히려 인하가 살해범으로 몰려 교도소에 수감된다. 한편 임대치의 동생 임대수는 형의 복수를 위해 인하를 해칠 기회만 엿보고, 입장이 난처해진 정원은 미국으로 도피 유학을 떠난다.

모든 것을 잃고 수녀가 되기로 결심한 수연은 어릴 때 자기가 자랐던 수녀원에 들어가지만, 마리아 수녀의 권유에 따라 수녀 서원을 포기하고 호텔 카지노 딜러가 되어 일한다. 한편 출소한 후 임대수의 추적을 피해 제주도로 내려가 호텔 카지노 보안 요원으로 취업한 인하는 그곳에서 일하는 수연과 재회하면서 서로의 사랑을 확인한다. 하지만 카지노를 둘러싼 조폭 세계의 패권 다툼 과정에서 살인 사건이 벌어지고, 인하는 다시 또 억울한 누명을 뒤집어쓰게 되면서 정원의 제안으로 미국으로 밀입국한다.

미국에서 마피아 두목의 보디가드로 일하던 인하는 때마침 미국에 유학 온 수연과 극적으로 재회하고 결혼까지 약속하지만, 인하가 두목 대신 총상을 입어 혼수상태에 빠진 사실을 정원을 통해 전해 들은 수연은 그가 이미 죽은 것으로 오해하고 크게 절망한 나머지 귀국해 버린다. 그 후 정원과 수연이 약혼 직전까지 가는 듯했으나, 시청자의 빗발치는 항의에 굴복한 나머지 결말은 인하와 수연의 해피 엔딩으로 마무리되었다고 한다. 역시 대한민국의 시청자 파워는 실로 대단하다.

이처럼 시종일관 도박과 주먹으로 얼룩진 진창 속에 기적처럼 피어난 상처투성이 사랑을 성사시킨 가운데 악인의 몰락이라는 권선징악으로 시청자를 안심시키면서 드라마는 막을 내리지만, 고아 출신에다 제대로 된 교육조차 받지 못하고 암흑가의 밑바닥 생활을 전전하던 잘생긴 외모의 건달이 한때 수녀가 되려 했던 청순한 여인과 사랑으로 맺어져 해피 엔딩을 이룬다는 설정은 아무리 백번 양보해도 현실과는 매우 동떨어진 판타지가 아닐 수 없다.

드라마의 제목 '올인(All In)'은 도박판에서 판돈을 모두 내걸고 단판 승부를 가리는 상황을 가리킨 것으로, 우리가 살아가면서 언젠가는 모든 것을 걸고 승부를 내야 하는 경우가 있음을 강조하고 있다. 그 가운데 인생 자체를 마치 따고 잃는 승자와 패자의 게임 법칙에만 좌우되는 것으로 보이게 한다는 부정적인 측면 또한 무시할 수 없다고 본다. 하기야 이 땅에도 그런 신념 하나로 쿠데타에 성공한 인물들도 있으니 새삼 일러 무삼하랴.

제5공화국

유정수 극본, 임태우, 김상래 연출의 2005년 MBC 드라마 〈제5공화국〉은 제4공화국 시절의 10.26 사건부터 12.12 쿠데타, 5.18 광주 민주화 운동 및 삼청교육대를 거쳐 제5공화국 전두환의 철권 통치와 1987년 6월 항쟁에 이르기까지 혼란스럽고 암울하기 그지없는 격동의 현대사를 다룬 본격적인 정치 드라마로, 그 중심에는 당연히 전두환(이덕화), 이순자(김영란) 부부가 자리 잡고 있다. 처음에는 김영철과 견미리에게 배역이 의뢰되었으나 두 사람이 고사했다고 한다.

"인간은 역사를 용서할 수 있다. 그러나 신은 원치 않는다(Deus Non Vult)."라는 매우 거창한 내용의 가사가 반복되는 장엄한 합창곡을 오프닝으로 드라마 〈제5공화국〉은 시작한다. 그런데 이 내용이 5.18 광주 학살 현장에서 나누는 윤상원과 김성용 신부의 대화에서는 "신은 인간을 용서하신다. 하지만 역사는 인간을 용서하지 않는다."라는 내용으로 바뀐다. 어쨌든 인간이 저지른 반인륜적 만행에 대해 신의 개입 여부를 논한다는 사실 자체가 그리 간단한 일이 아닐 것이다.

그런 점에서 〈제5공화국〉은 분명 두 번 다시 돌이키고 싶지 않은 어둠의 역사를 재연하는 스트레스의 온상이기도 했다. 하지만 결과는 의외였다. 전두환 역을 맡은 이덕화의 열연으로 인해 오히려 전두환은 제작 의도와 달리 카리스마 넘치는 매력적인 인물로 비치면서 마치 나쁜 남자가 여성들에게 인기를 끌듯이 전두환 팬클럽(전사모)이 생겨날 정도였다. 특히 개그맨 최병서의 조언을 받은 전두환 특유의 무게 잡는 말투는 희화적인 내용으로 변형되어 크게 유행하기도 했다. 반면에 〈제

4공화국〉에서 전두환 역을 맡은 박용식은 전두환과 너무나 닮은 외모와 대머리 때문에 오히려 손해를 봤다고 할 수 있다. 하지만 어디 전두환뿐인가. 당시 청와대 안방을 차지한 이순자 여사에 대해서는 백설 공주라는 별명이 돌아다니기도 했는데, 그것은 '백성이 설설 기는 공포의 주걱턱'을 줄인 말이다.

한편 5공화국 하면 가장 먼저 떠오르는 단어가 '땡전 뉴스'라 할 수 있다. 9시를 알리는 시보와 동시에 전두환 대통령 근황에 대한 보도부터 모든 뉴스가 시작되었기 때문이다. 더욱이 항명과 더불어 숱한 피를 먹고 탄생한 공화국이라는 오명에도 불구하고 하나회와 국보위 출신의 인사들은 그 후 하늘을 나는 새도 떨어트린다는 무소불위의 권력을 휘두르며 출세 가도를 달리기 시작했다. 하지만 그들의 그런 전횡을 뉴스 보도를 통해서만 접했던 당시 국민들이 20년의 세월이 흐른 뒤에 드라마를 통해 목격하는 장면은 실로 어처구니없는 조폭 수준의 막가파 인간들이 벌인 그들만의 잔치였음을 여지없이 드러낸다.

그런 가운데 벌어진 장영자-이철희 금융사기 사건, 아웅산 묘소 테러 및 KAL기 폭파 사건과 중공 여객기 불시착 사건, 이웅평 대위 귀순과 박종철 고문치사 사건으로 벌어진 6월 항쟁 등은 5공화국을 장식한 가장 뜨거운 감자로 등장하기도 했으나, 그 모든 역사적 사건을 뒤로하고 2021년 90세를 일기로 세상을 하직한 전두환은 죽을 때까지 국민 앞에 단 한마디의 사과도 하지 않았다. 그는 자신이 국난의 위기를 극복한 장본인이라 여기고 살았으니 당연히 그랬는지 몰라도 의식의 전도란 이처럼 무서운 일이다. 그것은 좌파든 우파든 매한가지로 오늘날 인구에 회자되는 내로남불의 원조라 해도 무방할 것이다.

쩐의 전쟁

　박인권의 만화 원작을 토대로 한 이향희 극본, 장태유 연출의 2007년 SBS 드라마 〈쩐의 전쟁〉은 가족이 당한 불행 때문에 복수심에 불타오른 나머지 돈의 노예로 전락하고 사랑마저 내던진 사채업자 금나라(박신양)의 강퍅하고 메마른 삶을 그렸다. 세상에는 네 돈, 내 돈, 앞으로 내가 가질 돈, 3가지의 돈이 존재할 뿐이라는 금나라의 인생 모토는 사채업자의 의식 구조를 대변하는 말이기도 하다.

　하지만 빼앗긴 돈, 잃어버린 돈, 갚아야 할 돈, 재수 없는 돈, 더러운 돈, 행운의 돈 등 다양한 돈의 상황에 대해서는 아예 관심조차 없으니 '모 아니면 도'라는 식의 극단적인 이분법적 사고의 소유자임을 알 수 있다. 그런 이분법적 사고는 요즘 와서 새삼스럽게 등장한 현상이라기보다 심리적으로 미성숙한 인간이 지닌 유아적 심리의 흔적으로 볼 수 있겠는데, 그것은 엄마 젖을 빨 때부터 형성되는 원초적 이분법에서 비롯된 것으로 보기도 한다. 문제는 중간이 없는 그런 이분법의 잔재가 우리 사회 곳곳에 스며들어 있다는 점이다.

　금나라의 정신적 지주이기도 했던 전설적인 사채업자 독고철 노인(신구)의 돈에 대한 철학은 거의 신선의 경지에 도달한 정도다. 예를 들면, 돈을 벌기 위해서는 서류를 믿지 말고 인간을 먼저 알아야 된다든가, 돈이 더러운 이유는 절대 상종하지 못할 인간과도 손을 잡아야 하기 때문이라든지, 혹은 가까운 사람과 돈거래를 하면 99% 돈도 잃고 사람도 잃는 반면에, 나머지 1%는 돈만 건지고 사람은 잃는다는 말에서 엿볼 수 있다.

　금나라는 원래 서울대 경제학과 출신의 엘리트였으나 양말 공장을 운영하던 아버지가 사업 실패로 사채 빚을 갚지 못하고 자살하는 바람에 집안이 망하자 한순간에 알거지 신세로 전락하고 만다. 그는 돈 때문에 망한 자신의 신세를 돈으로 복수할 뜻을 세우고 전설적인 사채업자 독고철의 문하에 들어가 피도 눈물도 없는 사채업계의 노하우를 전수받는다. 그 후 악덕 사채업자 마동포(이원종)의 밑으로 들어간 금나라는 그의 신임을 얻으면서 방심한 틈을 노려 마동포가 지하 창고에 숨겨 둔 현금 50억을 빼앗는 데 성공하지만, 그 일로 인해 결국 참담한 최후를 맞이한다.

　세상에 대한 복수와 돈에 대한 집착으로 피도 눈물도 없는 냉혈한으로 변한 금나라는 사실 두 얼굴의 사나이다. 두려움이 없는 정의로운 기사임을 자처하면서도 잔인한 면이 있으며, 충동적인 성향으로 화를 참지 못한다. 따라서 정을 드러내는 사랑에 서툴고 그런 금나라에게 모성 본능을 자극하는 차분하고 조용한 성품의 은행원 서주희(박진희)가 나타나 그에게 돈과 복수가 전부가 아닌 새로운 세계의 존재를 깨우쳐 준다. 하지만 그들이 행복을 성취하기에는 금나라가 너무 깊이 악의 세계에 발을 걸친 바람에 돌이킬 수 없는 비극을 맞이하고 만다. 그것도 하필이면 결혼식 날 하객을 가장한 마동포에게 일격을 당하고 허무하게 숨을 거두니 말이다. 착한 서주희가 불쌍하기 그지없을 따름이다.

밤이면 밤마다

　윤은경, 김은희 극본, 손형석 연출의 2008년 MBC 드라마 〈밤이면 밤마다〉는 문화재 사범을 단속하는 문화재청 직원 허초희(김선아)와 잘생긴 외모의 고미술학자 김범상(이동건)이 힘을 합쳐 국보급 문화재를 찾아내기 위해 좌충우돌하는 이야기다. 아버지가 도굴꾼이었다는 아픈 기억을 지닌 허초희는 다소 덜렁거리지만 고지식한 성격으로 사라진 아버지의 행방을 찾기 위해 단속반원이 된 여성이다. 반면에 고미술품 감정에 탁월한 능력을 지닌 김범상은 잘생긴 데다 매너까지 좋은 남성이지만 때로는 소심한 일면도 엿보이는 다소 이중적인 성격의 소유자로, 갈수록 남성화되어 가는 현대 여성에 비해 점차 여성화되어 가는 현대 남성을 대표하는 인물처럼 보인다.

　허초희와 김범상은 대한민국 최고의 문화재 사범인 김상(김병옥)과 그 배후 인물인 오성그룹 회장 장오성(김용건)을 상대로 불꽃 튀는 숨바꼭질을 벌이는데, 재벌과 조폭을 등에 업고 사기 행각이나 벌이는 김상이 졸개들에게 던지는 말이 아주 일품이다. "이 무식한 것들. 죽느냐 사느냐 이것이 문제로다. 영국이 낳은 세계적인 문호 셰익스피어 형님이 하신 말씀이다." 하지만 졸개가 하는 말이 더욱 걸작이다. "셰익스피어 형님도 참, 그게 무슨 문제라고, 무조건 살고 봐야죠."
　'초희'는 도굴꾼인 아버지가 허난설헌의 본명을 따라 지어 준 이름이지만, 성격은 허난설헌과는 전혀 달라서 천방지축 덜렁쇠에 말 끊기의 명수고 고함 지르기는 기본이며 말보다 항상 주먹이 앞서는 선머슴이다. 그런데 고리타분한 삼강오륜이 무너진 지 오래인 지금 이처럼 선머슴을 닮은 처자들이 갈수록 늘고 있는 추세다. 그러니 지하철 노약자석을 차지하고 앉은 아가씨에게 말 한마디 잘못했다가는 개망신과 더불어 봉변 당하기 십상인 세상이다. 어쨌거나 초희는 집 나간 지 수년째 소식이 두절된 아버지를 찾기 위해 도굴꾼을 쫓는 문화재 단속반이 되었는데, 그런 사정을 아는 사람은 단속반장 노정필(기주봉)뿐이다. 초희의 동생 허균(박기웅)도 문화재 도난 사건 해결에 한몫을 해낸다.

어쨌거나 초희와 함께 맹활약을 펼치는 김범상은 고미술품 감정과 복원 전문가로 그 분야에서 독보적인 존재지만, 초반에 장 회장의 유혹에 넘어가 일본 암흑가의 보스가 보유하고 있던 한국 문화재를 국내에 반입하는 일에 이용당한다. 그러나 초희의 기지 덕분에 문화재는 장 회장의 손을 벗어나 국가에 귀속되고, 마지막으로 장 회장의 비리 범죄 사실을 만천하에 폭로하며 자신의 임무를 완수한 초희는 범상과 포옹을 나누기에 이른다. 하지만 이처럼 큰 공을 세운 선머슴 초희에게 평생 휘둘리며 살아갈 운명에 처한 범상의 앞날에 행운이 가득하기만을 바랄 뿐이다.

자이언트

장영철, 정경순 극본, 유인식, 이창민 연출의 2010년 SBS 대하드라마 〈자이언트〉는 서울 강남에서 도시 개발이 한창이던 시절 국내 건설사들의 치열한 경쟁을 배경으로 불우한 환경에서 자란 세 남매 성모(박상민)와 강모(이범수), 미주(황정음)의 굴곡진 삶을 다룬 드라마로 강남 개발을 둘러싼 투기와 음모, 그리고 정경유착에서 비롯된 온갖 사회적 비리를 파헤치고 있다. 물론 그 시대적 배경은 우리가 한강의 기적이라고 자랑하는 고속 경제성장 시기와 맞물려 씁쓸한 뒷맛을 남기는 것도 사실이다.

모든 문제의 발단은 삼 남매의 아버지가 억울한 죽음을 맞이한 사건에서 비롯된다. 부산에서 군수품 운송 일을 하던 트럭 운전사 이대수는 어린 아들 강모의 제보로 군부대 보안반장 조필연 대위(정보석)에게 금괴 밀수 사실에 대한 정보를 신고하게 되는데, 금괴를 차지할 욕심으로 조필연은 황태섭(이덕화)을 포섭해 이대수를 살해하도록 지시한다. 하지만 황태섭이 차마 친구를 쏘지 못하고 도망치라고 권유하자 대신 조필연이 이대수를 사살해 버린다. 현장에서 아버지의 죽음을 직접 목격한 장남 성모는 곧바로 달아나 가족에게 그 사실을 알리고 신변의 위험을 감지한 어머니는 자식들을 데리고 야반도주한다. 하지만 추적자들을 따돌리는 과정에서 성모와 헤어진 나머지 가족은 한 여인숙에서 연탄가스 중독으로 어머니마저 잃고 천애고아가 되고 만다.

그렇게 뿔뿔이 흩어진 자식들은 제각기 다른 환경에서 자라게 되는

데, 한 맺힌 장남 성모는 중앙정보부에 들어가 아버지의 복수를 꿈꾸고, 차남 강모는 구두닦이로 전전하다 만보 건설 황태섭 회장의 집에서 자란 후 나중에 한강 건설을 창립한다. 딸 미주는 보육원에서 자란 후 재벌 회장의 집 식모로 들어가 일하다가 나중에는 버스 안내양을 거쳐 가수 및 배우로 성공한다. 이처럼 풍비박산이 난 집안을 배경으로 힘겨운 성장 과정을 겪은 형제들은 오랜 세월이 지나 극적인 재회를 하기에 이르고, 그동안 오로지 복수의 일념으로 살아온 성모의 뜻에 동참하는데, 물론 그 주된 타깃은 정치적 권력의 핵심에 있는 조필연과 재계의 실력자로 성장한 황태섭이다.

그런 점에서 이 드라마의 핵심 인물은 단연 악의 화신 조필연이다. 그는 출세와 권력을 위해서라면 수단 방법을 가리지 않는 냉혈한으로, 일단 자신의 적으로 간주되면 피도 눈물도 없는 잔인함으로 단칼에 제거해 버리는 매우 사악한 인간이다. 삶의 가치와 목적을 오로지 승리에 두고 있는 인간이기에 그는 "내가 숨 쉬는 것 다음으로 중요하게 생각하는 게 뭔지 알아? 바로 이기는 것이야. 이기기 위해선 수단과 방법이 중요하지 않아."라고 거침없이 말하는가 하면, "난 정의 따위 믿지 않아. 정의는 인생의 패배자들이 들어 놓는 보험 같은 거지. 적어도 인생의 패배자라는 오명은 벗을 수 있을 테니까. 정의보다 중요한 건 바로 승리다! 이기는 것!"이라고 자신 있게 단언한다. 그러면서 "천벌은 승리를 시기하는 놈들이나 지껄이는 말이야."라고 일갈한다.

"너, 세상 악인들의 공통점이 뭔지 아냐? 속이 아주 깊다는 거다. 남들이 범접할 수 없는 자기만의 세상에 아주 특별한 가치관을 담았을 뿐이야. 나약하고 조잡한 인간들이나 그들을 악인이라고 부르지."라고 감히 말할 수 있는 조필연이야말로 순수한 악 그 자체라 할 수 있는 사이코패스가 아니겠는가. 그런데 문제는 이런 유형의 인간들이 우리 주변에 얼마든지 존재할 수 있다는 점에서 더욱 큰 두려움을 안겨 주는 것이다. 그런데 더욱 두려운 사실은 그런 인간들일수록 겉으로는 대단히 매력적인 인간으로 보이기 쉽다는 것이다. 그야말로 양의 탈을 쓴 늑대가 따로 없다.

한편 친구를 살해한 조필연에게 목숨을 구걸하며 그의 개가 되기로 맹세한 황태섭은 친구의 목숨을 팔아서 성공했다는 죄책감이 없는 것도 아니지만, 워낙 배운 게 없이 무지해서 옳고 그른 판단력이 무딘 인간이다. 그래서 조필연의 정치 자금을 대는 가운데 온갖 비리와 부패에 아무 생각 없이 연루된다. "원래 때린 놈은 기억을 못 해도 맞은 놈은 다 기억을 하는 법"이라는 그의 말에서도 알 수 있듯이 황태섭은 실제로 하는 일마다 제대로 풀린 적이 거의 없는 딱한 인간이기도 하다. 그런 점에서 조필연은 요리사고 황태섭은 닭장 속에서 아무 생각 없이 노는 닭이었을 뿐이다. 하기야 닭장 안에 한가히 놀고 있는 닭의 입장에서는 자기가 자유롭다고 여기겠지만, 그것은 착각일 뿐이고 결국 산란용이 될지 아니면 튀김용이 될지 여부는 오로지 주인의 선택과 결정에 좌우될 따름이다.

복수를 다짐한 성모와 강모임에도 그 방법은 서로 달랐다. 강모는 정당한 대결을 통해 자신이 성공함으로써 원수를 무너뜨리는 방식이지만, 성모는 악을 응징하기 위해서는 자신도 악마가 되어야 한다는 신념으로 조필연이 원수임을 알고도 기꺼이 그의 수하가 되어 신임을 얻고 기회를 노리는 매우 치밀한 방식이기 때문이다. 심지어 강모를 쥐도 새도 모르게 죽여 없애라는 조필연의 지시를 받는 자리에서도 전혀 동요하는 빛을 보이지 않을 만큼 냉혈한이기도 하다.

하지만 성모는 아우 강모가 황태섭의 딸 정연과 사랑하는 사이인 데다 황태섭이 속죄하는 모습을 보고 그에 대한 복수를 접게 된다. 그리고 결국 권력에 대한 야망을 멈추지 않고 국무총리 후보에까지 오른 조필연은 성모와 강모가 제시한 결정적인 증거로 파멸의 길을 걷기 시작해 결국에는 정신병자로 전락해 자살로 생을 마감하고 만다.

한편 머리에 총을 맞은 성모는 수술 도중 숨을 거두고 모든 일이 마무리된 후 강모는 정연에게 청혼한다. 그나마 강모와 정연 커플의 해피엔딩으로 끝나 다행이라고 할 수 있는 전형적인 권선징악 드라마다.

욕망의 불꽃

　정하연 극본, 백호민 연출의 2010년 MBC 드라마 〈욕망의 불꽃〉은 재벌가 내부에서 벌어지는 온갖 탐욕과 그로 인한 파멸 과정을 적나라하게 보여 주는 막장 드라마의 결정판이다. 온갖 계략과 술수를 동원해 대서양그룹 김태진 회장(이순재)의 셋째 아들 영민(조민기)과 결혼함으로써 재벌가의 며느리로 들어가는 데 성공한 욕망의 화신 윤나영(신은경)이 자신의 부와 권력을 놓치지 않기 위해 물불을 가리지 않고 이리 뛰고 저리 뛰며 정신없이 동분서주한다. 특히 주인공 윤나영 역을 맡은 신은경의 광기 어린 연기력에 혀를 내두를 수밖에 없게 만든다.

　일찍 어머니를 여의고 홀아버지 밑에서 언니 윤정숙과 함께 어렵게 자란 윤나영은 궁상맞은 환경 탓인지 남달리 돈과 성공에 병적으로 집착하는 여인으로 성장해 만악의 근원이 된다. 그녀가 지핀 욕망의 불꽃 신호탄은 우선 언니의 배필감을 중간에서 사정없이 가로챈 일이다. 철공소를 운영하며 살아가는 아버지 윤상훈(이호재)은 자신의 큰딸 정숙(김희정)과 대서양그룹 김태진 회장(이순재)의 3남 영민(조민기)을 혼인시키기로 약속한 적이 있는데, 이를 시기한 나영이 중간에 끼어들어 훼방을 놓고 만다.

　원래 부잣집에 시집가는 것이 유일한 소원인 나영은 신분 상승을 노리고 버스 회사 사장 아들 박덕성(이세창)을 유혹해 아이까지 임신하고 박씨 집안 입성을 시도하나, 일언지하에 거부당하자 낙태를 결심한다. 하지만 이미 만삭인지라 어쩔 수 없이 출산하던 중에 혼절하고 마는데,

그런 동생을 가엾게 여긴 언니 정숙이 아기를 빼돌려 고아원에 넘기고 나영에게는 아기가 죽었다고 거짓을 둘러댄다. 그 아기는 '혜진'이라는 이름으로 고아원에서 자라고 나중에 연예인 백인기가 되어 친모인 나영 앞에 나타난다.

어쨌든 나영은 김태진이 원래 약속대로 정숙과 영민의 결혼을 추진할 뜻을 펼치자 자기가 언니 대신 부잣집 며느리로 들어가기 위해 악랄하기 그지없는 음모를 꾸미는데, 원래 정숙을 좋아하던 강준구(조진웅)로 하여금 언니를 강간하도록 부추긴 것이다. 그 충격으로 아버지도 세상을 뜨고 조문 온 김태진 앞에서 나영은 폭풍 눈물 연기를 통해 자신의 존재감을 분명히 다지면서 마침내 언니를 제치고 자기가 재벌가 며느리로 들어간다. 참으로 비열함의 극치가 아닐 수 없다.

그런 점에서 나영에게는 신데렐라 콤플렉스라는 용어를 붙이기도 버거울 정도다. 착하고 마음씨 고운 신데렐라에 비하면 나영은 오히려 탐욕에 물든 마녀라 할 수 있다. 하지만 문제는 그런 사악한 욕망의 잔재들을 부분적으로는 누구나 마음속 깊이 간직하고 있을 수 있다는 점이다. 단지 각자의 의식에서 그런 욕구의 존재를 부정하고 있기 때문에 스스로 착하고 올바른 인간임을 믿고 주장하는 것일 뿐이다. 한 치의 욕망도 없는 인간이 있다면 그는 이미 인간이 아니라 신이요 성자인 셈이다.

어차피 부귀영화를 바라고 선택한 결혼이었기에 애정이 없는 부부생활에 아무런 불만도 느끼지 않은 나영이지만, 자식 문제에 있어서만큼은 피할 수 없는 곤경에 처하고 만다. 다른 무엇보다 나영을 기절초 풍하도록 만든 것은 남편 영민이 불륜을 통해 낳은 아들 민재(유승호)의 생부가 영민이 아니라는 사실이 친자 확인을 통해 밝혀진 점이다. 더 나아가 그동안 죽은 줄 알고 있던 딸 혜진이 엄연히 살아 있고 그것도 아들 민재의 배필감으로 등장한 백인기라는 사실을 언니 정숙을 통해 알게 되자 나영은 제정신을 잃는다.

  남매끼리의 근친혼을 막기 위해 필사적인 노력을 기울이는 가운데 혼전 출산 사실이 들통나면서 김태진 회장으로부터 이혼과 주식 반환을 강요받은 나영은 자신이 어렸을 때 목격한 김태진과 어머니의 불륜 사실을 들먹이며 절규한다. 하지만 용서를 바란다며 무릎을 꿇는 김 회장에게 자기는 회장님과 함께 끝까지 지옥에 갈 거라고 외치며 방을 뛰쳐나간다. 그 후 나영을 찾아 극적인 화해로 재결합한 영민은 김 회장의 뒤를 이어 그룹 총수에 임명된다는 소식으로 이 엄청난 막장 드라마는 드디어 대단원의 막을 내린다. 그리고 보면 아무리 떵떵거리며 산다 해도 재벌로 사는 일이 생각처럼 그렇게 손쉬운 노릇은 아닌 듯하다.

제빵왕 김탁구

 강은경 극본, 이정섭, 이은진 연출의 2010년 KBS 드라마 〈제빵왕 김탁구〉는 어두운 출생의 비밀을 안고 태어난 김탁구(윤시윤)가 숱한 시련과 역경을 딛고 일어서 제빵업계의 신화를 창조한 인물로 성공하기까지 눈물겨운 인생 역전의 과정을 다룬 드라마다. 오랜 기간 우리 사회의 고질적 병폐이기도 했던 황금만능주의, 한탕주의, 출세 지상주의, 혈연 지상주의, 가족 이기주의 등 온갖 사회 병리 현상에 대해 일침을 가하는 동시에 올곧은 장인 정신을 강조하고 결국에는 선이 악에 승리한다는 권선징악적 드라마로 한때 최고의 시청률을 자랑했다.

 거성 식품 사장 구일중(전광렬)은 정략결혼으로 맺어진 아내 서인숙(전인화)에게 애정을 느끼지 못하고 딸만 둘을 낳은 그녀를 멀리한 채 김미순(전미선)과 불륜을 통해 아들 김탁구를 낳는다. 서인숙 역시 비서실장 한승재(정성모)와 불륜 관계를 맺고 아들 구마준(주원)을 낳지만 구일중의 아들로 눈속임한다. 서인숙과 한 실장에 의해 쫓겨난 후 홀로 힘겹게 아들을 키운 김미순은 탁구가 열두 살이 되었을 때 갑자기 거성가에 나타나 구일중에게 탁구를 맡기고 어디론가 사라진다.
 하지만 구일중의 편애를 받는 탁구가 아들 마준의 장래에 걸림돌이 된다고 여긴 서인숙은 탁구를 노골적으로 구박하고, 마준 역시 탁구를 무시하고 차갑게 대한다. 어머니와 헤어진 탁구는 거성가 식구들의 냉대에도 불구하고 '착한 사람이 이긴다'는 어머니의 좌우명을 마음에 새기며 꿋꿋하게 견디고 지내나, 간교한 한 실장의 속임수에 넘어가 어머니를 만나러 갔다가 외항선에 팔려 가기 직전 가까스로 달아난다.

오로지 어머니를 찾겠다는 일념으로 전국을 떠돌던 탁구는 우연히 제빵의 명인 팔봉 선생(장항선)을 만나 그가 운영하던 팔봉 제빵점에서 제빵 수련을 받게 된다. 그런데 팔봉 선생은 아버지 구일중의 스승이기도 했다. 하지만 그곳에서 '서태조'라는 가명으로 수련을 받고 있던 이복동생 마준은 탁구를 모른 체하고 팔봉 선생의 기대를 한 몸에 받는 탁구를 질투한 나머지 사사건건 방해 공작을 펼친다. 심지어는 독극물을 사용해 탁구의 후각 기능을 마비시키는가 하면, 팔봉 선생의 비법이 담긴 발효 일지를 훔치기까지 한다. 더 나아가 탁구의 어릴 적 친구이자 첫사랑 신유경(유진)을 가로채 결혼까지 함으로써 탁구의 마음을 더욱 아프게 만든다.

이처럼 마준과 서인숙, 한 실장이 벌이는 온갖 음모와 방해 공작을 이겨 내고 마침내 아버지 구일중과 어머니 김미순을 다시 만나게 된 탁구는 오로지 최고의 제빵사가 되기 위한 꿈에 부풀게 된다. 하지만 김미순뿐 아니라 구일중 사장까지 해치려던 한 실장이 마지막에는 탁구마저 살해하려다 결국 아들 마준의 신고로 감옥에 간다. 그런 아버지의 악마 같은 모습에 크게 낙담한 마준은 탁구와 극적으로 화해한다. 그리고 이 모든 시련을 이겨 내고 거성 식품의 유력한 후계자로 등극한 탁구는 아무 미련 없이 그 자리를 거성 일가의 장녀 구자경(최자혜)에게 양보하고 자신은 팔봉 제빵점으로 돌아가 마음씨 착한 제빵사 양미순(이영아)과의 사랑을 확인한다. 그리고 그런 아들과 양미순의 모습을 어머니는 흐뭇한 시선으로 바라본다.

그렇다. 세상에서 가장 값진 보물은 부모의 사랑과 배우자의 사랑이다. 그리고 드라마는 세상의 모든 악은 결코 선을 이길 수 없음을 강조하고 있는데, 그것이 사실이든 아니든 우리 모두는 그러기를 간절히 바라고 살기 때문에 드라마의 엔딩을 통해 거의 확신에 도달하게 된다. "아무렴, 그렇지. 나쁜 놈들은 언젠가는 벌 받게 되어 있어."라고 말이다. 그런데 탁구는 이를 철썩같이 믿지만 과연 착한 사람이 이기는지는 요즘처럼 감정적 극한 대립이 첨예한 우리 사회 분위기에서 장담하기 어려운 게 솔직한 심정이다. 오히려 착한 사람이 손해 본다는 말이 더욱 설득력 있게 들리는 건 단지 필자만의 편견일까.

어쨌든 모든 비극의 시작은 거성식품 안주인 서인숙이 딸 둘만 낳고 아들을 낳지 못하자 남아선호사상이 뿌리 깊이 박힌 시어머니 홍 여사(정혜선)가 집안의 대를 잇기 위해 아들 구일중과 김미순의 불륜을 눈감아 주고 그녀가 낳은 아들 탁구를 통해서라도 가업을 이어 나가려 했던 데서 비롯된다. 결국 홍 여사의 욕심은 부메랑처럼 그녀 자신에게 돌아와 서인숙과 한승재의 방치 속에 죽음을 맞이하고 그날 이후로 온갖 음모와 비리가 판을 치기 시작한다.

더군다나 정략결혼과 불륜까지야 그렇다 치고 청부 살인과 방화, 독극물 사용, 절도, 탈취, 음해, 방조 및 유기 행위 등 인간이 저지를 수 있는 온갖 악행이 총동원된 느낌이 드는 스토리 전개는 막장 드라마의 전형을 드러내 보여 준 대표적인 사례로 기억된다. 그런 점 때문에 방영 도중에 청소년 시청 불가 판정을 받기도 했지만, 막판에 가서 서둘러 화해하는 분위기로 몰아가면서 회장 자리도 거성가의 장녀에게 양보하는 모습을 통해 남아선호사상으로 인해 벌어진 비극적인 사태를 적당히 마무리하고 말았다. 그런데 이와 비슷한 막장 스토리는 사극을 통해서도 얼마든지 접할 수 있는 내용으로, 왕비와 신하의 불륜을 통해 낳은 왕자와 후궁이 낳은 서자의 대립, 폐위된 후궁의 복수와 모자 상봉, 쓰러진 왕의 후계 구도를 위한 왕비와 신하의 음모 등 일일이 열거하기도 힘들 정도다. 그럼에도 불구하고 이 드라마는 폭발적인 시청률을 기록하며 큰 인기를 끌었다.

싸인

　김은희, 장항준 극본, 김영민 연출의 2011년 SBS 드라마 〈싸인〉은 한국판 CSI라고 할 수 있는 범죄 수사물로, 국립 과학 수사 연구원의 법의관들이 시신 부검을 통해 사인을 밝혀내는 법의학 드라마다. 하지만 법의학자들의 고뇌와 애환보다는 숨은 권력자들의 온갖 비리와 부조리를 폭로하는 데 더욱 역점을 두었으며, 특히 박신양과 전광렬의 카리스마 넘치는 연기력과 황선희의 소름 끼치도록 무서운 사이코패스 연기가 단연 돋보이는 드라마다.

　유능한 법의관 윤지훈(박신양)은 그의 조수 고다경(김아중)과 강력계 최 형사(정겨운)의 도움으로 미궁에 빠진 아이돌 그룹 가수의 의문사 사건을 해결하기 위해 동분서주하지만, 법의학계의 일인자로 절대적 권력을 행사하는 이명한(전광렬)의 방해 공작으로 항상 곤경에 처한다. 결국 박신양은 자신을 희생하는 마지막 히든카드로 유력한 차기 대권 후보의 딸인 연쇄 살인범 강서연(황선희)의 발목을 잡는 데 성공한다. 하지만 정작 박신양은 결정적인 증거를 확보한 채 강서연에게 독살 당하고 만다.

　드라마의 양대 축을 이루며 대립하는 국과수 소속 법의학자 윤지훈과 이명한이 서로 판이한 성격의 소유자들이라면, 또 다른 축이라 할 수 있는 두 여성 고다경과 강서연은 그야말로 선과 악의 양극단에 위치한 인물들이다. 우선 윤지훈은 천재적인 두뇌의 소유자로 국과수의 보물과도 같은 존재지만, 때와 장소를 가리지 않는 독설과 고함 지르기, 무례하고 타협을 모르는 완고함 때문에 주변에 수많은 적을 양산하는 것이 문제다. 하지만 아버지의 의문사 문제를 해결했던 국과수 원장 정병도(송재호)를 존경하고 그 앞에서는 항상 환한 미소를 보이는데, 그 외에는 항상 화난 표정으로 오로지 일에만 몰두하는 일 중독자다. 그래도 나중에는 고다경과 썸을 타기도 한다.

윤지훈은 정병도 원장에 의해 인기 아이돌 가수 서윤형 피살 사건 부검의로 지명되지만, 살해 용의자가 강력한 차기 대권 주자의 딸 강서연으로 밝혀지면서 사건 자체가 은폐될 위기에 처한다. 결국 고위직 권력층과 결탁해 차기 원장을 노리는 법의학의 권위자 이명한의 방해 공작으로 인해 흐지부지 넘어가게 되고 불명예 퇴진한 정병도 원장의 뒤를 이어 이명한이 국과수 원장에 취임한다. 그리고 한직으로 좌천된 윤지훈은 의대 출신 법의관 고다경과 함께 여러 사건 해결에 뛰어들면서 그나마 모난 성질이 많이 죽는다.

그런데 서윤형 독살 혐의로 죄를 대신 뒤집어쓰고 형무소 생활을 하던 코디네이터 이수정이 갑자기 사망하자 부검을 맡은 윤지훈은 타살에 의한 감전사임을 밝혀내고, 그 배후 인물로 추정되는 강서연을 직접 찾아가 그녀의 심중을 떠보는데, 강서연은 남은 두 명의 증인도 자기가 언제 죽여 없앨지 모르겠다며 오히려 선전포고를 한다. 막강한 권력의 힘을 믿는 놀라운 자신감이다. 그리고 정작 두 증인이 사망하지만 이 또한 이명한의 방해로 타살 입증에 실패하고 사건은 다시 미궁에 빠지고 만다.

결국 윤지훈이 선택한 최후의 수단은 자신을 희생 제물로 바쳐 강서연의 죄악을 입증할 수 있는 결정적인 증거를 남기는 일이었다. 그리고 그가 던진 미끼를 물고 나타난 강서연은 승리감에 도취한 나머지 자신의 일거수일투족이 은밀히 설치된 CCTV에 녹화되는 줄도 모르고 이미 독을 마신 윤지훈을 질식사시킨다. 그런 점에서 이 드라마는 단순한 권선징악적 스토리 전개 과정을 밟지 않는다. 정의와 불의가 함께 동반자살하는 어둡고 비장한 메시지를 던지고 있기 때문이다. 그리고 도덕성이 완전 마비된 막장 사이코패스는 어둠의 지하세계뿐 아니라 권력을 지닌 상류층에도 엄연히 존재한다는 사실을 일깨워 준다.

다만 한 명의 사이코패스를 감옥에 보내기 위해 유능한 인재의 목숨까지 스스로 희생해야만 할 정도로 가치 있는 일인지 여부에 대해서는 논란의 여지가 있을 것으로 보인다. 어차피 사이코패스는 숨이 끊어질 때까지 자신의 잘못을 인정하지도 않고 뉘우치는 법도 없기 때문이다. 따라서 그런 인간 때문에 자기의 고귀한 목숨을 스스럼없이 내던지는 일은 그야말로 개죽음에 지나지 않는다는 점에서 윤지훈의 선택은 너무 성급한 결단으로 보인다. 물론 최후 승자가 되었다는 측면에서 시청자들에게 통쾌함을 선사하기도 했지만, 자기를 좋아하는 고다경이 겪을 아픔과 상실감보다 사이코패스 강서연이 겪을 패배감에 더욱 큰 비중을 둔 윤지훈의 죽음은 아무리 생각해도 잘못된 선택의 결과로 보인다. 하지만 드라마는 드라마일 뿐이니 너무 상심할 필요는 없겠다.

미스 리플리

　김선영 극본, 최이섭, 최원석 연출의 2011년 MBC 드라마 〈미스 리플리〉는 밑바닥 생활을 벗어나 출세하고픈 야망 때문에 온갖 거짓말을 밥 먹듯 하는 탐욕의 여왕 장미리(이다해)를 사이에 두고 바보처럼 어리석은 두 남자 송유현(박유천)과 장명훈(김승우)이 치열한 경쟁을 벌이는 이야기다. 여기에 장미리에게 이용만 당하는 순진한 친구 문희주(강혜정)와 과거 장미리의 기둥서방이었던 야비한 건달 히라야마(김정태)가 가세해 드라마의 재미를 더한다.

　장미리를 끈질기게 따라다니며 괴롭히는 악랄한 건달 역의 김정태가 보여 주는 발군의 연기력도 연기력이지만 이다해 역시 악역에 전혀 어색하지 않은 이미지 변신에 성공한 작품이기도 하다. '미스 리플리'라는 제목은 거짓말을 입에 붙이고 사는 여주인공 장미리를 염두에 둔 것으로 보이는데, 병적인 거짓말쟁이를 리플리 증후군으로 부르기도 한다. 하지만 원래 어원은 영화 〈태양은 가득히〉의 원작으로 알려진 미국 작가 패트리샤 하이스미스의 소설 《재능 있는 리플리 씨》에서 비롯된 것이다.

　그런데 거짓말도 거짓말이지만, 근본적인 문제는 세속적인 출세와 성공의 목적을 이루기 위해서는 그 어떤 수단과 방법도 정당화된다는 마키아벨리즘적 사고방식이라 하겠다. 그리고 주인공 장미리 역시 그런 발상으로 아무렇지 않게 세상을 속여 가며 자기 합리화를 계속하지만, 결국에는 사랑의 기회가 불발로 끝나게 되면서 양심의 가책을 느끼고 올바른 삶의 길을 선택한다는 이야기다. 하지만 그녀가 세상을 불신하는 가운데 주변 인물들을 오로지 자신의 이익을 위해 이용만 하려고 들었던 것은 그만큼 세상에서 버림받고 학대받았기 때문이다. 그러니 온전한 가정에서 자란 대다수의 시청자들은 그녀의 기묘한 행적에 대해 납득하기 매우 어려울 것이다. 따라서 장미리의 병적인 거짓말과 온갖 술수를 동원해 타인을 착취하고 이용하는 소시오패스 성향은 오히려 과잉보호로 자란 요즘 젊은이의 나르시시즘과는 질적인 면에서 차원이 전혀 다른 것이다.

장미리는 어린 시절 부모에게 버림받고 고아원에서 지내다가 일본에 입양되었으나, 그 후 술집 접대부 등 비참한 밑바닥 생활을 겪으면서 이 세상 모든 인간에 대해 불신과 환멸에 가득 차 있는 여성이다. 그녀는 그런 지옥 같은 삶을 청산하고 한국으로 도망쳐 새로운 삶을 시작하려고 하지만, 그녀를 뒤쫓는 히라야마 때문에 애를 먹는다. 우여곡절 끝에 유명 호텔에 취직한 그녀는 친구 희주의 졸업장을 훔쳐 동경대 졸업자로 학력까지 위조한다.

하지만 학력 위조는 애교에 가깝고 그 후 온갖 술수와 거짓말을 동원해 호텔 경영 총지배인 장명훈과 몬도리조트 후계자인 송유현을 이용함으로써 자신의 야망을 이루고자 한다. 하기야 우리 사회에서 가장 민감하게 반응하는 비리 중의 하나가 학력 위조라는 점에서 볼 때, 장미리의 학력 위조는 단순히 애교로 넘어가기 어려운 부분이기도 하다. 어쨌든 그녀의 거짓이 모두 들통나고, 장명훈에게도 버림받으며 송유현과는 이복남매 관계임이 밝혀진다. 이처럼 출생의 비밀이 밝혀지고 새출발을 다짐한 그녀는 거짓 없는 삶을 살기로 작심하고 어디론가 떠난다.

브레인

　윤경아 극본, 유현기, 송현욱 연출의 2011년 KBS 드라마 〈브레인〉은 신경외과 의사들 사이에 벌어지는 출세에 대한 야망과 음모, 암투를 다룬 의학 드라마로 천하대 병원 조교수 이강훈 역의 신하균과 신경외과 교수 김상철 역의 정진영이 발군의 연기력을 과시한다. 특히 신하균은 신들린 듯한 광적인 연기로 그해 연기 대상을 차지했다. 드라마 초반에는 이강훈을 은근히 사모하는 전공의 윤지혜(최정원)를 사이에 두고 서로 배경과 성격이 판이한 이강훈과 서준석(조동혁)의 경쟁 구도로 가는 듯하다가 점차 이강훈과 김상철의 대립 구도로 진행된다.

　천하대 병원 신경외과 전문의 이강훈은 어려운 환경에서 자란 탓인지 성공에 대한 야망이 남달리 커서 출세를 위해서라면 권력에 대한 아부도 서슴지 않는 매우 자부심 강한 성질 나쁜 의사다. 그가 의사가 되기로 결심한 것은 어릴 적 아버지가 당시 집도의 김상철의 실수로 수술대 위에서 돌아가신 충격 때문인데, 환자 중심의 치료를 모토로 삼는 김상철은 오로지 실력만 내세우고 환자 입장을 고려하지 않는 이강훈의 냉혹함을 몹시 못마땅해한다. 그래서 이강훈은 권력형 해바라기 고재학 과장(이성민)에게 충성을 다 바친다.
　하지만 어머니가 뇌암으로 쓰러지게 되면서 그동안 사사건건 대립하던 김상철 교수에게 머리를 조아리고 그가 연구 개발 중인 신약 임상 실험에 어머니를 포함시켜 달라고 애원한다. 그 후 김상철 교수의 수술에도 불구하고 어머니가 세상을 뜨자 두 사람의 관계는 최악으로 치닫게 되는데, 그 후 뇌 상태가 악화되어 시력이 약해진 김상철의 수술을 이강훈이 자청해서 맡아 성공리에 마치는 듯했으나, 상태가 완전치 않아 재수술을 권유했음에도 김상철은 이에 불응하고 어디론가 사라져 버린다. 그리고 뇌종양 연구센터 책임자로 임명된 이강훈은 승승장구하고 한동안 소원해진 지혜와의 관계도 회복한다.

그런 점에서 볼 때 평소 자기밖에 모르던 이기적 인간 이강훈도 온갖 시련과 곤경을 겪다 보니 점차 타인의 입장도 생각할 줄 아는 이타적인 인간으로 변했다는 사실이 이 드라마의 가장 큰 소득이라 할 수 있겠다. 하기야 매우 나르시시즘적인 인간의 가장 큰 결함은 공감 능력의 결핍이라 할 수 있는데, 사실 담대함과 냉철함, 결단력이 요구되는 외과적 수술에서는 공감 능력이 아무런 도움도 되지 못할 뿐 아니라 오히려 방해 요인이 될 수도 있다. 하지만 사적인 생활에서 공감 능력의 결여는 애정 문제나 대인 관계의 어려움을 초래하기 마련이어서 나르시시스트의 삶은 자신을 포함해 주변 사람들을 더욱 피곤하게 만들 수밖에 없다. 따라서 브레인을 아무리 능숙하게 다루는 뇌 전문 의사들의 삶에 있어서도 마인드가 얼마나 중요한 부분을 차지하는지 일깨워 주는 드라마가 〈브레인〉이라 하겠다.

그런데 인술을 펼치는 대학 병원 교수들 사회에서 벌어지는 피 튀기는 암투의 모습은 2007년 MBC 주말 드라마 〈하얀 거탑〉에서 이미 묘사된 바 있지만, 이 드라마는 일본 후지 TV 드라마 〈하얀 거탑〉을 그대로 리메이크한 작품이라 K-드라마로 소개하기에는 무리가 있다고 본다. 어쨌든 아랫사람에게 사냥개, 윗사람에게 애완견 노릇을 하는 인간들은 우리 주변에서 너무도 흔히 목격하는 속물들로, 오히려 그러지 못한 인간들은 일찌감치 줄서기에 탈락하면서 승진과 출셋길에서 밀려나는 경우가 비일비재로 벌어진다. 실제로 그래서 빛을 보지 못하고 어두운 그늘에서 겉돌기만 하는 사람들은 부지기수로 많을 것이다. 그러니 "쨍하고 해 뜰 날 돌아온단다."라는 송대관의 노래 〈해뜰날〉이 오래도록 애창되고 있는지 모른다. 이처럼 의료계에도 출세와 권력에 대한 욕망으로 인해 줄서기와 편가르기가 매우 중요하다는 점에서는 결코 정치판에 뒤지지 않음을 알 수 있지만, 그나마 의료계에는 의료 윤리라는 방파제가 존재하는 데 반해 정치판에는 최소한의 정치 윤리마저 존재하지 않으니 그것이 더욱 심각한 문제가 아닐 수 없다.

빛과 그림자

최완규 극본, 이주환, 이상엽 연출의 2011~2012년 MBC 드라마 〈빛과 그림자〉는 정치적 격동기 70~80년대를 시대적 배경으로 무자비한 권력의 남용과 횡포로 인해 몰락한 집안을 다시 일으켜 세우는 데 성공하는 한 사내의 파란만장한 일대기를 다루었다. 주인공 강기태 역에 안재욱이, 마귀 같은 악당 장철환 역을 전광렬이 맡았는데, 그동안 선한 역을 전담해 왔던 전광렬이 모처럼 악역으로 나와 연기의 변신을 보여 준 작품이기도 하다. 그가 연기한 장철환은 SBS 드라마 〈자이언트〉의 조필연에 결코 뒤지지 않는 악당이라 할 수 있는데, 지방 소도시 순양의 공화당 국회의원으로 시작해 대선 후보에 오르기까지 부와 권력을 위해서는 온갖 수단 방법을 가리지 않는 군 출신 권력의 실세로 나온다.

주인공 강기태는 극장을 운영하는 지방 유지 강만식의 아들로 다른 부잣집 자식처럼 여기저기 건들거리고 돌아다니며 사고나 치는 철부지 청년이다. 그런데 아버지가 공화당 국회의원 장철환의 선거 자금 청탁을 거절했다가 눈 밖에 나면서 졸지에 이적 행위 혐의로 남산 중앙정보부에 끌려가 문초를 받던 중에 갑자기 숨을 거두게 되고, 정보부는 그런 사실을 자살로 처리해 버린다. 한순간에 집안이 몰락하면서 비로소 정신을 차린 기태는 쇼 비즈니스 업계에 진출해 성공을 꿈꾸지만, 장철환의 끈질긴 방해 공작으로 수 차례 죽을 고비까지 넘긴다.

특히 식모의 아들 차수혁(이필모)의 배신으로 더욱 큰 마음의 상처를 받은 기태는 무슨 수를 써서라도 성공해서 기필코 복수를 하고 말겠다고 다짐하지만, 이미 권력의 핵심에 오른 장철환과 그의 하수인 차수혁을 상대하기란 불가능한 상태다. 특히 어려서부터 주인집 아들 기태에게 뿌리 깊은 열등감을 지니고 있던 수혁은 은밀히 자기가 좋아하던 정혜(남상미)마저 기태의 품에 안기게 되자 질투심에 눈이 먼 나머지 기태를 제거하는 일에 광분하기에 이른다. 어쨌든 기태는 그의 삶에 가장 큰 걸림돌로 작용했던 장철환과 차수혁이 한꺼번에 사라지게 되면서 마침내 쇼 비즈니스계의 총아로 성공을 이루게 되는데, 그동안 자신이 저지른 악행으로 죄책감에 시달린 수혁이 장철환을 사살하고 자신도 자살했기 때문이다.

재미있는 사실은 군 출신 권력의 실세로 대통령 경호실장까지 지내며 위세를 부리다가 어음 사기 사건으로 한때 몰락의 길을 걷기도 했으나, 올림픽 유치 성공으로 재기에 성공하면서 대선 후보까지 노리는 장철환의 존재가 과거 청와대 경호실장을 지낸 군 출신 박종규와 차지철을 떠올리게 한다는 점이다. 특히 박종규는 대한 체육회장으로 서울 올림픽 유치에 힘썼으니 더욱 그렇다. 더군다나 장철환이 저지른 어음 사기 사건은 5공화국 시절 이철희, 장영자 사건을 연상케 한다.

또한 청와대 경호실장 장철환을 견제한 중앙정보부장 김재욱(김병기)은 유신 정권 시절 중앙정보부장이었던 김재규와 김형욱의 이름을 합성해 놓은 느낌도 든다. 어디 그뿐인가. 장철환이 후원하는 군대 사조직 한빛회를 등에 업고 권력의 실세로 떠오른 정 장군(염동헌)은 마치 하나회를 이용해 신군부의 핵심으로 떠오른 전두환 장군을 연상시키니, 〈빛과 그림자〉에 등장하는 모든 추악한 권력의 실상이 우리에게 전혀 낯설지가 않은 이유는 바로 은연중에 그런 역사적 실존 인물을 떠올리게 하기 때문일 것이다.

샐러리맨 초한지

장영철, 정경순 극본, 유인식, 조영광 연출의 2012년 SBS 드라마 〈샐러리맨 초한지〉는 힘없는 월급쟁이들의 애환을 다소 코믹하게 때로는 처절하게 다룬 드라마로, 살아남기 위해 몸부림치는 샐러리맨들과 부와 권력에 집착해 온갖 음모와 비리를 자행하다 파멸에 이르는 인간 군상의 모습들을 적나라하게 보여 준다. 여기에 등장하는 유방(이범수), 항우(정겨운), 진시황(이덕화) 등은 모두 중국 고대사를 다룬 소설 〈초한지〉에서 따온 이름들이지만, 캐릭터의 특성이나 드라마의 전개 과정과는 아무런 관련성도 없다.

능청스러운 충청도 사투리를 구사하는 유방과 출세욕에 불타는 약삭빠른 최항우 사이에 벌어지는 코믹한 두뇌 게임도 그렇지만 특히 천하그룹 진시황 회장의 외손녀 백여치(정려원)와 진 회장의 수석 비서로 그를 살해하고 회장 자리에 오른 모가비(김서형) 사이에 벌어지는 목숨을 건 필사적인 대결이 극의 긴장도를 더욱 높인다. 툭하면 내뱉는 욕설과 천방지축 제멋대로인 행실로 아무도 못 말리는 공주병 환자 백여치 역을 맡은 정려원에 못지않게 탐욕에 눈이 멀어 온갖 음모와 비행을 일삼는 모가비 역의 김서형이 보여 준 지독한 악녀 연기는 그야말로 가슴이 서늘할 정도다. 하지만 그해 연기 대상은 욕을 찰지게 잘하는 정려원에게 돌아갔다.

따라서 이 드라마는 유방과 항우의 대결뿐 아니라 욕쟁이 아가씨 백여치와 사악한 재벌 비서 모가비가 벌이는 화끈한 전면전으로 볼 수도 있는데, 웬만한 남성들도 감당하기 어려울 정도의 강력한 힘과 카리스마를 발휘한다는 점에서 그녀들의 존재는 오늘날 눈에 띄게 늘어난 매우 거칠고 공격적인 여성들의 출현을 공개적으로 세상에 알린 셈도 된다.

한편 유방은 얼핏 보면 어벙해 보이는 충청도 사내지만, 사실 뒤끝 있고 예리한 면모도 겸비한 인물이다. 그는 천하그룹에서 신약 개발 문제에 얽힌 사건들로 고생하는데, 특히 전략사업 본부장 최항우의 괴롭힘에 힘겨워한다. 결국 회사에서 쫓겨난 유방은 공장 해고자들과 함께 팽성실업을 설립하게 된다. 그런 와중에 백여치와 가까워진 유방은 진 회장의 유언장을 조작함으로써 회장 자리까지 탈취한 비서실장 모가비의 악행을 파헤치기 위해 여치와 힘을 합쳐 백방으로 노력한 끝에 마침내 모가비를 파멸시키고 천하그룹 회장에 취임한다.

또한 세상 물정 모르고 제멋대로 자란 백여치는 지독한 공주병 환자에다 욕을 입에 달고 살면서 온갖 사치와 허영심은 물론 직원들 대하기를 물건 다루듯 막가는 행실로 악명이 자자한데, 거기다 엄청난 술고래이기도 하다. 그런데 이처럼 더럽고 못 말리는 성격의 백여치가 그나마 성질을 죽이게 된 계기는 진시황의 죽음으로 졸지에 알거지가 될 형편에 놓이는 위기를 겪으면서부터일 것이며, 특히 유방과 가까워지면서 사랑의 감정을 느끼게 된 것이 결정적인 이유가 될 수 있겠다.

어쨌든 이 드라마는 유방과 결혼한 여치가 임신한 상태로 등장하는 장면을 보여 주며 막을 내리는데, 모든 것을 잃고 정신 이상 증세를 보이는 모가비도 그녀를 짝사랑하던 순정파 상무 이사 박범증(이기영)의 보살핌을 받는 것으로 드라마는 끝난다. 범증 역시 항우의 책사 노릇을 했던 범증의 이름에서 따온 것으로, 그와 입사 동기인 장량(김일우)의 이름도 유방의 책사였던 장량에서 따온 것이지만, 드라마의 등장인물과 역사적 인물 사이에는 아무런 상관이 없다.

패션왕

이선미, 김기호 극본, 이명우 연출의 2012년 SBS 드라마 〈패션왕〉은 동대문 시장의 밑바닥 생활에서 시작해 세계적인 디자이너로 성공하기까지 온갖 시련을 이겨 내는 집념의 젊은 여성 이가영(신세경)을 중심으로 상반된 신분 출신의 두 남자 강영걸(유아인)과 정재혁(이제훈)이 벌이는 애증의 교차 및 출세의 야망으로 인한 비극을 다룬 드라마다. 가영을 사이에 두고 벌이는 나쁜 남자 영걸과 착한 남자 재혁의 불꽃 튀는 대결이 볼만하다.

여기에 등장하는 주인공 이가영의 성격은 다소 복잡하고도 혼란스럽다. 바보처럼 착한 듯하면서도 강한 집념과 욕심에 사로잡혀 상대를 적절히 이용하기도 하니 말이다. 그녀의 애매모호한 태도는 두 남성으로 하여금 더욱 애간장을 태우게 하는데, 철새처럼 왔다 갔다 하는 가영의 모습에 비해 오로지 물욕과 성공에 눈이 먼 비정한 사내 강영걸의 모습이 오히려 강한 개성을 드러낸다. 하지만 이들 남녀의 특성은 요즘 젊은 세대를 대표하는 모습이기도 하다. 특히 나르시시즘 측면에서 바라보면 더욱 그렇다.

'모방은 성공의 어머니'라는 모토를 방에 걸어 놓고 오로지 돈 벌 욕심에만 사로잡힌 영걸은 오갈 데 없는 신세에 빠진 가영을 이용해 수단 방법을 가리지 않고 출셋길만 달리는데, 그래도 그는 처음에 오갈 데 없는 신세의 가영을 챙겨 주고 그녀가 미국의 패션스쿨 장학생으로 뽑히자 항공료를 내 주기까지 하며 물심양면으로 돕는다. 한동안 가영을 질투한 정아(조혜진)의 농간으로 일이 틀어질 뻔하기도 했으나, 제이패션의 후계자인 훈남 정재혁의 도움으로 다행히 유학길에 오른다.

한편 영걸은 사채업자 황태산(이한위)의 애인 수지(기은세)와 어울리다 들통이 나자 배를 타고 도주하게 되는데, 우여곡절 끝에 간신히 미국에 도착하지만 도중에 벌어진 선상 반란의 주모자로 몰려 경찰에 쫓기는 신세가 되면서 다급한 나머지 가영을 찾아 도움을 청하고 그녀와 함께 지낸다. 그런데 이런 사실을 알게 된 정아가 경찰에 신고하는 바람에 가영은 강제 출국 조치를 당하고 영걸은 교도소에 간다.

그 후 출소한 영걸은 패션계를 장악한다는 야망을 실천에 옮기고, 가영은 영걸에 대한 정 때문에 그의 빚을 갚게 해 주려고 재혁에게 자신의 디자인을 넘겨준다. 영걸은 세계적인 명성을 얻게 된 가영의 디자인을 이용해 제이패션과 맞먹는 수준으로 급성장하고 급기야는 부도 위기를 맞은 제이패션을 합병하기에 이른다. 한편 처음에는 가영의 처지를 동정해서 뒤를 봐주던 재혁이 점차 그녀에 대한 사랑으로 발전해 가자 영걸은 이들의 관계를 경계하고 질투하는데, 결국 재혁과 가영이 미국에서 행복하게 지내는 모습을 보고 깊은 절망의 나락에 빠져든 그는 갑자기 나타난 괴한의 총을 맞고 숨진다.

실로 어처구니없는 결말이긴 하지만 자신의 이익을 위해서는 타인을 철저히 이용하고 착취하면서도 쓸모가 없어지면 가차 없이 등 돌리고 내버리는 나르시시스트의 비극적인 최후를 보여 주는 매우 어둡고 답답한 분위기의 드라마라 하겠다. 오늘날 우리가 살아가는 현실을 아무런 비전도 보이지 않는 헬조선이라 부르는 젊은 층의 불안한 심경을 잘 드러낸 작품이기도 하다.

추적자 THE CHASER

조남국 연출, 박경수 극본의 2012년 SBS 드라마 〈추적자 THE CH-ASER〉는 무참하게 어린 딸을 잃은 형사 백홍석(손현주)이 막강한 권력자이며 대통령 후보로 나선 현직 국회의원 강동윤(김상중)을 상대로 혈투를 벌이는 스릴러물이다. 마치 그것은 계란으로 바위를 깨는 싸움으로 보이기도 하지만, 결코 포기를 모르는 집념의 형사 백홍석은 정계의 거물 강동윤을 기어이 무너뜨리고 감옥으로 보낸다. 손현주의 열연이 단연 돋보이는 긴장감 넘치는 드라마다.

힘없는 소수의 희생을 수레바퀴에 밟혀 죽는 몇 마리 벌레에 비유하는 강동윤의 대사가 우리의 정치적 현실을 대변하는 것처럼 보이기도 하는데, 무엇보다도 그런 정치인들을 배후에서 마음대로 농락하는 한오그룹 회장 서동환(박근형)의 능수능란한 처세술과 느릿느릿한 경상도 말씨, 백 형사를 돕기 위해 살신성인하는 조 형사(박효주)와 콤비를 이룬 전과 7범의 잔챙이 조폭 박용식(조재윤)의 코믹한 전라도 사투리 등이 드라마의 재미를 더한다. 특히 서 회장의 특이한 경상도 사투리 "욕 봐래이"는 한동안 유행어가 되기도 했다.

자상하고 평범한 가장이던 형사 백홍석은 어느 날 갑자기 뺑소니 사고로 쓰러진 여고생 딸 수정이 사경을 헤매다 누군가에 의해 살해당하는 일이 발생하자 그 충격으로 착한 아내마저 투신자살하고 마는 비극을 겪는다. 한순간에 모든 것을 잃은 백홍석은 사건의 배후를 밝혀내고

자 무진 애를 쓰지만, 시간이 지날수록 각종 증거들은 조작되고 인멸된다. 어디 그뿐인가. 가장 유력한 가해자로 추정되던 인기 아이돌 가수 PK준이 무죄 선고를 받고 풀려나게 된 데다 오히려 죽은 딸 수정이 마약 복용과 원조 교제라는 거짓 혐의를 뒤집어쓰게 되자 이에 분격한 백홍석은 이성을 잃은 나머지 재판정에서 "지금부터 내가 검사고, 이 총이 판사야."라고 말하며 PK준을 살해하고 만다.

물론 말도 되지 않는 비현실적 설정이긴 하지만, 법의 판결이 힘 있고 가진 자의 편에 서는 부당한 현실에 대한 가상의 심판을 통해 힘없는 서민들의 억울한 심정을 대변한다는 점에서 일종의 대리 만족을 제공한다고 볼 수 있다.

그런데 모든 사건의 발단은 대권 후보 강동윤의 아내 서지수(김성령)에서 비롯된다. 한오그룹 서 회장의 딸인 그녀는 인기 가수 PK준과 밀회를 즐기던 중에 백수정을 상대로 교통사고를 내고 당황한 나머지 뺑소니를 치고 만다. 하지만 강동윤의 사주를 받은 윤창민이 친구를 배신하고 은밀한 방법으로 수정을 죽음에 이르게 한다는 설정은 아무리 생각해도 결코 있을 수 없는 일이다.

법정에서 PK준을 살해한 백홍석은 검찰 수사 과정에서 도주하고 조 형사와 황 반장의 도움으로 본격적인 수사에 착수한다. 하지만 자신의 대권 가도에 가장 큰 걸림돌로 등장한 백홍석을 강동윤은 비서관 신혜라(장신영)를 시켜 수단 방법을 가리지 않고 제거하려 든다. 가난한 이발사의 아들로 성장해서 대권까지 꿈꾸는 정계의 거물로 성공한 강동윤은 세상 모든 사람을 마차가 지나갈 때 바퀴에 깔려 죽는 벌레에 불과한 존재로 취급할 뿐 아니라 대권을 차지한 후에는 한오그룹까지 차지할 야망을 지니고 있어 장인인 서 회장과는 대립 관계에 있다. 하지만 "정치란 내가 하고 싶은 말을 하는 게 아니라 상대가 듣고 싶어 하는 말을 해 주는 거"라고 굳게 믿는 그의 정치 철학은 묘하게도 설득력이 있어 보인다.

그런 점에서 한오그룹 회장 서동환은 이 드라마에서 가장 실리적인 인간으로 나온다. 모든 난제를 전화 한 통으로 해결하는 그는 아무리 막강한 정치적 권력도 돈 앞에 굴복시키는 카리스마를 발휘한다. 그러면서도 상식의 허를 찌르는 통렬한 말로 이 세상을 비웃기도 한다. 예를 들어, 자존심은 미친년이 머리에 꽂고 있는 꽃처럼 아무짝에도 쓸모없는 것이라거나, 똑바로 흐르는 강물이 없듯이 똑바로 가든 굽어서 가든 바다만 가면 된다는 말을 통해서 그가 세상을 어떤 눈으로 바라보는지 알 수 있다.

또한 4.19 혁명이 일어나자 민주주의가 어쩌고저쩌고 난리를 치던 인간들이 5.16이 일어나자 곧바로 민주주의보다 경제 발전이 더 중요하다고 난리를 친 것처럼 어제 다르고 오늘 다른 게 이 나라 백성들 마음이라는 것이 서 회장의 민생론이기도 하다.

따라서 한오그룹 사위이면서 서민을 위한 개혁 정치를 외치는 강동윤의 말도 결국은 자기 자신을 속이는 기만행위라는 것이다. 이처럼 사물의 본질을 꿰뚫는 예리한 통찰력의 소유자 서 회장도 결국에는 모든 자식을 멀리 떠나보내고 그토록 넓은 집에 홀로 남은 외롭고 쓸쓸한 노인의 모습을 보여 줄 따름이다. 그야말로 인생무상을 실감케 해 주는 장면이다.

어쨌든 결정적인 증거 확보로 강동윤의 대권 도전을 무산시키고 급기야는 법정에 세워 실형 선고를 받게 만들어 억울하게 죽은 딸의 한을 풀어 준 백홍석은, 강동윤보다 두 배가 넘는 15년형을 선고받는 자리에 활짝 웃으며 나타난 딸의 환영이 "아빠 고마워. 아빠는 무죄야."라고 말하는 모습을 바라보고 눈물과 동시에 미소를 띠는 장면으로 드라마는 대단원의 막을 내린다.

하지만 백홍석이 무슨 죄가 있냐며 항의하는 시청자들의 분노가 한동안 들끓기도 했다. 다행히 그런 분노는 주연을 맡은 손현주가 그해 연기 대상을 받으며 누그러졌지만, 오늘날 우리가 흔히 목격하는 부당한 판결 내용에 따라 솟구치는 분노는 과연 무엇으로 달래야 할지 모르겠다.

메이퀸

손영목 극본, 백호민, 이성준 연출의 2012년 MBC 주말 드라마 〈메이퀸〉은 석유시추선 개발을 둘러싼 선박 회사들 간의 음모와 비리에 휘말린 두 남녀 천해주(한지혜)와 강산(김재원)을 중심으로 이야기가 전개된다. 여기에 출세를 위해서는 수단 방법을 가리지 않는 천지그룹 회장 장도현(이덕화)과 그 아들 일문(윤종화), 그리고 장 회장의 하수인 박기출(김규철)과 그 아들 창희(재희) 등이 가세해 천해주와 강산을 괴롭힌다.

물론 막장 드라마에서 전가의 보도처럼 써먹는 출생의 비밀이 여기서도 한몫을 톡톡히 해내지만, 그럼에도 불구하고 불행한 운명과 시련을 극복하고 사랑으로 굳건히 맺어지는 두 남녀의 모습을 바라보고 있노라면, 왠지 모르게 뭔가 위안을 받고 있는 느낌이 든다. 특히 답답할 정도로 착하기만 한 주인공 해주를 사악한 세력으로부터 끝까지 보호해 주며 든든한 버팀목 노릇을 해 주는 강산의 모습은 모든 여성의 로망이기도 할 것이다. 다만 그토록 착한 천사표 여성의 모습은 아무리 생각해 봐도 당차고 자기주장이 강한 현대 여성과는 매우 동떨어진 모습이라 현실성이 떨어지는 부분으로 남는다.

천사처럼 착하기만 한 주인공 천해주의 본명은 윤유진으로, 갓난아기 시절 출생의 비밀로 인해 운명이 뒤바뀐 끝에 양부 천홍철(안내상) 밑에서 양모 조달순(금보라)의 구박을 받으며 자라는데, 결국 장 회장과 재혼한 이금희 여사(양미경)가 자신의 친모일 뿐만 아니라 원수 같은 장 회장도 친아버지라는 사실을 알게 되면서 극심한 혼란에 빠진다. 그동안 해주는 자신의 친부로 알고 있던 해양학자 윤학수가 국정원 시절 책임자로 활동하던 장도현의 손에 의해 무참히 살해당한 사실을 알아내고 복수를 다짐하기도 했지만, 자신의 친부인 장 회장의 자살로 모든 과거를 덮고 강산과 함께 힘을 합쳐 마침내 시추선 메이퀸 호 완성에 성공한다.

한편 강산은 해풍 조선 회장 강대평(고인범)의 손자로, 장도현에 의해 부모를 잃고 해풍 조선까지 빼앗김으로써 한동안 힘겨운 시절을 보낸다. 하지만 나중에 해주의 친부가 윤학수가 아니라 자신의 원수인 장도현이라는 사실을 알게 되면서 강산은 깊은 고민에 빠지고, 해주 역시 강산의 청혼을 거절한다. 해주는 아버지 윤학수를 죽인 원수로 알고 있던 장도현이 자신의 친부일 뿐 아니라 그와 재혼한 아내 이금희(양미경)가 윤학수의 아내로 있던 시절 장도현이 그녀를 강제로 겁탈해서 낳은 자식이 해주였다는 충격적인 출생의 비밀로 인해 해주는 모든 것을 포기하고픈 심정이었으나, 강산은 그런 그녀를 받아들이기로 마음먹는다.

그런데 장도현이 그동안 자신이 저지른 악행이 드러나고 천지그룹 회장 자리도 박기출의 아들 창희에게 넘어가기에 이르자 이성을 잃은 나머지 갑자기 해주 앞에 나타나 이 모든 결과가 다 그녀 탓이라며 목을 졸라 죽이려 든다. 적반하장도 이만저만이 아닌 셈이다. 하지만 이금희가 나타나 장도현을 제지하는 자리에서 그가 해주의 친부임을 밝히자 크게 당황한 장도현은 자살을 결심하는데, 이때 천사표 해주가 달려와 자살을 말리며 처음이자 마지막으로 아버지라 부르지만, 장도현은 고맙다는 말을 남기고 바다에 뛰어들어 최후를 맞이한다. 막장 드라마의 결말치고는 사뭇 비장감이 감도는 장면이 아닐 수 없다. 그래도 마지막 장면은 해주와 강산의 뜨거운 포옹으로 마무리되는 해피 엔딩이다.

드라마 〈메이퀸〉 역시 출생의 비밀과 미지의 살인사건, 겁탈과 사생아 출생, 유전자 조작, 친부의 자살 등 자극적인 설정으로 막장 드라마 냄새를 풍기기도 하지만, 그럼에도 불구하고 비련의 여주인공 해주를 향한 강산의 마음은 변함이 없다. 물론 그녀가 원수의 딸이라는 사실을 알게 되면서 한동안 마음이 흔들리기도 했으나, 오히려 그녀를 보호하며 용기를 불어넣어 준다. 그런데 말이 쉽지, 집안을 망하게 만든 원수의 딸을 사랑한다는 것은 아무나 할 수 있는 일이 결코 아니다.

그런 점에서 온갖 비극적 상황의 피해자로 등장한 천해주의 존재는 시청자들의 동정을 사고도 남음이 있으나, 마냥 착하고 순수하기만 한 그녀의 모습은 마치 조선 왕조 시대의 양갓집 규수를 보는 듯한 느낌을 받는다. 따라서 자기주장이 강하고 매우 현실적인 사고방식을 지닌 오늘날의 현대 여성 이미지와는 엇박자를 이루는 모습이기도 하다. 그런데 항상 고운 자태를 유지하는 청순가련형의 배우 한지혜는 드라마 〈전설의 마녀〉나 영화 〈구르믈 버서난 달처럼〉에서도 보듯이 남성들의 보호 본능을 자극하는 경향이 높아 보인다.

오자룡이 간다

2012년에서 2013년에 이르기까지 장장 6개월에 걸쳐 방영된 김사경 극본, 최원석, 이재진 연출의 MBC 일일드라마 〈오자룡이 간다〉는 여고 동창인 고성실(김혜옥)과 장백로(장미희), 이기자(이휘향) 세 가족이 좌충우돌 서로 엮이면서 벌어지는 일종의 막장 드라마지만, 그래도 코믹한 요소를 적절히 가미해 쏠쏠한 재미를 선사한다. 다만 초반에는 고성실의 아들 오자룡(이장우)을 중심으로 스토리가 전개되는 듯하다가 중반 이후부터는 이기자의 막가는 아들 진용석(진태현)이 더욱 눈부신 활약을 펼치는 바람에 제목을 〈진용석이 간다〉로 바꿔야 하지 않을까 싶을 정도로 주객이 전도된 모습을 보인다. 그래서인지 드라마 후반에 가서는 출생의 비밀이라는 충격 요법을 통해 오자룡이 드라마의 주역 자리를 탈환하는 모습도 보인다.

두 아들 자룡과 재룡(류담)을 둔 고성실은 이름 그대로 성실한 가정주부로 남편 오만수(한진희)가 벌어 오는 쥐꼬리만 한 봉급으로 잔소리꾼 시어머니 천금순(김영옥)까지 모시고 살며 빠듯한 살림을 꾸려 나간다. 한편 입방정을 심하게 떠는 주책맞은 푼수데기 과부 이기자는 오직 아들 진용석의 출세를 통해 팔자를 고쳐 보려는 욕심에 온갖 해프닝과 문제를 일으키는 골칫덩어리다. 도도함의 극치를 보이는 재벌 회장 사모님 장백로는 두 딸 나진주(서현진)와 나공주(오연서)의 결혼에도 깊이 관여하며 독단적인 결정을 내림으로써 숱한 잡음과 문제를 불러일으킨다. 특히 조용하고 차분한 성격의 무용과 교수 진주가 좋아하는 김인국(정찬)을 떼어 놓기 위해 혈안이 되고 마침내는 교통사고로 숨진 나 회장(독고영재)의 유언을 무시하면서까지 진용석과 거의 강제로 결혼시키는 무리수를 둔다. 그녀의 그런 전횡은 차녀 공주와 오자룡의 결혼에도 유감없이 발휘된다.

이처럼 드라마의 중심축을 이루는 세 친구의 특징을 한마디로 요약하자면, 착하고 내성적인 성격의 고성실, 허영심과 탐욕에 사로잡힌 주책바가지 이기자, 위선과 가식의 여왕 장백로라 할 수 있겠다. 또한 드라마의 양대 기둥을 이루는 오자룡과 진용석은 전혀 판이한 타입의 인물로, 눈치코치 없는 오자룡이 천진난만하고 낙천적인 성격으로 정이 많고 남을 의심할 줄 모르는 청년인 반면에, 진용석은 잔머리 굴리며 자신의 출세와 이기적인 목적을 위해서라면 수단 방법을 가리지 않고 상대를 이용하고 착취하는 눈치 백 단의 냉혈한이다.

이기자와 그녀의 아들 진용석은 나진주와의 결혼을 통해 차기 회장 자리까지 넘보는 야망을 불태우며 의기투합하는데, 인간 말종의 진면목을 보여 주는 이들 모자의 추악한 모습은 막장 드라마에만 등장하는 것이 아니라 출세 지상주의에 물든 우리 현실에서도 얼마든지 찾아 볼 수 있다는 매우 씁쓸한 뒷맛을 남긴다. 다만 이들 악역을 맡은 이휘향과 진태현의 연기력만큼은 타의 추종을 불허하는 수준급이 아닐 수 없다.

하지만 미국에서 진용석과 동거했던 김마리(유호린)가 만삭의 몸을 이끌고 한국에 도착하면서 일이 복잡하게 꼬이고 만다. 진용석은 그녀에게 단지 출세를 위한 위장 결혼일 뿐이라며 거짓을 둘러대지만, 진용석의 행적에 의구심을 갖게 된 나 회장은 김마리를 통해 아이의 아버지가 진용석임을 알게 되자 따로 김인국을 만나 진주와의 장래를 약속하기에 이른다. 그런데 나 회장이 귀가하던 길에 갑자기 심장 마비를 일으켜 교통사고를 당하고 그의 뒤를 미행하던 진용석이 나 회장의 구조 요청을 무시한 채 그대로 달아나면서 진주의 운명도 바뀌고 만다.

결국 장백로는 데릴사위로 맞아들인 진용석을 그룹 대표이사 자리에 앉히지만, 오자룡의 등장으로 자신의 입지에 위기감을 느낀 진용석은 더욱 초조한 모습으로 무리한 사업 확장에 혈안이 되고, 마침내 대규모 투자 회사 글로리 킹의 왕철수(길용우) 회장에 접근해 투자를 얻어 내고자 온갖 술수를 동원한다. 그런데 오래전에 헤어진 애인 김은희가 낳았다는 아들을 애타게 찾고 있던 왕 회장은 그 주인공이 놀랍게도 오자룡임이 드러난다. 마침내 우리의 단골 메뉴인 출생의 비밀이 등장한 것이다. 하기야 출생의 비밀이 빠진 한국 드라마는 속없는 만두라 할 수 있겠지만, 한술 더 떠서 그 후에는 업둥이까지 등장하니 막장 드라마의 진수가 총동원된 느낌이다.

한편 회사 공금까지 몰래 빼돌린 진용석은 어머니 이기자의 제안에 따라 마리가 낳은 아들 솔이를 업둥이로 위장해 입양시켜 자신의 후계자로 키우고자 한다. 하지만 무소불위의 전횡을 일삼은 진용석이 무자비한 구조 조정을 단행하면서 벌어진 소요 사태를 오자룡이 나서서 해결함으로써 사내 인기가 치솟게 되고, 마침내 진용석은 파국으로 치닫게 된다. 그리고 비자금 사건으로 위기에 처한 회사를 살리기 위해 사원들의 자발적인 금 모으기 운동이 벌어지는데, 물론 진용석 같은 모사꾼도 우리 주변에서 심심치 않게 보는 현실이지만, 그럼에도 이 세상이 제대로 굴러가는 이유는 정의감에 불타는 착한 바보 오자룡이나 금 모으기 운동을 벌인 사원들처럼 자신을 내던져 희생하는 사람들이 실제로 많기 때문일 것이다. 물론 이런 설정은 IMF 외환위기 때 금 모으기 운동으로 위기를 극복한 우리 자신의 모습을 연상시키기도 하지만, 불의를 보면 참지 못하는 우리 국민성을 그대로 반영한 것이기도 하다.

돈의 화신

장영철, 정경순 부부 작가의 극본과 유인식 연출의 2013년 SBS 주말 드라마 〈돈의 화신〉은 법조계를 무대로 돈에 미친 인간들의 추악한 암투와 비리를 파헤친 사회 드라마다. 돈은 가진 자가 임자가 아니라 돈을 쓰는 자가 임자라는 아버지의 철학에도 불구하고 그 아들 이차돈(강지환) 검사는 돈의 화신이 되어 온갖 음모와 탐욕의 화신인 지세광(박상민) 부장 검사를 상대로 처절한 복수극을 벌인다.

주인공 이차돈의 본명은 이강석으로, 부동산 재벌인 이중만(주현)의 늦둥이 외아들이었으나, 개인적인 원한으로 복수를 다짐한 지세광에 의해 아버지 이중만이 죽고 어머니 박기순(박순천)마저 남편을 살해한 누명을 쓰고 교도소로 가는 바람에 졸지에 고아가 된다. 오갈 데 없는 신세로 전락한 이강석은 우연히 발견한 사진을 통해 이 모든 사태가 지세광의 음모에 의해 저질러진 결과였음을 눈치챈다.

하지만 이강석을 제거하기 위해 혈안이 된 지세광이 폭력배를 고용해 없애 버리려 하자 달아나던 이강석은 사채업자 복화술(김수미)의 차에 치여 실어증과 기억상실증에 걸린다. 출생의 비밀과 더불어 막장 드라마의 양대 축을 이루는 기억상실이 마침내 등장한 것이다. 복화술의 보살핌을 받으며 지내던 강석에게 관심을 보인 딸 복재인(황점음)은 그에게 '잘멍이'라는 별명을 붙여 주었는데, 그것은 잘생긴 멍청이라는 뜻이다. 다행히 기억을 되찾은 강석에게 이차돈이라는 이름을 지어 주고 양자로 들이려던 복화술의 제안을 거절하고 고아원에 들어간 이차돈은 복화술의 은밀한 지원에 힘입어 마침내 검사가 된다.

그런데 그동안 키다리 아저씨 노릇을 해 준 복화술이 그동안 그에게 투자한 돈을 갚으라는 요구를 하게 되자 그때부터 복화술의 뜻에 휘둘리는 비리 검사 노릇도 마다하지 않는다. 그러던 차에 지세광에 의해 비리 사실이 발목 잡히면서 검사직을 그만두고 변호사로 개업한 이차돈은 우연한 기회로 오랜 세월 정신병원에 갇혀 지내던 어머니 박기순과 극적인 재회를 하기에 이른다. 그녀를 찾기 위해 함께 병원에 잠입한 사무장 양구식(양형욱)의 지적 장애인 연기가 일품이다. 하지만 그동안 지세광에 의해 정신병 환자로 몰려 불법 감금된 상태로 지내던 어머니는 건강 악화로 숨을 거두고 만다.

어쨌든 본격적인 복수 작업에 착수한 이차돈은 다시 검사로 복직한 후 지세광의 비리를 파헤치고 때마침 서울 시장에 당선된 지세광을 취임식 현장에서 체포하는 데 성공한다. 결국 모든 것을 포기한 지세광은 이차돈을 살해하려던 총으로 자살하고 만다. 그 후 복재인과 함께 어머니 묘소를 찾은 이차돈은 복재인과 결혼해서 정의로운 검사로 거듭난다.

막장 드라마에서 걸핏하면 멀쩡한 사람을 정신병원에 가두는 일이 아무렇지 않게 벌어지는 것은 그만큼 의료 현실에 대한 무지를 드러낸 것일 뿐이며, 더군다나 그런 비인도적 만행이 공산 국가도 아닌 민주 국가에서 버젓이 자행된다는 것은 너무도 비현실적인 설정이라 도대체 말이 되지 않는다. 시청자들 가운데 혹여 개인적인 원한이나 사적인 이득을 위해 그런 흉내를 감히 내 볼까 마음먹는 사람이 있을까 두려울 정도다. 하지만 특히 정신병 환자의 강제 입원은 법 절차에 따라 그 규정이 매우 까다롭다는 사실을 우리 모두가 잊어서는 결코 안 될 것이다. 마음만 먹으면 정신병 환자로 몰아 얼마든지 강제로 가둘 수 있다는 발상 자체가 전체주의적 공산주의 사회나 군사 독재 사회에서 가능한 일이기 때문이다.

그런 점에서 지세광의 돈을 받고 박기순을 불법 감금한 정신병원 원장 고명한(김병옥)은 환자들에게 온갖 가혹 행위를 지휘한 수간호사(황석정)와 함께 이 드라마에서 지세광에 결코 뒤지지 않는 매우 사악한 인간으로 등장한다. 특히 이 병원의 지하 병동은 가족의 의뢰로 강제 입원한 환자들이 재산 포기 각서를 강요받으며 갖은 횡포에 시달리기 마련인데, "돈만 끼어들면 가족도 모두 괴물로 변하고 만다."라는 고명한 원장의 말이 그런 상황을 대변한다고 볼 수 있다.

하지만 이런 말도 되지 않는 실태를 무책임하게 영상으로 제작해 방영한다는 사실 자체가 매우 한심스럽기 그지없으며 방송심의가 존재하는 이유 또한 납득이 가지 않는다. 그런데 막상 법조계의 비리를 파헤친다는 본래의 취지보다 실재하지도 않는 의료계의 비리를 다룬 꼴이 되어 버려 제작진에 대한 신뢰가 나락으로 떨어진 감을 금할 수 없다.

스캔들

배유미 극본, 김진만 연출의 2013년 MBC 드라마 〈스캔들〉은 형사 출신 하명근(조재현)에 의해 유괴되어 그 아들로 자란 경찰관 하은중(김재원)과 그의 친부모인 태하그룹 회장 장태하(박상민), 윤화영(신은경), 그리고 가짜 아들 역할로 출세욕에 불타는 금만복(기태영) 사이에 벌어지는 숨 막히는 복수극의 반전과 화해를 보여 주는 작품이다. 하지만 그런 가운데서도 너무도 착하고 인간적인 우아미(조윤희)의 아름다운 심성이 악에 물든 주인공들의 마음을 빨아들이며 순화시키는 역할을 떠맡는다.

주인공 하은중의 본명은 장은중으로, 자신을 키워 준 아버지 하명근처럼 자라서 형사가 된다. 전직 형사 출신의 홀아비 하명근은 건설 공사 현장 소장으로 일하던 중 태하의 부실 공사로 인한 붕괴 사고로 아들 건영을 잃는다. 아들의 죽음에 대한 원한으로 태하그룹 회장 장태하를 죽이러 갔다가 그의 아들 은중을 납치한 후 죽은 아들 대신 자기 아들로 삼고 키운다.

하지만 원수의 아들이라는 이유 때문에 하명근은 은중을 매우 차갑고 매정하게 대하는 반면에, 하명근을 친아버지로 철석같이 믿고 자란 은중은 자신을 냉대하는 아버지가 원망스러우면서도 그런 아버지를 이해하기 위해 아버지처럼 자기도 형사가 된다. 비록 까칠하고 까다로운 성격이지만 아버지에 대한 효심을 잃지 않은 은중은 정의감이 강한 형사로 경찰에서도 두터운 신임을 얻는다.

그러던 어느 날 은중은 범인을 쫓다가 노량진 컵밥 노점을 운영하는 젊은 과부 우아미와 시비가 붙게 되는데, 그런 인연으로 해서 그녀와도 가까워진다. 우아미의 남편 공기찬은 공교롭게도 태하 건설 직원으로 일하던 중에 부실 공사를 막기 위해 태하를 협박하다 오히려 부실 공사 혐의를 뒤집어쓰고 살해당한 피해자였는데, 그 충격으로 우아미는 유산까지 겪으며 홀몸이 되고 만 것이다. 결국 공기찬 살인 사건은 나중에 장태하의 지시에 의한 것으로 밝혀지면서 스스로 죗값을 치르게 되고, 우아미와 은중은 서로의 마음을 확인한다.

〈스캔들〉 역시 출생의 비밀이 모든 사건의 빌미를 제공하는 핵심 역할을 하는데, 하은중은 자신의 친부 장태하와 원수지간으로 만나게 되고, 심지어는 장태하가 쏜 총에 맞아 저승 문턱까지 다녀온다. 총을 맞고 쓰러진 은중을 부둥켜안고 울부짖는 하명근의 입에서 은중이 친아들이라는 사실이 튀어나오자 혼비백산한 장태하의 모습이 실로 가관이다. 또한 장은중이라는 이름으로 장태하의 가짜 아들 노릇을 해 온 금만복 역시 피해자의 한 사람이라 할 수 있는데, 알고 보면 하은중이나 만복 모두 어른들이 벌인 진흙탕 싸움의 희생 제물이었던 셈이다.

물론 출생의 비밀이나 유괴 사건은 모든 사건의 원인 제공이라는 측면에서 답답증을 속 시원히 풀어 주는 역할도 하는 것이겠지만, 평범한 일상을 꾸려 가는 시청자 입장에서 보자면, 너무도 생소하고 공감하기 어려운 상황이 아닐 수 없다. 하지만 어린 자식을 잃은 아비의 아픔이나 남편의 억울한 죽음으로 상처받은 젊은 아내의 슬픔은 누구나 공감할 수 있는 현상이며, 비록 그와 비슷한 처지에 놓였을 때 행동으로 옮기지는 못하더라도 사람들은 하명근의 분노와 복수심에 충분히 공감하며 은근히 대리 만족을 느낄 수도 있다. 중요한 것은 아무리 억울한 일을 겪더라도 좌절하지 않고 우아미처럼 착한 마음씨를 잃지 않고 산다면 결과적으로 좋은 보상을 받게 된다는 긍정적 메시지가 아닐까 한다.

황금 무지개

　손영목, 차이영 극본, 강대진, 이재진 연출의 2013~2014년 MBC 드라마 〈황금 무지개〉는 고아 출신 김한주(김상중)가 맡아 키운 7명의 고아들 가운데 경찰로 성장한 김백원(유이)과 그녀의 소꿉친구로 검사가 된 서도영(정일우)을 중심으로 출세욕에 사로잡혀 수단 방법을 가리지 않는 고아 출신 서진기(조민기), 그리고 며느리인 자신을 쫓아낸 황금 수산의 강정심 회장(박원숙)에 대한 복수심에 불타는 윤영혜(도지원) 등이 서로 맞물려 탐욕과 음모, 배신과 복수에 물든 인간 군상의 치부를 여지없이 드러낸다.
　그런데 극 중에서 어두운 세계와 손잡은 오빠 만원(이재윤)을 자기 손으로 체포한 뒤 자책감에 빠진 나머지 경찰을 그만둔 백원이, 자신과의 관계마저 끊으려 하자 낙담한 도영이 그녀에게 던진 "세상에서 가장 거리가 먼 것은 머리와 가슴 사이다."라는 한마디가 매우 인상적이다. 이는 곧 이성과 감성의 괴리와 불일치로 인한 심리적 갈등을 가리킨 말로, 드라마 전체를 통해 가장 마음에 와닿는 명언이 아닐 수 없다. 하지만 실제로 그런 불일치 때문에 많은 사람이 정신적 고통과 방황 속에 힘겨워하며 살아간다 하더라도 드라마의 주인공들 처지에 비하면 그래도 훨씬 나은 편이라는 위안과 안심을 얻기 마련이라는 점에서 드라마가 제공하는 치유의 기능 또한 무시할 수 없을 것이다.

　비운의 여주인공 김백원의 본명은 장하빈으로, 원래 황금 수산 강정심 회장의 친손녀이자 장덕수와 윤영혜가 친부모였으나, 어릴 때 서진기의 계략에 의해 납치되었다가 탈출해서 만원과 함께 김한주에 입양되어 자랐다. 찢어지게 가난한 삶을 누리는 가운데 가장 노릇을 도맡은 백원은 양아버지 김한주가 밀수 사건에 연루되어 실형을 선고받고 감옥에 가자 이를 악물고 공부해 드디어 경찰이 된다.

한편 백원의 소꿉친구 도영의 아버지 서진기는 원래 김한주, 윤영혜와 같은 고아원 출신으로, 처음부터 윤영혜를 좋아했으나, 그녀가 자신을 버리고 재벌의 아들 장덕수와 결혼하자 돈과 출세를 위해서라면 수단과 방법을 가리지 않는 악귀로 변한다. 그 결과 서진기는 백원의 아버지 장덕수와 양부 김한주를 살해한 데 그치지 않고 자신의 장모이기도 한 강정심 회장까지 죽음으로 내몬다. 어디 그뿐인가. 백원의 정체를 알고 그녀마저 없애려다 오히려 자신의 아들 도영을 위험에 빠트리기도 한다.

이처럼 온갖 악행을 저지른 그는 결국 자신의 모든 행적이 드러나자 감옥에 갔으나, 정신적으로 무너지며 정신병원에 입원하는 비참한 말로를 맞이하고 만다. 그런 아버지 때문에 자살까지 시도한 아들 도영은 비록 불구의 몸이 되지만, 그래도 백원과 화해하고 함께 무지개를 바라보며 해피 엔딩을 장식한다. 그렇게 무지개는 상처받은 영혼들에게 새로운 희망과 출발의 상징으로 다가오는 것이다.

전설의 마녀

 2014년 MBC 드라마 〈전설의 마녀〉는 구현숙 극본, 주성우 연출의 코믹 드라마다. 제각기 억울한 사연으로 교도소 생활을 마친 네 여성 심복녀(고두심)와 문수인(한지혜), 손풍금(오현경)과 서미오(하연수) 등이 전직 교도관 출신의 세탁소 주인 박이문(박인환)의 집에 얹혀살면서 같은 감방 동료였던 김영옥(김수미)과 제빵사 남우석(하석진)의 도움에 힘입어 재기에 성공하고, 마침내 문수인을 곤경에 빠트려 감옥까지 보냈던 신화그룹의 마태산(박근형) 회장 일가를 상대로 통쾌한 복수극을 벌인다는 이야기다. 전설의 마녀라는 제목은 마법의 빵을 만드는 여자들이 통쾌한 설욕에 나서 부끄러움을 씻는다는 전설(渫雪)의 뜻에서 붙인 것으로 우리가 흔히 알고 있는 전설(傳說)의 의미가 아니다.

 주인공 문수인은 고아 출신으로 신화그룹 마태산 회장의 아들 마도현과 결혼하지만, 갑자기 남편이 사고로 죽자 시댁 식구들의 구박으로 쫓겨날 위기에 처하고, 급기야는 그녀가 소유한 양도 주식마저 노린 마 회장의 간계로 인해 횡령 배임죄 누명을 쓰고 징역형을 선고받는다. 교도소에서 그녀가 배정받은 10번 방에는 남편과 자식을 불태워 죽였다는 누명을 쓰고 장기 복역 중인 고참 심복녀와 사기죄로 복역 중인 미모의 손풍금, 그리고 애인에 대한 살인미수죄로 복역 중인 어린 싱글맘 서미오가 버티고 있었으나, 그들은 마음씨 착한 신입 문수인을 맞아 그녀를 위로하며 큰 힘이 되어 준다. 문수인은 교도소 직업 훈련원에 제빵 강사로 온 젊은 홀아비 남우석에게 제빵 수업을 받고 자격증을 취득하면서 제빵업의 대부 마 회장에게 정정당당하게 실력으로 맞서 복수할 뜻을 세운다.

모범수로 출소한 후 취업에 어려움을 겪은 문수인은 푸드 트럭을 이용한 토스트 장사로 짭짤한 재미를 보던 중에 트럭을 도난당하는 위기를 맞기도 했으나 때마침 복권에 당첨되어 억만장자로 변신해 나타난 김영옥의 도움으로 조촐한 빵집을 열게 된다. 입소문이 퍼지면서 마법의 빵집에 손님들이 몰리고 점차 문수인과 남우석의 관계도 달콤한 로맨스로 발전한다. 여기에 양념으로 박이문을 사이에 두고 영옥과 복녀 사이에 미묘한 삼각관계가 형성되기도 한다.

하지만 호사다마라고, 박이문의 사위 남우석이 그동안 수인이 엄마처럼 의지하던 심복녀의 아들 진우로 밝혀지는데, 그동안 우석은 어릴 때 받은 충격으로 기억상실증에 걸렸던 것이다. 출생의 비밀과 기억상실이 등장하면서 드디어 올 것이 왔다고 여긴 시청자들이지만, 이에 그치지 않고 그동안 죽은 줄로만 알고 있던 남편 마도현이 멀쩡히 살아 있다는 사실 앞에서는 그저 혀를 내두를 수밖에 없게 된다. 그런데 결국 도현이 숨을 거두게 되자 죄책감을 느낀 수인은 자신이 도현과 우석 모두에게 몹쓸 짓을 했다며 우석과도 이별을 선언한다. 이에 크게 낙담한 우석은 해외 유학을 떠나지만, 결국에는 제주도에서 거행된 심복녀와 박이문의 깜짝 결혼식에 참석해 수인과 재회의 기쁨을 만끽한다.

문수인의 성격은 비록 착하기는 하나 어떤 점에서는 매우 우유부단하기도 해서 문제 해결 능력에 한계를 보이기도 한다. 따라서 자신의 삶을 구렁텅이로 몰아넣은 마 회장에 대해, 말로는 복수를 다짐하면서도 실제로 행동에 옮기지 못한다. 물론 복수의 무의미성을 직접 깨우치게 만든 당사자는 수인보다 더한 수모와 억울함을 겪은 심복녀로 그녀 역시 마 회장에 대한 원한이 있지만, 복수에 대한 마음을 접고 만다. 그런 점에서 보면, 아버지를 살해하고 어머니를 교도소로 보낸 마 회장의 악행을 만천하에 알리고 감옥으로 보낸 남우석과 보스 기질이 다분한 김영옥의 카리스마적인 문제 해결 능력이 더욱 돋보인다.

하지만 복수란 말처럼 쉬운 일이 결코 아니다. 복수도 실력과 능력, 용기가 있어야 하며, 원래 착한 심성의 소유자는 자기 혼자 당하고 말지 주변 사람을 부추겨 가면서 상대를 몰아붙일 엄두조차 내지 못하는 수가 많다. 그런 점에서 볼 때, 억울한 일을 당했으면서도 입으로 뻥끗도 못 하고 홀로 속앓이를 겪으며 지내 온 소심한 순둥이들에게는 드라마〈전설의 미녀〉가 그야말로 통쾌한 대리 만족을 제공했을 것이다. 다만 마 회장에 대한 복수도 오로지 정당한 실력 대결로 이루어진 것이니 엄밀한 의미에서 복수라 하기도 어렵다고 하겠다.

사실 드라마에서 복수를 제대로 실행한 인물은 남우석과 김영옥이 유일하며, 나머지는 그저 들러리 역할에 만족했을 뿐이다. 따라서 복수에 초점을 맞춘다면 드라마의 주인공은 수인과 심복녀가 아니라 김영옥이라 해야 할 것이다. 하기야 복수 대신에 수인은 우석의 사랑을 얻고, 복녀는 아들과 새신랑을 얻게 되었으니 더이상 바랄 게 있으랴.

어쨌거나 출생의 비밀과 기억상실, 방화 살인, 죽은 남편의 귀환 등 막장 드라마 요소가 다분히 내포되어 있음에도 불구하고 스토리 전개는 복수에 초점을 맞추지 않고 오히려 도전에 중점을 둠으로써 막장의 분위기를 상당히 해소한 감이 든다. 더군다나 쟁쟁한 연기파들로 이루어진 출연진 덕으로 상당히 매끄러운 전개를 보임으로써 높은 시청률을 보이며 큰 인기를 얻었다.

내 딸, 금사월

〈아내의 유혹〉, 〈언니는 살아있다〉와 같은 복수극의 달인 김순옥 작가는 〈왔다! 장보리〉에서 함께 손을 잡은 연출가 백호민과 다시 만나 한 여인의 집요한 복수극을 다룬 막장 드라마 〈내 딸, 금사월〉의 각본을 썼는데, 2015년 방영을 시작해 2016년에 이르기까지 상상 50회에 걸쳐 방영된 MBC 주말 드라마다. 주연을 맡은 전인화의 카리스마 넘치는 연기가 단연 돋보이지만, 그녀 외에도 이정길, 박원숙, 손창민, 박상원, 안내상, 도지원, 김희정, 백진희, 박세영 등 출연진들이 치열한 연기 대결 각축을 벌인다.

보금그룹의 설립자 신지상(이정길) 회장은 외동딸 득예(전인화)를 그가 가장 믿고 총애하는 제자 오민호(박상원)와 결혼시킬 예정이다. 하지만 가정부 소국자(박원숙)의 아들 강만후(손창민)의 질투와 음모 때문에 오민호는 경찰에 붙잡혀 가고 결혼도 무산된다.

그런데 오민호가 무혐의로 풀려나자 신 회장은 자신이 계획한 '천비궁'의 설계도를 은밀히 건네주려다가 이를 눈치챈 강만후의 농간으로, 오민호는 의식을 잃고 쓰러져 어디론가 끌려가고 신 회장은 설계도를 빼앗기지 않으려 강만후와 실랑이를 벌이다 해변 낭떠러지로 떨어지고 만다.

그 후 득예는 보금그룹을 차지한 강만후의 아내가 되었으나, 과거 가정부였다가 현재는 시어머니가 되어 온갖 구박을 퍼붓는 소국자 밑에서 강만후의 전처 최마리(김희정)가 낳은 자식들까지 떠맡아 키우면서도 결코 자신의 속내를 드러내지 않는다.

  그러던 어느 날, 치매에 걸린 어머니 김혜순(오미연)이 사고로 불에 타 죽고, 오랜 세월 사라졌던 오민호가 나타나 그동안 벌어진 모든 사건의 배후로 강만후를 지목하면서 마침내 득예의 복수심에 불이 붙기 시작한다.

  그런데 오민호와 옛정을 나눈 득예가 입덧을 시작하자 그녀는 자신의 임신 사실을 숨기기 위해 의도적으로 발작 증세를 보인 후 정신병원으로 도피하는데, 그곳에서 우연히 마주친 동창생 한지혜(도지원) 수간호사의 도움으로 지하 창고에서 딸을 낳고 병원을 탈출한 득예는 평소 자신이 알고 있던 금빛보육원 앞에 아기를 두고 사라진다.

  한편 득예의 뒤를 계속 밟은 소국자는 공교롭게 똑같은 시간에 보육원장 금형식의 애인이 몰래 두고 간 핏덩이를 보고 두 아기의 옷을 바꿔치기한다. 득예의 아기를 영원히 찾지 못하게 하려는 의도에서다. 어쨌거나 꾀병도 구분하지 못하는 의사의 실력도 그렇고 병원을 탈출하던 도중에 지하실에서 아기를 출산하는 장면 등은 너무도 비현실적인 설정이 아닐 수 없다.

  득예의 아기에게 입힌 배냇저고리에는 부모의 이름을 따서 지은 혜상이라는 이름이 붙어 있었지만, 옷이 뒤바뀌는 바람에 이후부터는 금형식의 딸이 혜상으로 불리게 된다. 득예의 딸은 금형식이 자신의 친딸로 착각한 나머지 '금사월'이라는 이름을 붙인 상태에서 다른 고아들과 함께 보육원에서 사이좋게 자란다. 드디어 복잡하게 뒤엉킨 출생의 비밀 서막이 울린 것이다.

그런데 혜상을 자신의 친딸로 여긴 오민호가 나타나 금형식에게 유전자 검사를 의뢰하면서 오히려 금형식의 친자임이 드러나게 되고, 바로 그 순간 강만후의 부실 공사로 보육원 건물이 붕괴되면서 금형식이 숨지고 살아남은 혜상은 오민호의 친딸로 간주되어 입양된다. 그때 함께 구조된 금사월도 오민호의 아내 한지혜가 거두어 키우게 된다.

그 후 오민호가 입양한 혜상을 자기가 낳은 딸로 착각한 득예는 친자 관계가 아님이 드러나자 극도의 허탈감에 빠진다. 결국 득예는 자기 딸이 죽은 것으로 간주하고 크게 절망한 나머지 절벽에서 뛰어내려 생을 마감하고자 하지만, 이를 말리던 금사월(백진희)과 실랑이를 벌이다가 우연히 금사월의 발에 있는 반점을 발견한다. 득예는 유전자 검사를 통해 자기가 그토록 애타게 찾던 딸이 금사월임을 알고 크게 놀란다. 그리고 딸의 신변을 지키기 위해 당분간 모녀 관계임을 철저히 숨긴 채 모든 의혹의 화살이 혜상에게 쏠리도록 방치한다.

한편 지나친 과잉보호 속에 지독한 왕자병 환자로 성장한 강찬빈(윤현민)은 강만후와 김마리의 불륜을 통해 태어난 자식으로, 우연한 기회에 마주친 금사월과 티격태격하는 사이에서 점차 연인 관계로 발전한다. 득예의 필사적인 반대뿐 아니라 강찬빈을 차지하기 위해 강만후와 결탁한 질투의 화신 혜상(박세영)의 온갖 방해 공작에도 불구하고 찬빈과 사월은 마침내 결혼까지 강행하기에 이른다. 하지만 결혼식 당일에 득예의 폭로로 그동안 저지른 강만후의 악행과 더불어 금사월의 정체가 공개되면서 의붓남매 관계임이 밝혀진 사월과 찬빈은 큰 상처를 입고 헤어지고 만다. 더군다나 오혜상의 민낯이 만천하에 드러나면서 그제야 비로소 오민호는 자신의 어리석음을 뉘우치며 친딸로 밝혀진 사월을 부둥켜안고 심하게 오열한다. 그 후 득예는 보금그룹 회장에 취임하며 자신의 오랜 한을 풀고, 하루아침에 몰락한 강만후는 오혜상과 함께 나란히 감옥에 간다.

이처럼 집을 짓는 사람들의 이야기인 이 드라마에서 매우 아이러니한 사실은 아무리 좋은 집을 짓고 살아도 그 안에서 살아가는 사람들의 인성이 밴댕이 소갈딱지, 거지발싸개 같은 데다 더 나아가 수시로 다른 사람을 거짓으로 음해하는 인간들로 넘쳐난다면, 고대광실도 무슨 소용이 있겠냐는 것이다. 그런 점에서 이 드라마에 등장하는 인물 가운데 실로 가증스러운 패악질의 순위를 꼽자면, 1위는 당연히 만악의 근원인 오혜상이고, 2위는 강만후, 3위 소국자가 차지할 것으로 보인다. 설사 그토록 간악한 인물들이 우리 주위에 많은 것은 아닐지 모르지만, 실제로 그런 부도덕한 탐욕의 유혹은 수시로 우리 자신의 내면을 계속 두드린다고 볼 수 있다. 그런 점에서 드라마는 그런 유혹과 충동에서 자유롭지 못한 사람들의 갈등을 대신해 부분적인 대리 만족을 제공해 주기 때문에 더욱 인기를 누리는 것일지도 모른다.

이들 사악한 등장인물들 외에 한없이 착하지만 가장 멍청하고 답답한 바보로 치자면 단연 오민호와 금사월이 타의 추종을 불허한다. 그리고 가장 딱하고 불쌍한 인물은 한지혜와 주오월이라 할 수 있다. 그런데 한 가지 짚고 넘어갈 부분은 드라마의 주인공인 득예도 사실 따지고 보면 도덕적으로 올바른 인물이라 보기 어렵다는 점이다. 하기야 드라마는 도덕 교과서가 아니니 달리 뭐라 꼬집어 말하기 어렵겠지만, 복수와 출생의 비밀 차원에서 드라마를 이끌어 가는 주인공 입장에서 보더라도 뒷맛이 영 개운치 않은 것은 어쩔 수 없는 사실이다.

그런 점에서 극 중 인물 가운데 제대로 된 인물은 거의 찾아 보기 어렵다. 심지어 선한 인물을 대변하는 오민호와 금사월마저 시도 때도 없이 현실 판단에 숱한 허점을 드러내 보인다. 하기야 세상에서 완벽한 사람을 찾기란 모래밭에서 바늘 찾기처럼 불가능에 가까운 일임에 틀림없지만, 그렇다고 해서 시청자들이 믿고 보는 주인공마저 줏대 없이 흔들리는 모습을 보면 아무런 힘도 없는 시청자들로서는 허탈감에 빠질 수밖에 없다.

물론 〈내 딸, 금사월〉의 중심 테마는 극적인 모녀 상봉을 통한 가족의 복원과 사악하기 그지없는 불의를 응징하는 정의로운 심판에 있다고 할 수 있겠지만, 다만 한 가지 아쉬운 점이 있다면 드라마 전체를 통해 따뜻한 인간미의 분위기를 찾아 보기 어렵다는 사실이다. 따라서 드라마의 주인공인 신득예와 금사월조차 모녀지간에 흐르는 따스한 정을 보여 주지 못하고 어정쩡한 모습만을 드러낼 뿐이다. 그런 분위기는 막장 드라마의 금자탑을 쌓은 명성에 걸맞게 드라마에 등장하는 거의 모든 커플이 결국에는 파탄에 이르는 모습으로 이어진다. 따라서 신득예가 잃어버린 딸을 되찾고 빼앗긴 회사를 되찾았다고 해서 해피 엔딩이라 보기 어려운 이유도 바로 그런 데 있는 것이다. 모든 드라마가 해피 엔딩으로 끝날 수도 또 그럴 필요도 없다는 것은 잘 알겠으나, 온갖 고생 끝에 낙이 오기를 바라는 시청자들의 간절한 바람은 예나 지금이나 변함이 없다고 본다. 그럼에도 불구하고 〈내 딸, 금사월〉이 높은 시청률을 올린 것은 악에 대한 선의 승리보다도 집과 가족의 소중함을 일깨워 주는 중심 테마 때문이 아닐까 한다. 그것은 김순옥 작가의 전작 〈왔다! 장보리〉에서도 여실히 드러난다. 하지만 어린 나이에 친부까지 살해하고 온갖 악행을 저지른 오혜상에 비하면 질투심에 사로잡혀 장보리를 곤경에 빠트린 연민정이 오히려 인간적 결함을 드러낸 속물에 해당한다고 볼 수 있다.

몬스터

2016년 MBC 드라마 〈몬스터〉는 제목이 지닌 의미 그대로 인간이 아니라 괴물이라 여길 수밖에 없는 인간 말종의 숱한 악행과 그에 희생되어 가족과 인생 전체를 빼앗긴 한 남자의 복수극을 다룬 드라마다. 특히 악역 전담의 정보석이 펼치는 광기 어린 연기가 전율을 일으키게 만든다. 극본은 〈대조영〉, 〈기황후〉, 〈자이언트〉, 〈샐러리맨 초한지〉, 〈돈의 화신〉으로 인정받은 장영철, 정경순 작가가 맡았으며, 연출은 〈백년의 유산〉, 〈전설의 마녀〉를 담당한 주성우가 맡았다.

주인공 강기탄(강지환)의 본명은 이국철로, 부유한 의료 재벌가의 아들이었으나, 수도병원을 차지하려는 도도그룹의 도광호 사장(진태현)의 지시로 이모부 변일재(정보석)에 의해 부모와 재산 모두를 잃고 시력까지 잃고 만다. 그 후 변일재의 악행과 불륜 사실을 알고 있던 이모 정만옥(배종옥)이 계단에서 굴러 사망하자 변일재는 아내의 죽음을 이국철의 소행으로 누명을 씌워 교도소로 보낸다. 하지만 변일재의 마수가 교도소 안에까지 미치게 되자 탈옥을 시도한 이국철은 그 후 눈먼 거지 신세로 여기저기를 떠돌다 이모의 비서 옥채령의 도움으로 미국에 건너가 시력을 되찾고 얼굴도 성형해 강기탄이라는 이름으로 새롭게 변신한다.

복수를 다짐하며 귀국한 강기탄은 원수 변일재가 법무 실장으로 일하는 도도그룹에 입사하고, 그곳에서 자신의 첫사랑 차정은과 빼닮은 오수연(성유리)을 만나 당혹감을 느낀다. 그녀 역시 아버지를 잃고 쫓기는 처지에서 본명을 버리고 다른 사람 이름으로 살고 있는데, 나중에 백신 설계도 문제로 남동생이 변일재에 의해 살해되자 강기탄의 복수극에 적극 동참하게 된다. 한편 미국에 살다 귀국한 도건우(박기웅)는 도도그룹 총수 도충(박영규) 회장의 숨겨진 아들로 오수연을 사이에 두고 강기탄과 라이벌 관계에 놓인다.

도광호의 비리를 파헤쳐 감옥에 보낸 후 변일재에 대한 본격적인 복수에 들어간 강기탄은 그 과정에서 오수연이 자신의 첫사랑 차정은임을 알게 되고 그 사실을 눈치챈 변일재는 도건우와 손잡고 강기탄을 백신 개발자 나도광 박사의 살해범으로 몰아 교도소로 보낸다. 하지만 탈옥에 성공한 강기탄은 중국 비밀 조직 화평단 두목 조기량(최종원)을 직접 만나 백신 설계도를 넘기려 했고 그 순간, 어디선가 보스를 향해 날아온 총탄을 대신 머리에 맞고 쓰러져 식물인간 상태에 빠지게 된다. 그 후 의식을 되찾은 뒤에도 머리에 박힌 총탄 때문에 두통과 기억상실에 시달린다.

화평단 보스가 강기탄을 아들로 삼아 조직의 후계자로 만들면서 졸지에 익명의 중국 사업가로 거물이 되어 나타난 강기탄은 때마침 정치적 거물이 되어 서울 시장 선거에 출마한 변일재를 몰락시키는 작업에 착수한다. 결국 서울 시장에 당선된 변일재는 강기탄이 쳐 놓은 덫에 빠져 선거법 위반 혐의로 모든 노력이 물거품으로 돌아가고, 결정적으로 오수연이 방송 프로그램에서 공개한 녹취록으로 인해 도피 생활을 이어 가던 중 오수연을 살해하려 했으나 그 현장에 뛰어든 도건우가 그녀를 대신해 숨을 거둔다.

결국 변일재는 마지막 순간까지 형 집행을 거부하며 발악하다가 강제로 끌려가 사형이 집행된다. 정보석이 맡은 악역 중에서 가장 찌질한 최후를 맞이하는 모습이 아닐까 한다. 한편 복수에 성공한 강기탄은 완전히 시력을 잃게 되고 오수연도 의도적으로 자기 곁에서 멀리 떠나보낸다. 비록 수술 예정이지만, 성공 가능성이 매우 낮다는 점에서 이 드라마는 해피 엔딩의 마무리를 버리고 안타까운 비극적 결말을 선택한다. 두뇌 총상, 기억과 시력 상실, 최면 치료 등 다소 비현실적인 설정이 거슬리는 부분으로 남지만, 그나마 또 다른 억지를 쓰지 않고 순리대로 마무리함으로써 막장 드라마의 오명을 벗어날 수 있었다고 본다.

드라마의 주인공 강기탄과 오수연은 두 사람 모두 집안의 몰락으로 이름을 바꾼 상태에서 신분을 숨기고 살아간다는 공통점을 지닌다. 특히 강기탄 집안의 몰락은 특권층과 결탁한 이모부에 의해 이뤄졌다는 점에서 결국 처절한 복수극의 결말은 이모부의 교수형과 주인공의 죽음으로 마무리된다.

하지만 드라마의 중심축은 돈과 권력을 가진 특권층 사회의 추악한 이면을 낱낱이 들춰냄과 동시에 그들의 파멸을 다룸으로써 하루하루 힘겹게 살아가는 일반 서민들에게 대리적인 만족을 제공한다는 점에서 그 나름대로 인기를 끌었다. 다만 주인공 남녀의 사랑이 결실을 맺지 못하고 헤어진다는 설정과, 하필이면 중국 조폭의 힘을 빌어 악을 응징한다는 설정이 다소 유감스럽다. 그런 점에서 볼 때, 사랑하는 여성을 위해 자기 목숨을 바친 도건우가 그나마 휴머니즘적 인간애를 발휘한 유일한 인물이라 하겠다.

동네변호사 조들호

　이향희 극본, 이정섭, 이은진 연출의 2016년 KBS 드라마 〈동네변호사 조들호〉는 한때 잘나가던 강력계 검사 조들호(박신양)가 재벌 회장과 관련된 사건을 맡게 되면서 정치적 음모에 휘말린 나머지 검사직에서 쫓겨나 모든 것을 잃고 졸지에 노숙자로 전락해 지내다가, 무고한 소시민 약자들이 억울하게 희생되는 모습을 목격한 후 약자들의 편에 서서 정의를 지키기로 작심하고 동네변호사 간판을 내걸어 제2의 인생을 출발한다는 내용의 법정 드라마다. 하지만 정의롭고 서민적인 변호사 이미지를 부각하기 위해 굳이 검사직에서 노숙자 신세로 전락시켜 밑바닥 생활을 경험하도록 만든 설정은 너무 억지에 가깝다. 그런 비현실적인 상황이 오히려 극의 리얼리티를 떨어트리는 역효과를 초래할 위험도 컸지만, 다행히 박신양의 열연과 일반 서민들이 겪는 크고 작은 애환들을 적절히 다루면서 드라마의 재미를 흥미롭게 이끌어 나갔다.

　보육원 출신에 검정고시를 거쳐 검사까지 된 인생 역전의 주인공 조들호는 정의로운 검사로 명성이 자자했으나, 대화그룹 정금모 회장(정원중)의 비리 사실을 캐내던 와중에 직속상관인 신영일(김갑수) 부장검사와 금산 사이에 부정한 결탁이 있음을 알아내고 평검사 신분으로는 선택하기 어려운 내부 고발을 통해 비리에 연루된 검사와 판사들을 무더기로 몰아내는 데 성공한다. 하지만 그 일로 인해 조들호는 동료 검사들로부터 배신자로 낙인찍혀 외면당한 데다 신영일에 의해 오히려 뇌물 수수 혐의로 검사직에서 쫓겨난다. 설상가상으로 장인이 운영하는 로펌 회사 금산에까지 불똥이 튀면서 엄청난 타격을 입히게 되자 장인의 강요로 아내 장해경(박솔미)과 강제 이혼당하고 어린 딸 수빈과도 헤어지는 아픔을 겪는다.

무일푼 알거지 신세로 자포자기 상태에서 노숙자 생활을 보내던 조들호는 자기와 같은 보육원 출신의 강일구(최재환)가 정금모 회장의 막내아들이 저지른 노숙자 방화 사건의 누명을 쓰고 달아나다 교통사고로 죽는 모습을 직접 목격하고 큰 충격을 받아 재기를 다짐한다. 그렇게 해서 동네변호사로 거듭난 그는 조수를 자청한 변호사 이은조(강소라)와 함께 가난하고 힘없는 서민들의 권익을 보호하기 위해 동분서주한다. 그런데 드라마에서 조들호가 다룬 사건의 대부분은 공교롭게도 정금모 회장과 관련된 것들이며, 예외적으로 대화그룹과 무관한 방긋유치원 아동 학대 사건에서 악랄한 원장 강자영 역을 맡은 배우 김정영의 신들린 듯한 연기가 그야말로 소름 돋게 만든다. 하지만 연기 대상은 주역을 맡은 박신양에게 돌아갔다.

한편 부패한 재벌의 상징이자 모든 악행의 지존으로 등장하는 대화그룹 회장 정금모는 조들호의 인생을 만신창이로 만든 장본인으로, 자신의 잇속을 챙기기 위해서는 수단과 방법을 가리지 않는 그야말로 피도 눈물도 없는 비열한 인간이다. 하지만 그 누구에게도 결코 굴하지 않는 강한 배짱과 의지의 사나이 조들호를 잘못 건드림으로써 시종일관 동네북처럼 두들겨 맞으며 엄청난 스트레스를 받고 결국 뇌출혈로 쓰러지고 만다. 그럼에도 자신을 배신한 신영일에 복수하기 위해 청문회의 증인으로 출석함으로써 신영일을 감옥으로 보낸다. 그런 과정에서 가장 큰 갈등을 겪은 인물은 바로 신영일의 아들 신지욱(류슈영) 검사로 그는 자신의 아버지를 기소하기에 이른다.

이 모든 일을 겪는 가운데 항상 함께 동고동락했던 조들호와 이은조 사이에 뭔가 애정이 싹틀 것이라 기대했던 시청자들은 여지없이 그 기대를 접어야만 했는데, 술김에 고백 비슷한 내용을 들었음에도 심한 딸바보 조들호는 들은 척도 안 했기 때문이다. "아버지라는 존재는 말이죠, 힘들다는 말 같은 거 할 수도 없고, 해서도 안 되고 할 필요도 없는 거잖아요."라는 그의 말을 통해서도 그가 얼마나 딸을 사랑하는지 짐작할 수 있다. 하기야 이런 딸바보는 우리 주변에 셀 수 없이 널려 있다고 볼 수 있다. 또한 그는 전처 장해경에 대한 미련이 없는 것도 아니어서 나중에는 서로 화해하고 예전처럼 가까워진다. 그리고 다시 친밀해진 그들의 모습을 보고 이은조는 조용히 물러나 자신에게 호감을 지닌 신지욱에게 관심을 기울인다. 사실 드라마에서 가장 매너 있고 매력적인 인물은 이은조라 할 수 있다.

하지만 보육원 출신의 검사까지야 그럴 수 있다고 쳐도 잘나가던 검사가 하루아침에 노숙자 신세로 전락한 데 이어 노숙자 신세를 청산하고 정의로운 인권 변호사로 거듭난다는 설정은 다소 현실성이 떨어지는 내용이 아닐 수 없다. 물론 그런 설정은 수년 전 개봉한 영화 〈변호인〉의 인기에 자극받은 것일 수도 있는데, 노무현 전 대통령이 인권 변호사로 활동하던 시절에 무료 변론에 나서기도 했던 국가보안법 위반 사건을 배경으로 한 내용임에 반해, 드라마에서는 정치색을 완전 배제하고 오로지 서민들을 상대로 한 민생 관련 사건만을 다루고 있다. 주역을 맡은 박신양은 전작 〈쩐의 전쟁〉에서도 작가 이향희와 함께 작업을 한 바 있지만, 전작에서 세상에 대한 복수심으로 피도 눈물도 없는 냉혈한을 연기한 것과는 달리 〈동네변호사 조들호〉에서는 매우 인간적인 인권 변호사를 연기함으로써 폭 넓은 연기의 달인임을 유감없이 과시했다.

피고인

　최수진, 최창환 극본, 조영광, 정동윤 연출의 2017년 SBS 드라마 〈피고인〉은 딸과 아내를 죽인 살인죄 누명을 쓰고 사형수가 된 전직 검사 박정우(지성)가 기억상실로 사라져 버린 4개월간의 행적을 기억해 내고자 필사적인 노력을 기울인 끝에 마침내 기억을 되찾고 자신을 곤경에 빠트린 살인마 차민호(엄기준)의 정체를 밝혀냄으로써 딸과 상봉하고 모든 누명에서 벗어나 검사로 복직한다는 눈물겨운 투쟁의 기록이다.
　다만 뜬금없는 기억상실의 원인과 사라진 기억이 어떻게 다시 돌아온 것인지 아무런 해명도 없이 지루한 단서 찾기에 많은 시간을 허비하는 바람에 긴장감이 다소 떨어지는 느낌이 들며, 더군다나 탈옥에 성공한 죄수가 어떻게 다시 검사로 복직이 가능한 일인지 매우 생뚱맞다는 느낌도 든다.

　강력계 검사 박정우는 검사를 천직으로 여기며 살아가는 매우 강직한 인물로, 집에서는 아내 윤지수(손여은)와 딸 하연(신린아) 앞에서 꼼짝도 하지 못하는 자상한 가장이다. 그런데 차명그룹의 개망나니 후계자 차민호의 행적을 조사하던 그는 어느 날 눈을 떠 보니 자신이 교도소에 갇혀 있음을 알게 되고, 더욱 기가 막힌 것은 자기가 아내와 딸을 살해한 죄로 사형 선고를 받은 몸이라는 사실과 자신이 저지른 행동에 대해 아무런 기억도 하지 못한다는 점이다.
　감방 식구들과 국선 변호인 서은혜(권유리)의 도움으로 조금씩 잃어버린 기억을 되살리며 단서들을 확보한 박정우는 2심에 들어갔으나,

동료 검사 강준혁(오창석)이 제출한 영상 증거물을 통해 취조실에서 아내를 죽였다고 자백하는 모습이 드러나면서 사형이 확정된다. 사실 강준혁은 박정우의 오랜 친구로 고시 공부도 함께한 사이였지만, 자기가 좋아하던 후배 윤지수가 정우와 결혼하자 모든 면에서 앞서가는 정우를 질투하고 있었다. 그리고 윤지수가 살해당한 시점에 정우의 집을 방문한 사실로 인해 자신이 살인범으로 몰릴 것을 두려워한 강준혁은 거짓 증언으로 자신을 보호한다. 결국 자기가 아내를 죽인 것을 기정사실로 여긴 박정우가 감방으로 돌아와 목을 매 자결하려고 하는데, 뜻밖에도 감방 막내 성규(김민석)가 "형이 왜 죽어요. 내가 했는데."라는 말을 내뱉자 큰 충격에 빠진다.

한편 차명그룹 차영운 회장의 일란성 쌍둥이 아들 차선호와 차민호는 전혀 다른 성격의 소유자로, 형인 선호는 온순한 성격인 데 반해 동생 민호는 포악하고 잔인한 성격이다. 그런데 선호가 아버지의 사랑을 독차지하자 이를 시기한 민호가 형을 때려죽이고 베란다에서 내던져 버리는 일이 벌어졌다. 그리고 자신을 뒤쫓는 박정우를 피해 죽은 차선호 행세를 하던 그는 박 검사가 그의 목을 서서히 조여 오자 박정우의 아내를 살해하고 그 죄를 뒤집어씌움으로써 위기를 모면하고자 한 것이다.

하지만 감방 동료들과 서은혜 변호사의 도움으로 탈옥에 성공한 박정우는 죄책감 때문에 딸 하연을 보호하려다 살해된 성규의 희생으로 무죄를 선고받고 검사직에 복귀한다. 그리고 차명그룹 회장이 된 차민호를 구속해 사형을 구형하고 복수극을 마친다.

다만 재벌 회장이나 검사, 죄수 등 일반 서민들 입장에서 볼 때 일상생활에서 손쉽게 접근하기 어려운 인물들과 관련된 사건들의 전개 과정이 주를 이루고 있어서 시청자들의 호기심을 유발할 수는 있겠으나, 너무도 현실과 동떨어진 내용이라 폭넓은 공감을 얻어 내기에는 무리가 있어 보인다.

더군다나 기억상실을 중심으로 전개되는 일련의 과정이 너무 느려 터지는 바람에 드라마 집중을 오히려 방해할 뿐만 아니라 수감 중인 사형수가 어떻게 그토록 수월하게 탈옥이 가능한 것인지 대한민국 법무부를 핫바지로 취급한 감이 들어 언짢기도 하다. 그럼에도 상당히 높은 시청률을 올린 것을 보면 역시 우리나라에서 권선징악의 구도만큼 사람들의 관심을 이끄는 주제도 찾아 보기 힘들 것으로 보인다. 그만큼 우리는 일상 속에서도 수많은 악에 노출되어 있기 때문일 것이다.

힘쎈여자 도봉순

　백미경 극본, 이형민 연출의 2017년 JTBC 드라마 〈힘쎈여자 도봉순〉은 귀여운 외모와는 달리 선천적으로 타고난 괴력의 소유자 도봉순(박보영)을 중심으로 재벌 2세 안민혁(박형식)과 정의감에 불타는 도봉경찰서 강력계 형사 인국두(지수)가 펼치는 미묘한 삼각관계와 더불어 특히 털 많고 근육 많은 것 외에는 달리 내세울 것도 없는 남성들의 무지막지한 횡포에 의해 희생당한 힘없는 여성들을 초인적인 힘으로 사악한 놈들을 때려눕히고 구해 내는 도봉순의 활약상을 통해 여성 만세를 부르게 만드는 페미니즘 드라마다.

　도봉구 터줏대감을 자처하는 엄마가 지어 준 이름 도봉순의 주인공은 태어날 때부터 괴력을 지닌 탓에 돌잔치 때 이미 돌상을 들어 올리는 실력을 발휘한다. 이에 그동안 자신의 괴력을 숨기고 살아온 엄마는 질겁을 하고 놀란 나머지 그런 사실이 외부에 드러나지 않도록 철저히 단속하고 도봉순 자신도 남과 다른 괴력의 소유자라는 사실이 싫어 그런 사실을 숨기고 살아간다. 그래서 지하철에서 성추행 현장을 보고도 모른 척하고 넘어갈 정도다.
　더군다나 어릴 적 동네 친구이며 동창생인 인국두를 남몰래 짝사랑하던 그녀는 그가 바라는 이상형이 여리고 청초한 코스모스 타입의 여성이라고 하니 더욱 조심할 수밖에 없었다. 하지만 인국두가 경찰대에 들어가면서 둘의 사이는 더욱 썰렁해지고 고졸 학력의 백수에 아무런 스펙도 없는 봉순은 취업조차 여의치 않아 허접스러운 아르바이트로 세월을 보낸다.

그러던 어느 날, 도봉동 신축 공사장에서 노인 폭행과 부녀자 희롱을 일삼던 용역 깡패들의 행패를 보고 분을 참지 못한 봉순은 한순간에 그들을 때려눕혀 버리는데, 때마침 그곳을 지나던 길에 우연히 그 모습을 목격한 재벌 2세 안민혁이 그녀를 자신의 개인 경호원으로 채용한다. 그러지 않아도 그는 수시로 외부 협박에 시달려 온 터라 경찰 대신 봉순의 실력을 이용해 범인을 잡을 계획이었다.

물론 걸핏하면 반말지거리로 갑질을 일삼는 안민혁에 반감이 없는 것도 아니지만, 괜찮은 연봉 때문에 꾹 참고 연쇄 부녀자 납치 사건에 뛰어든 봉순은 맹활약을 펼친 끝에 사건을 해결하고, 그동안 티격태격하던 봉순과 민혁은 어느 틈에 정이 들어 결혼에 골인한다. 물론 봉순을 땅콩 같은 킹콩에 비유한 민혁이 아내에게 휘둘리지 않고 백년해로 할 수 있을지는 미지수라 하겠다.

그런데 악을 응징하는 괴력의 여전사가 다시 돌아왔다는 점에서 〈힘쎈여자 도봉순〉의 속편이라 할 수 있는 백미경 극본의 2023년 JTBC 드라마 〈힘쎈여자 강남순〉은 그 상대가 양아치를 넘어서 러시아 마피아와 관련된 마약 사범들로 그 범위가 매우 거창하게 확대된다. 그런데 흥미로운 사실은 주인공 강남순(이유미)이 원래 도봉순과 6촌 관계라는 점이고, 마장동의 전설로 통하는 외할머니 길중간(김해숙) 여사가 경찰 조사를 받는 현장에서 이미 결혼한 도봉순과 안민혁 부부를 만나 서로 반갑게 인사를 나누는 모습이 등장하기도 한다. 어쨌든 극 중에서 마약 전담 형사 강희식(옹성우)이 강남순에게 청혼을 하는 모습을 바라보며 이들 부부 역시 봉순, 민혁 부부처럼 알콩달콩 살아가기를 바라는 마음이 간절하다.

품위있는 그녀

　백미경 극본, 김윤철 연출의 2017년 JTBC 드라마 〈품위있는 그녀〉는 탐욕에 물든 인간들의 난장판 속에서도 끝까지 품위를 잃지 않고 우아한 모습을 유지하는 재벌가 둘째 며느리 우아진과 신분 상승을 위해 수단 방법을 가리지 않는 간병인 출신의 박복자, 두 여인의 엇갈린 삶을 중심축으로 콩가루 집안의 실상을 폭로한 코믹 미스터리물이다. 우아진 역의 김희선과 박복자 역의 김선아가 치열한 연기 대결을 펼친다.

　탁월한 미모와 우아한 매너의 전직 스튜어디스 우아진은 대성 펄프 회장 안태동(김용건)의 어리숙한 차남 안재석(정상훈)과 결혼해 집안의 대소사를 관리하는 가운데 실질적인 안주인 노릇을 하며 시아버지의 전폭적인 신임을 얻고 산다. 그런데 안태동 회장의 건강이 여의치 않게 되고 그녀가 간병인으로 고용한 박복자가 집안에 들어오면서 안 회장의 집안은 서서히 혼돈과 몰락의 길을 걷기 시작한다.

　고아 출신의 박복자는 신원이 불분명한 여성으로 밑바닥 삶에 진절머리를 내고 오로지 돈만 바라보며 신분 상승의 기회를 노리고 산다. 헬스장 청소를 하다 우연히 알게 된 안태동 회장에게 의도적으로 접근한 뒤 마침내 그의 간병인이 되고 안 회장을 위험에서 구하는 자작극까지 벌여 절대적인 신임을 얻는다. 그 후 노골적으로 안 회장을 유혹하기 시작한 박복자는 원래 바람기가 많은 안 회장을 구워삶아 정식으로 결혼까지 한다.

재벌 회장의 사모님으로 거듭난 박복자는 회사 부회장직에 올라 전횡을 일삼기 시작하는데, 이에 반발하는 막가파 장남 안재구(한재영)로부터 살해 위협까지 받지만, 그녀는 눈 하나 깜짝하지 않고 오히려 그를 바보 취급한다. 안재구의 아내이자 맏며느리인 박주미(서정연)는 심리학 교수로 활동하는 지성인이지만 남편 못지않게 박복자를 증오하고 하수인을 고용해 그녀를 해치려고까지 한다. 더군다나 아들 운규(이건우)를 안 회장의 후계자로 만들기 위해 그동안 온갖 수모를 견디어 왔음에도 불구하고 박복자가 운규를 집에서 쫓아내는 일까지 발생하자 그 원한이 극에 달한다.

그런 상황에서 홀로 유유히 고급 와인을 마시고 있던 박복자가 갑자기 벽돌을 들고 나타난 운규에게 머리를 얻어맞고 쓰러져 숨진다. 온 집안을 말아먹고 자신을 내쫓은 박복자에게 마지막 일격을 가해 부모를 대신한 복수를 감행한 것이다. 하지만 범행 현장에서 발견된 안재구의 잭나이프 때문에 아들 대신 살인범을 자처한 아버지가 감옥에 가자 죄책감에 빠진 운규는 정신적인 붕괴를 보인 끝에 구급차에 실려 병원으로 향한다. 처음부터 끝까지 죽은 박복자의 내레이션으로 이어진 박복자 살인 사건의 전말은 그렇게 마무리되며 막을 내린다. 그런 점에서 운규는 천박한 속물 어른들의 희생양이라 할 수 있다.

〈품위있는 그녀〉는 부유하고 천박한 상류 사회에 침투해 크게 한몫을 챙기려다 몰락한 하류 인생의 비극적인 말로를 상당히 냉소적인 시각으로 바라본 드라마다. 따라서 가진 자에게는 수치심과 모멸감을, 없는 자에게는 통쾌함과 자괴감을 안겨 주는 내용이다. 특히 도덕적으로 타락한 부유층의 뒤통수를 때리는 박복자의 전횡과 그런 그녀에게 응징을 가하고 정신적 파탄에 빠진 재벌가 도련님의 모습이 단순한 막장 드라마의 수준에 머물지 않고 상당히 예리한 사회 비판 의식을 드러내 보여 준다는 점에서 일종의 사회 드라마라 할 수 있다.

나의 아저씨

　박해영 극본, 김원석 연출의 2018년 tvN 드라마 〈나의 아저씨〉는 가혹한 운명에 시달리며 정신적으로 거칠고 황폐한 삶을 살아가는 20대 초반의 젊은 여성 이지안(이지은)과 힘겨운 삶에 지치면서도 어떻게든 버티고 살아가는 중년의 박동훈(이선균), 박상훈(박호산), 박기훈(송새벽) 삼 형제가 서로의 정신적 교류를 통해 고달픈 삶의 아픔을 치유해 나가는 과정을 잔잔한 감동으로 담은 휴먼 드라마다. 하지만 여성을 비하하고 중년 남성 이데올로기를 미화한 성차별적 작품이라는 일부 페미니스트들의 맹공이 가해지면서 국내보다는 오히려 해외에서 더욱 높은 평가를 받기도 했다.

　주인공 이지안은 지옥 같은 현실을 악착같이 살아가는 강퍅한 심성의 여성이다. 부모 없이 자라고 병든 할머니를 돌보며 지내는 그녀는 매우 가학적인 사채업자 광일(장기용)의 폭력과 학대에 시달리며 지낸다. 광일이 그토록 지안을 괴롭히는 이유는 사채업자였던 아버지의 죽음에 대한 복수 때문인데, 자신의 아버지가 지안과 할머니에게 폭력을 휘두르다 지안의 칼에 찔려 죽었음에도 지안은 정당방위로 인정되어 무죄 판결을 받고 풀려났으니 더욱 그녀를 증오할 수밖에 없었다. 그럼에도 폭행을 일삼는 광일과 일방적으로 당하기만 하는 지안의 모습은 마치 도덕적 사도마조히즘 관계를 떠올리기에 족하다. 하지만 그런 병적인 남녀 관계의 유형은 오늘날에 와서는 거의 찾아 보기 힘들어진 게 사실이다.

　어쨌든 부모가 남긴 사채 빚을 갚기 위해 온갖 불법 행위도 마다하지 않는 지안은 자신의 그런 행동에 대해 아무런 죄책감도 느끼지 못하는데, 살기 위해 닥치는 대로 먹고 일하며 빚을 갚아 나가는 그녀로서는 자기를 이용하고 착취만 하는 세상과 타인들에 대한 냉소와 불신으로 인해 마음이 얼음처럼 차갑게 얼어붙은 상태다. 결국 그녀는 돈을 벌기 위해 회사 내의 도청 업무를 맡게 되는데, 그 대상은 중년의 가장 박동훈이다.

그런데 박동훈의 일거수일투족을 도청하면서 그녀는 오히려 그의 맑고 순수한 인성을 알게 되고, 그런 과정을 통해 세상과 인간에 대한 매우 비뚤어진 인식이 조금씩 바뀌게 된다. 세상에는 타인을 학대하고 착취하는 인간만 존재하는 것이 아니라는 사실에 눈을 뜬 것이다. 심지어 박동훈은 자신을 도청하고 있는 이지안을 오히려 공개적으로 두둔하고 나서기도 한다. 이에 이지안은 태어나서 처음으로 얼어붙은 심장이 녹아 흐르는 것을 느끼며 벅찬 감동의 눈물을 흘리고 만다.

한동안 부산으로 전출되어 근무하던 이지안은 다시 서울 본사로 올라와 일하는데, 눈에 띄게 달라진 모습의 그녀는 너무도 자연스럽게 사람들과 어울리며 지낸다. 한편 회사를 그만두고 작은 사업에 전념하던 박동훈은 우연히 마주친 이지안의 변화된 모습을 보고 흐뭇한 미소를 던진다. 그리고 동료들과 다정한 모습으로 함께 어울리며 걸어가는 그녀의 뒷모습을 바라보며 중얼거리듯 말한다. "지안, 편안함에 이르렀나?" 그리고 이지안 역시 마치 텔레파시라도 통하듯이 조용히 "네."라고 대답하며 드라마는 막을 내린다. 과거의 아픈 상처와 지옥 같은 현실에서 벗어나 평상심으로 돌아갈 수 있게 된 한 젊은 여성의 영적 구원을 다룬 보기 드문 수작이 아닐 수 없다. 다만 한 가지 안타까운 점이 있다면 영화 〈기생충〉으로 인기를 얻으며 승승장구하던 배우 이선균이 안타깝게도 마약 복용 혐의로 경찰 조사를 받던 중에 스스로 목숨을 끊었다는 사실이다.

〈나의 아저씨〉는 방영 초반부터 나이 차가 나는 두 남녀의 긴밀한 관계로 인해 마치 젊은 여성을 착취하는 중년 남성의 성차별적 불륜 내용인 것처럼 호도되는 바람에 일부 여성 단체로부터 맹비난을 들어야 했으나, 시간이 흐르면서 점차 오해가 풀리고, 해외 저명인사들의 호평과 찬사가 이어지자 분위기가 급반전을 이루게 되었다.

특히 《연금술사》로 유명한 브라질의 소설가 파울로 코엘료, 일본의 세계적인 음악가 사카모토 류이치가 극찬을 아끼지 않고, 일본의 영화계의 거장 고레에다 히로카즈 감독 역시 〈나의 아저씨〉에 깊은 감명을 받으면서 특히 이지은의 연기에 눈물을 흘릴 정도였다고 하는데, 그런 인연을 계기로 그는 영화 〈브로커〉에 이지은을 캐스팅하기에 이르렀다.

어쨌든 한국 드라마치고는 이례적일 정도로 어둡고 무거운 분위기의 〈나의 아저씨〉는 지옥 같은 현실 속에서도 인간적인 순수함을 잃지 않고 서로를 치유하며 살아가는 인간 군상들의 모습을 여과 없이 보여줌으로써 그나마 죽도록 힘겨운 삶을 지탱하고 버틸 수 있는 힘을 제공함과 동시에 희망의 끈을 놓지 않도록 서로가 손을 내미는 인간적인 정으로 일관한다. 비록 도청이라는 불법적인 소재가 옥에 티로 남기도 하지만, 오히려 그런 도청으로 인해 진실된 마음을 이해하는 계기가 마련되었다는 점에서 전화위복이 되었다고 볼 수 있겠다.

굿캐스팅

박지하 극본, 최영훈 연출의 2020년 SBS 드라마 〈굿캐스팅〉은 한직으로 밀려난 3명의 여성 국정원 요원들이 모처럼 위험한 현장 임무에 차출되었다가 한동안 좌충우돌하는 가운데서도 위장 잠입 임무를 성공적으로 완수하고 의기양양하게 복귀한다는 액션 스릴러 코미디다. 전설적인 요원 백찬미(최강희), 어설픈 미녀 신참 임예은(유인영), 퇴물 아줌마 요원 황미순(김지영), 그리고 과거 백찬미와 사귀다 헤어진 팀장 동관수(이종혁)가 콤비를 이루어 종횡무진 대활약을 펼친다.

이 드라마의 묘미는 못된 인간들을 통쾌하게 응징하는 무적의 여전사 백찬미의 눈부신 활약에 있으며, 그동안 남자들이 독식해 왔던 영웅의 자리를 젊은 여성에게 넘기는 계기를 마련한 것으로 볼 수 있다. 특히 남성들의 전횡에 시달리는 여성들에게는 백찬미의 거침없는 도발적 언행과 일격이 시원한 사이다처럼 답답한 가슴을 뻥 뚫어 주는 대리만족 역할을 톡톡히 할 것으로 보인다. 오히려 그녀 주위에서 어쩔 줄 몰라 쩔쩔매는 남성들의 모습이 안쓰럽기만 하다. 그만큼 세상이 달라진 것이 분명해 보인다.

한때 전설적인 정보 요원으로 명성을 날리던 백찬미는 물불을 가리지 않는 당찬 여성으로 팀장 시절 지나치게 독단적인 성격으로 인해 후배들에게는 기피 대상 1호였다. 그러던 어느 날 무리한 작전을 펼치다 부하 직원이 목숨을 잃는 사건을 겪은 뒤부터 위험한 현장 임무에서 제외되고 여자 교도소에 죄수로 위장해 들어가 기밀 정보를 빼내는 임무에 투입된다. 교도소 내 기도실에서 머리에 미사보를 쓰고 모든 이에게 사랑을 베풀며 개미 새끼 한 마리도 죽이지 않겠노라고 경건한 자세로 기도하고 있던 백찬미는 교도관이 작업 명령을 전달하자 곧바로 미사보로 머리를 질끈 동여맨 채 청소 작업에 들어간다.

청소 도구를 들고 작업실에 들어서자 때마침 한 무리의 죄수들이 연약한 죄수 한 명을 집단 폭행하는 장면을 목격한 백찬미는 한순간에 죄수들을 때려눕혀 제압하고 유유히 춤을 추며 사라지는데 그 모습을 지켜보던 국정원 서국환(정인기) 국장은 그녀를 호출해 새로운 현장 임무를 맡긴다. 하지만 작전 회의에 참석해 보니 팀장은 과거에 헤어진 애인이었고, 동석한 요원들은 관절염을 앓아 계단 오르기도 벅찬 뚱보 아줌마에다 서류 업무만 맡아 보던 신출내기 싱글 맘이었으니 실로 기가 찰 노릇이었다. 그래도 의리 있는 백찬미는 황미순의 딸을 괴롭히는 건달패를 참교육하며 군기를 바로잡는데, 실로 통쾌한 여전사가 아닐 수 없다.

그렇게 새롭게 출범한 산업 보안팀은 대기업 일광 하이텍에 위장 입사하게 되는데, 백찬미는 대표 이사 윤석호(이상엽)의 비서로, 황미순은 청소부 아줌마로, 임예은은 광고기획팀 인턴사원으로 들어가 산업 정보의 해외 유출 사실을 은밀히 조사하기 시작한다. 그런데 나이와 이름을 속이고 입사 면접에 응한 백찬미를 윤 대표가 선뜻 비서로 뽑은 데는 다 이유가 있었다. 그녀의 모습이 과거 자신이 짝사랑했다 차인 적이 있는 연상의 과외 선생을 쏙 빼닮았기 때문이다.

국정원이 주목한 산업 정보 유출 혐의 대상자로는 윤석호 외에도 해외 출입이 잦은 모델 출신 배우 강우원(이준영)이 포함되어 있었다. 하지만 국정원이 찾는 산업 정보 유출의 주범은 놀랍게도 서 국장을 비롯해 윤석호의 최측근인 명 전무(우현), 그리고 연구소장 마이클(김용희)임이 드러나면서 드라마는 극적인 반전을 이룬다.

마침내 모든 사건을 종결한 동관수는 국장으로 승진하고 백찬미는 팀장에 복귀한다. 비록 윤석호와 백찬미의 첫사랑이 결실을 맺지 못해 아쉬움이 크지만, 그래도 두 사람은 짠하고 아름다운 이별로 그동안의 인연을 마무리한다. 개미 새끼 한 마리 죽이지 않겠노라 기도하면서도 사악한 인간들을 응징하는 데 한 치의 망설임도 없는 정의의 여전사 백찬미 만세! 그런 여성들이 우리를 지켜 주는 한 우리는 두 발 뻗고 단잠을 이룬다.

〈굿캐스팅〉에서 국정원 요원으로 눈부신 활약을 보인 최강희는 2013년 MBC 드라마 〈7급 공무원〉에서도 똑같이 국정원 요원으로 나와 맹활약을 펼친 바 있는데, 사실 국정원의 활동을 주제로 한 드라마는 극히 드물 수밖에 없다. 왜냐하면 법원이나 경찰서와는 달리 일반 시민들로서는 감히 범접하기 어려운 베일 속에 가려진 경외의 대상일 뿐만 아니라 그동안 정치적으로 온갖 불협화음을 일으킨 진원지로 지목되며 구설수에 오른 경우를 숱하게 목격했기 때문이다.

따라서 〈굿캐스팅〉에서는 사회적으로 민감한 대공 임무나 정치 사찰 등과 무관한 산업 보안팀의 활동에 초점을 맞췄으며, 그것도 코믹 로맨스를 곁들인 분위기로 이끌면서 어둡고 칙칙할 수 있는 드라마 전개를 상당히 가벼운 터치로 다루는 센스를 발휘했다. 다만 왈패 백찬미를 제외한 어설픈 뚱보 아줌마와 신참 싱글 맘 때문에 한국판 미녀 삼총사로 부르기에는 다소 무리가 있어 보인다.

오월의 청춘

　이강 극본, 송민엽, 이대경 연출의 2021년 KBS 드라마 〈오월의 청춘〉은 1980년 5월 광주의 비극적인 상황을 배경으로 두 남녀의 애잔한 사랑을 다룬 작품이지만, 같은 해에 전 세계적인 돌풍을 일으킨 〈오징어 게임〉의 위세에 눌린 나머지 대내외적으로 별다른 주목을 끌지 못하는 불운을 겪어야 했다. 더군다나 40년 넘게 오랜 세월 정치적으로 가장 민감한 부분이었던 오월 광주를 시대적 배경으로 삼았기에 과거의 아픈 상처를 더이상 직면하기 버거워하는 시청자들의 반응도 그 나름대로 이해할 수는 있겠다.

　주인공 김명희(고민시)는 광주 평화병원 응급실에 근무하는 간호사로, 얼굴에 환자의 피가 튀어도 낯빛 하나 변하지 않고 당차게 응급 처치에만 몰입하는 백의의 천사 아닌 백의의 전사다. 그녀는 곱게 생긴 외모, 가녀린 몸매와는 달리 응급실에서 신참 간호사를 괴롭히고 희롱하며 진상을 떠는 깡패를 강력한 전라도 사투리 말발과 손목 힘 하나만으로 단번에 제압해 버리는 깡다구 제일의 악바리 여성이다. 그래서 그녀의 동료들은 그런 명희를 독종 쌈닭으로 취급한다.

　한편 명희는 친구 수련(금새록)을 대신해 대타로 나간 맞선 자리에서 의대생 황희태(이도현)를 상대로 무조건 퇴짜 맞을 짓을 벌이기로 작정하는데, 그것은 아버지들끼리 제멋대로 정한 정략결혼을 거부하는 수련의 지시에 따른 것이다. 희태의 아버지는 운동권 학생을 때려잡는 보안 부대 대공 수사과장 황기남(오만석)으로, 공교롭게도 희태의 원래 맞선 상대인 수련은 광주 지역 유지의 딸이며 아이러니하게도 '법학과 잔 다르크'로 통하는 전남대 골수 운동권 학생이다.

어찌 됐건 명희와 희태는 황기남의 악랄한 방해 공작에도 불구하고 서로 깊이 사랑하는 사이로 발전하는데, 뜻하지 않은 계엄군 진입과 그들의 무자비한 진압 현장을 목격하고 크게 충격을 받는다. 명희와 함께 부상자를 병원으로 옮기는 구조대원에 합류한 희태는 골목길에 피투성이가 되어 쓰러져 있는 한 소년을 보살피는 명희를 곤봉으로 사정없이 가격하려던 계엄군을 제지하다 그가 대학 친구 경수(권영찬)임을 알고 더욱 큰 충격을 받는다. 이처럼 한 치 앞을 내다볼 수 없는 극한 상황 속에서 명희와 희태는 마침내 성당에서 단둘만의 결혼식을 올리지만, 명희의 아버지가 시위 현장에서 희생되고 어린 동생 명수마저 사라져 버리자 명희와 희태는 명수를 찾으러 함께 나섰다가 안타깝게도 영원한 이별을 맞이하고 만다.

어두운 산속에서 일단 서로 흩어져 찾아 보기로 했으나 희태는 계엄군에 붙들려 가고 가까스로 동생을 찾아낸 명희는 계엄군이 다가오자 동생을 살리고자 먼저 도망치라 지시하며 자기가 대신 군인들 앞에 두 손 들고 나타나 체포된다. 그러나 어둠 속에 달아나는 명수를 보고 한 군인이 총을 겨누어 방아쇠를 당기는 순간, 명희가 앞을 가로막으며 대신 총을 맞고 쓰러진다. 정적이 감도는 어두운 숲속에 홀로 누워 외롭게 숨겨 가던 명희는 주변에서 들리는 풀벌레 소리에 희태를 생각하며 나직이 "풀벌레"라 중얼거리고는 조용히 숨을 거둔다. 풀벌레 소리 때문에 5월을 가장 좋아한다고 했던 희태의 말을 떠올린 것이다. 그런데 정적만이 감도는 이 장면이 솔직히 말해 오월 광주를 다룬 노벨 문학상 수상 작가 한강의 소설 《소년이 온다》보다 더욱 가슴 시리게 와닿는 건 또 왜일까. 어찌 보면 영상의 힘이 그만큼 소설보다 강력하기 때문일지 모른다.

그 후 40여 년의 세월이 흐른 뒤 반백의 신사로 변모한 희태가 명희를 회상하며 그녀의 기도문에 대한 답장을 쓰는 장면으로 막을 내리는데, 한 가지 아쉬운 점은 희태 외에 누나의 희생으로 목숨을 구한 동생 명수, 운동권 출신의 수련, 당시 계엄군이었던 경수 등 다른 인물들의 근황에 대해서는 아무런 언급도 없다는 것이다. 명희의 결혼 기도문 내용에서도 남은 자의 아픔과 슬픔을 염려했지만, 우리 사회는 오랜 세월 그런 아픔과 슬픔을 어루만져 주는 일에 너무도 무심했던 것은 아닌지 모르겠다. 그럼에도 명희와 희태의 안타까운 러브스토리는 매우 폭력적인 시대 배경과 맞물려 더욱 고귀하고 아름다운 사랑으로 승화된 모습을 띠고 우리에게 다가온다.

솔직히 말해 40년이 넘는 세월 동안 공개적인 언급이 거의 금기처럼 되다시피 하면서 마치 사회 전반에 걸쳐 묵시적 합의가 이루어지기라도 한 듯이 보이는 '5월 광주'라는 몹시 버거운 주제를 과감히 드라마로 제작한 용기가 남달라 보이는 〈오월의 청춘〉이지만, 당시의 실제 상황은 드라마 내용보다 더욱 참혹했을 것으로 보인다. 너무 적나라한 묘사는 오히려 역효과를 보일 수도 있는데, 그런 점에서 지나친 감정적 묘사를 배제하고 적절히 절제된 태도를 시종일관 유지한 제작진의 현명한 처신이 드라마의 수준을 더욱 높일 수 있었던 것으로 보인다. 다만 시청률이 의외로 저조했던 것은 고통스러운 과거의 기억에 직면하기를 회피하고픈 심리가 작용한 때문일 수 있으며, 과거의 상처를 되살림에 따라 공연히 긁어 부스럼 만드는 일이 될 것에 대한 두려움이 작용했을 수도 있다. 그런 점에서 볼 때 우리 국민 모두가 외상 후 스트레스 장애를 앓고 있는 것처럼 보이기도 한다.

오징어 게임

황동혁 극본, 연출의 2021년 넷플릭스 드라마 〈오징어 게임〉은 총 456억 원의 상금이 걸린 서바이벌 게임에 참가한 사람들이 어린이 게임을 통해 최후의 승자가 되고자 목숨을 건 죽음의 게임에 도전한다는 기상천외한 발상의 매우 엽기적인 내용의 작품이다. 이 드라마의 방영으로 전 세계적인 돌풍이 일었으며, 수많은 나라에서 시청률 1위를 기록하는 기염을 토하기도 했다. 또한 미국의 에미상 수상식에서는 비영어권 작품 최초로 드라마 부문 감독상과 남우 주연상을 수상해 한국 드라마의 위상을 한껏 드높이는 쾌거를 이루기도 했다.

주인공 성기훈(이정재)은 파업에 가담했다가 실직당한 이혼남으로 노점상을 하는 어머니에 빌붙어 살아가는 빈털터리 룸펜이다. 어느 날 사채업자들에게 꼼짝없이 붙들려 신체 포기 각서까지 쓰고 가까스로 풀려난 그는 실의에 잠겨 집으로 돌아가던 길에 지하철역에서 정장 차림의 한 남자(공유)를 만난다. 그런데 뜬금없이 돈내기 딱지치기 시합을 제안한 그 남자는 기훈이 그럴 돈이 없다고 하자 대신 따귀를 맞으면 된다고 한다. 게다가 싸대기 1대당 10만 원을 거는 시합이라 오기가 발동해 딱지치기에 응하지만, 결국 수십 대의 따귀를 얻어맞고 부아가 치밀어 오른 기훈이 남자를 한 대 후려칠 기세를 보이자 그 남자는 돈 10만 원을 내주면서 다른 게임에 참가하면 더 큰 돈을 벌 수 있다는 말과 함께 오징어 게임 명함을 건네주고 유유히 어디론가 사라져 버린다.

집에 돌아온 기훈은 자신의 무능을 탓하면서 결국 크게 한몫 잡을 수 있는 오징어 게임에 참가하기로 작심하고 명함에 적힌 번호로 전화를 걸어 약속 장소로 찾아간다. 대기하고 있던 승합차에 오르는 순간 수면 가스를 마시고 잠에 취한 기훈이 정신을 차리고 깨어 보니 그는 456번 번호가 적힌 초록색 운동복을 입은 상태였다. 또 등 번호 001인 노인 일남(오영수)이 다른 운동복 차림의 사람들과 함께 자신을 지켜보고 있음을 알게 된다. 그리고 놀랍게도 기훈은 그곳에서 어릴 적부터 친구였던 조상우(박해수)를 극적으로 만나게 된다.

잠시 후 검은색 마스크의 프론트맨이 가면을 쓴 분홍색 복장의 운영자들과 함께 나타나 앞으로 진행될 여섯 가지 게임을 통해 승리한 사람들에게는 총 456억 원의 상금이 지급될 것임을 알리고 참가자들은 드넓은 운동장으로 이동한다. 하지만 큰 나무 아래 서 있는 로봇 술래 영희가 "무궁화꽃이 피었습니다."라는 말과 함께 고개를 돌릴 때마다 움직이다 들킨 사람은 여지없이 총에 맞아 죽는 참상이 벌어진다. 가까스로 살아남은 201명이 예기치 못한 상황에 잔뜩 겁먹고 있을 때, 조상우가 게임 중단을 결정하는 찬반 투표를 요구하고, 마침내 투표 결과 게임 중단이 결정되면서 참가자들은 모두 집으로 돌아가게 된다.

하지만 주최 측이 그토록 참가자들을 손쉽게 풀어 준 것도 다 이유가 있었다. 그들이 다시 사회로 복귀해 마주한 현실은 지옥과도 같은 암울한 환경이었으니 결국에는 다시 돌아오리라는 믿음 때문이다. 기훈 역시 마찬가지다. 그는 귀가한 후 어머니의 수술비까지 마련해야 하는 상황에 몰리면서 실의에 빠져 편의점에서 소주를 마시다가 우연히 일남 노인을 만나게 된다. 그리고 어차피 현실은 지옥이고 게다가 자기는 시한부 인생을 살고 있는 몸이니 마지막으로 재미를 즐겨 보기 위해 게임에 다시 복귀할 것이라는 노인의 말을 듣고 기훈의 마음도 흔들리게 된다. 지옥은 오징어 게임 현장이 아니라 오히려 아무런 희망도 없는 암울한 현실이라는 점에 공감한 기훈은 그동안 빚더미에 올라앉아 살길이 막막해 연탄불을 피워 죽으려던 상우와 함께 오징어 게임에 다시 참가한다.

그 후 게임을 통해 끝까지 살아남은 인물은 기훈과 상우뿐이다. 살아남기 위해 필사적으로 달고나를 혀끝으로 녹이는 기훈의 모습은 안쓰럽기 그지없다. 어쨌든 끝까지 살아남아 거액의 상금을 차지하려던 참가자들은 서로 죽고 죽이는 살육전을 통해 숱하게 희생당하고 만다. 마침내 마지막으로 최후의 승자를 결정할 오징어 게임에 들어간 기훈은 상우가 스스로 자결함으로써 456억 원의 상금을 독차지하게 되지만, 그동안 받은 정신적 충격으로 인해 오히려 허탈한 모습이다. 더구나 어머니마저 이미 세상을 뜬 상태에서 그는 엄청난 죄책감에도 시달려야 했다. 결국 거액의 돈을 쌓아 둔 채 술만 마시며 거의 폐인처럼 살아가던 기훈은 그동안 죽은 줄 알고 있던 깐부 노인 오일남의 초대장을 받고 화들짝 놀란다.

그리고 병상에 누워 죽을 날만 기다리는 오일남의 입을 통해 그가 오징어 게임을 설계하고 주도한 인물임을 알게 되고 그런 일을 꾸미게 된 이유도 함께 듣는다. 그것은 삶이 무료하고 재미가 없기 때문이며, 돈이 많은 사람과 돈이 없는 사람의 공통점은 삶이 재미없다는 점이라면서 자기가 게임에 직접 참가한 이유도 구경만 하는 것에 싫증이 났기 때문이라는 것이다. 그러면서 노인은 기훈에게 자정이 지나기 전까지 밖에서 얼어 죽어 가는 노숙자를 구해 줄 사람이 있을지 내기를 걸면서 "자네는 아직도 사람을 믿나?"라고 질문한다. 하지만 누군가의 신고로 노숙자를 돕기 위해 출동한 경찰차 사이렌 소리와 함께 오일남도 숨이 끊어진다. 그런 노인을 향해 기훈은 "당신도 봤지? 당신이 졌어."라고 말하며 자리를 뜬다.

이 드라마에는 악인도 나오고 선인도 등장하지만, 주인공 기훈의 성격이나 행적을 통해서도 알 수 있듯이 절대적으로 악하거나 절대적으로 선한 인간은 있을 수 없다. 더욱이 목숨이 달린 극한 상황에서 절대적인 윤리의 잣대를 들이대는 일조차 사실 무리이기도 하다. 또한 기훈의 원래 모습도 찌질하고 한심한 인간임에 틀림없다. 하지만 근본이 아무리 선한 기훈이라 하더라도 주어진 상황에 따라서는 남을 속이기도 하고 매우 이기적인 선택을 하는 평범하기 그지없는 인간이 될 수밖에 없다. 그런 점에서 기훈의 본성이 무엇인지 호기심이 발동한 오일남이 여러 시험을 통해 확인하고 통쾌함을 느낀 것은 바로 기훈 역시 도덕적으로 완벽한 인간은 아니라는 점 때문이다.

기훈은 영웅적인 전사나 모범적인 군자의 모습과는 거리가 멀다. 그렇다고 해서 거침없이 악행을 저지르거나 반대로 자신을 희생하고 이타적인 행동을 실천하는 것도 아니다. 쉽게 말해 선악의 갈림길에서 상황에 따라 이리저리 흔들리며 살아가는 매우 평범한 소시민의 모습에 가깝다는 말이다. 이처럼 나약하고 무능하며 우유부단한 기훈이지만, 매우 인간적인 정이 있으며, 때로는 타인을 끌어들이고 약자를 보호할 줄 아는 인간적인 매력 또한 잃지 않고 있다는 점이 그의 강점이기도 하다.

그런데 예기치 못한 시련을 겪게 되면서 자신도 모르게 정신적으로 성장해 가는 과정을 보여 주는 기훈의 모습이 우리 자신과 크게 다르지 않다는 점에서 오히려 안도의 한숨을 내쉬게 한다. 그것은 달리 말해, 매우 불완전하고 이기적인 모습에서 벗어나 점차 인간적이고도 이타적인 모습으로 성숙해 가는 기훈의 변모야말로 힘겹고 고달픈 현실을 이겨 나갈 수 있는 가장 강력한 힘이 아닐까 하는 점을 암시하는 듯이 보인다.

〈오징어 게임〉은 단도직입적으로 말해서 영화 〈기생충〉과 마찬가지로 자본주의 사회의 병든 이면을 신랄하게 조롱하고 풍자한 드라마다. 따라서 오징어 게임에 참가한 사람들은 무한 경쟁 사회에서 탈락한 인생 실패자들이 주를 이룬다. 또한 그들은 목숨을 담보로 단 한 번의 기회에 대박을 터뜨려 팔자를 고쳐 보려는 욕망에 사로잡혀 있다. 하지만 세상에 공짜는 없다. 그런 점에서 드라마는 공짜 심리에 대한 경종을 울린 셈이다.

한편 〈오징어 게임〉이 거칠고 잔혹한 장면을 떠올리게 한다는 이유만으로 해외 여러 나라에서 아동들의 오징어 게임 놀이 흉내를 금지하기도 했지만, 놀이 자체에는 사실 아무런 문제가 없다고 본다. 오히려 순수하기 그지없는 아동들의 다양한 게임은 두 번 다시 돌아갈 수 없는 어린 시절의 추억을 되살려 준다는 점에서 긍정적인 효과를 지닌다고 할 수 있다.

다만 드라마에서는 끔찍스러운 지옥의 현실 이미지를 더욱 극대화시키기 위한 목적으로 천사같은 어린이들이 춤추며 노래하는 동요를 배경음악으로 사용함으로써 더욱 아이러니한 극적 효과를 낳고 있는데, 그런 역설적인 대비의 효과는 영화 〈굿바이 베트남〉에서 잔혹한 전투와 학살 장면의 배경에 흐르는 루이 암스트롱의 노래 〈What a Wonderful World〉를 통해서도 이미 겪은 바 있다.

그런 점에서 최근에 방영된 〈오징어 게임 2〉에서 죽음의 짝짓기 게임에 나오는 동요 〈둥글게 둥글게〉가 놀랍게도 해외에서 폭발적인 인기를 끌고 있다고 하는데, 멜로디의 중독성이 얼마나 강하던지 그 멜로디가 머릿속에서 끝없이 맴도는 바람에 불면증에 시달리는 사람까지 생겼다고 난리다. 하지만 현대인의 고질적인 소외감을 해소해 줄 뿐만 아니라 잃어버린 어린 시절의 추억을 복원해 주는 동요의 멜로디가 그런 중독성의 바탕을 이루는 게 아닌가 여겨지기도 한다.

지옥

　연상호 극본, 연출의 2021년 넷플릭스 드라마 〈지옥〉은 어느 날 갑자기 지옥행의 선고를 받은 사람들이 예정된 시각에 나타난 지옥의 사자들에 의해 죽임을 당하고 한 줌의 재로 화하는 끔찍한 일을 겪으며 지옥으로 끌려가는 초자연적 사건을 다룬 SF 공포 드라마다. 전체적인 흐름을 보면 사이비 종교의 폐단을 패러디한 작품으로 볼 수도 있겠으나, 죄와 정의로운 삶, 지옥의 존재와 신의 징벌 등 자못 심각한 종교적 주제를 내포하고 있어서 단순히 흥미 본위로 제작된 작품은 결코 아니라고 본다.

　특히 우리가 상식적으로 알고 있는 지옥이란 죄를 지은 사람이 죽어서 가는 곳이지만, 이 드라마에서 보여 주는 진실은 지옥이 별세계에 따로 있는 것이 아니라 집단적 광기에 휩쓸려 살아가는 우리의 현실 자체가 바로 지옥이라는 점이다. 따라서 극 중에서는 앳된 얼굴의 정진수(유아인)가 이끄는 신흥 종교 새진리회가 대중 매체를 이용한 지옥 시연의 공개를 통해 사람들에게 공포심을 조장하고, 그 결과 국민의 과반수가 지지하는 막강한 권력을 독점하는 가운데 새진리회를 추종하는 광신적 폭력 집단 화살촉이 저지르는 불법 행위도 경찰이 감히 손을 대지 못하는 초유의 사태를 몰고 온다.

　하지만 이처럼 광신적인 집단에 저항하는 의식 있는 무리도 생기는데, 저항 단체 '소도'를 이끄는 민혜진 변호사(김현주)와 공형준 교수(임형국), 방송국 PD 배영재(박정민), 형사 진경훈(양익준) 등이 바로 그들이다. 특히 배영재는 아내 송소현(원진아)이 갓 출산한 아기 튼튼이가 지옥행 선고를 받고 공개 시연에 들어가자 아기를 품에 안고 엎드린 아내와 함께 자신의 몸을 한데 묶어 죽음을 맞이한다. 그런데 불에 탄 부부의 시신 속에서 아기의 울음소리가 들리고 그 장면을 목격한 사람들은 아무 죄 없는 아기까지 죄인으로 몰아 지옥에 보내려는 비인간적인 새진리회에 점차 등을 돌리게 된다.

하지만 튼튼이의 공개 시연으로 새진리회의 허구성과 잔혹함을 만천하에 폭로할 수 있는 절호의 기회로 삼으려는 민혜진과 이에 맞서는 새진리회 측의 치열한 공방전 사이에서 어떻게든 딸의 생명을 구해 내려던 배영재는 민혜진을 향해 새진리회나 소도나 다 똑같은 새끼들이라고 욕설을 내뱉는다. 어쨌든 살아남은 아기와 갑자기 지옥행을 선고받고 죽은 박정자가 다시 살아 돌아온다는 엔딩을 통해 드라마는 마지막 한 줄기 희망의 메시지를 던지는 것으로 보인다.

새진리회 교주 정진수는 이미 오래전에 죽음의 고지를 받은 인물로, 죽음의 시연을 통한 신의 의도에 대해 설파해 왔으나, 세인의 주목을 끌지 못했다. 그러다 백주 대로에서 괴생명체에 의해 저질러진 살인 사건이 일어나자 그때부터 공포에 휩싸인 시민들이 정진수 앞에 엎드려 절하며 절대적인 존재로 숭배하는 동시에 그의 말에 순순히 따르게 된다. 더욱이 그는 지하철을 타고 다닐 정도로 검소한 모습을 보이는 데다 아무런 사심마저 없는 듯이 보여 사람들의 존경을 받는다. 실제로 우리 주변에는 그런 이중적인 위선자들이 적지 않음을 알 수 있는데, 이미 오래전부터 우리 사회에는 추종자들로부터 절대적인 존재로 군림한 사이비 종교 지도자들이 꾸준히 배출되기도 했으니 그만큼 우리 사회가 혼돈과 불안정에 시달려 왔음을 반증하는 현상이기도 하다.

이처럼 양의 탈을 쓴 수많은 정진수가 그동안 우리 사회를 현혹해 왔다고 볼 수 있지만, 그것은 단순히 겉모습에 불과한 것으로, 마음속의 다른 구석에는 악마적 속성을 숨겨 놓기도 한다. 단적인 예로 진경훈 형사의 딸 희정(이레)을 유혹해 과거에 엄마를 살해했던 범인에 대해 복수할 기회를 마련해 준 일을 들 수 있다. 그리고 복수를 통해 희열에 빠진 희정을 지켜보며 자신도 살인 행위에 적극적으로 가담한다. 따라서 말로는 정의로운 삶을 떠들지만 정작 그의 내면에는 사랑이 실종되고 세상에 대한 증오심과 복수심만이 맴돌고 있었던 것이다. 전형적인 소시오패스의 모습이 아닐 수 없다. 그런 점에서는 새진리회 2대 교주 김정칠을 비롯해 화살촉 우두머리 이동욱도 정진수와 다름없는 일종의 독버섯 같은 존재라 할 수 있다. 문제는 그런 존재들이 우리 사회 곳곳에 침투해 숨어 있다는 점이다. 비록 드라마에서는 사이비 종교계를 주된 배경으로 삼았지만, 오히려 종교계보다 권력과 이념을 추구하는 정치판에 그런 존재들이 더욱 설치고 있는 게 아닐까 여겨진다.

더 글로리

2023년 새해부터 수많은 시청자를 엄청난 전율에 빠트린 넷플릭스 드라마 〈더 글로리〉는 김은숙 극본, 안길호 연출에 송혜교와 임지연의 신들린 듯한 연기 대결이 한순간도 긴장의 끈을 놓지 못하게 만드는 화제작이다. 특히 〈파리의 연인〉, 〈태양의 후예〉, 〈미스터 션샤인〉으로 돌풍을 일으킨 김은숙 작가의 탄탄한 대사와 극적 전개가 화면을 압도하는 가운데 〈옥탑방 왕세자〉를 연출한 안길호의 노련미 역시 드라마의 재미를 더한다.

초등학교 교사 문동은(송혜교)은 고교 시절 자신을 악랄하게 괴롭히며 끔찍한 폭력을 행사함으로써 그동안 자신의 인생을 파탄으로 몰고 갔던 5명의 친구들에 대해 복수할 일념에 사로잡힌다. 그들 패거리의 리더였던 박연진(임지연)은 방송국 기상 캐스터로 성공한 데다 잘나가는 사업가 하도영(정성일)과 결혼해 귀여운 딸 예솔(오지율)까지 낳고 행복한 나날을 보낸다. 안하무인의 금수저 출신 전재준(박성훈)은 사업가로 성공하고, 목사의 딸 사라(김히어라)는 화가로 활동한다. 스튜어디스가 된 최혜정(차주영)은 매우 문란한 삶을 이어 나가고, 패거리의 똘마니 노릇을 하던 손명오(김건우)는 여전히 건달로 살아간다.

고교 시절 연진 패거리가 동은을 상대로 학교 체육관에서 벌인 폭력의 실태는 가히 악마적이며 변태의 극치라 할 수 있는데, 심지어 뜨겁게 달궈진 고데기로 동은의 맨살을 지지기까지 했다. 그 고통스러운 기억 때문에 동은은 불판에 구워지는 삼겹살을 보기만 해도 공포심에 사로잡힌다. 하지만 동은의 전신에 남겨진 화상 흔적보다 더욱 심각한 문제는 그들이 동은의 영혼까지 철저히 파괴하고 짓밟았다는 점이다. 일종의 외상 후 스트레스 장애에 시달렸다고 볼 수 있는 동은은 한때 삶을 포기하고 자살을 생각할 정도로 지옥의 밑바닥까지 떨어졌다가 천신만고 끝에 기사회생하기에 이르는데, 그녀에게 삶에 대한 집착을 갖게 한 것은 그 누구도 말릴 수 없는 극렬한 분노와 복수심이었다. 그런 점에서 연진 패거리의 병적인 잔혹성에 비하면, 뻥이나 뜯기는 정도는 차라리 애교에 가깝다고 하겠다.

그녀는 오로지 복수에 대한 일념 하나로 어린 나이에 악착같이 일하고 돈을 벌었으며, 독한 마음으로 공부에 전념해 검정고시로 대학까지 졸업해 마침내 초등학교 교사가 된 것이다. 그리고 연진의 딸 예솔이 속한 반의 담임 선생으로 부임하면서 서서히 복수의 칼을 휘두르기 시작한다. 물론 그녀가 선택한 복수의 수단은 노골적인 폭력과는 거리가 멀었다. 그녀는 자신의 손에 피를 묻히는 그런 단순한 방법이 아니라 상대의 주변 인물들을 이용해 고통 속에 서서히 말려 죽이는 방식으로 복수를 다짐한다.

따라서 집요하고 치밀한 계획과 끈질긴 인내심이 요구되는 그녀의 복수극에는 고도의 심리 전략이 필수적으로 동원될 수밖에 없다. 그런 전략의 일환으로 우연히 알게 된 의사 주여정(이도현)에게서 바둑의 진수를 배우고 바둑광인 하도영에 접근해 연진과의 부부 관계를 뒤흔들기 시작하는데, 주여정이 처음에 언급한 바둑의 정의가 동은의 마음을 사로잡는다. 바둑은 남의 집을 침묵 속에서 맹렬하게 공략한다는 것. 그것이야말로 동은이 선택한 복수극의 전략과 딱 맞아떨어지는 전략이 아니던가.

한편 동은에게 호감을 갖게 된 주여정은 그녀가 자신에게 필요한 사람은 왕자님이 아니라 칼춤 추는 망나니라는 말을 내뱉자 그 자리에서 그녀를 위한 망나니가 되기로 작심한다.
마침내 숙적들 앞에 서서히 모습을 드러내기 시작한 동은의 당돌하고도 침착한 언행에 그들은 두려움에 사로잡히고, 동은의 약점을 찾아내어 이용하려 들지만, 오히려 그럴수록 사악한 사이코패스 집단은 자중지란을 일으켜 서로 물고 뜯는 이전투구 양상으로 치닫는다.

한편 화가이자 교회 성가대원인 사라는 명오가 공급하던 마약에 의존하다 그가 실종되면서부터 극심한 불안 증세에 시달린다. 그녀는 자신을 협박하는 동은에게 자기가 과거에 저지른 잘못은 이미 하나님 앞에 회개하고 구원을 받아 천국에 갈 거라고 항변하지만, 동은은 천국에 가되 그때까지는 지옥에 살게 될 것이라고 쏘아붙인다.

물론 동은의 처절한 복수는 도덕적으로 정당화될 수는 없다. 하지만 드라마는 도덕을 가르치기 위한 국민 계몽 프로그램도 아닐뿐더러 드라마에 몰입하며 재미를 느끼는 시청자들 역시 그 어떤 훈계나 설교를 듣기 위함이 아니다. 오히려 우리는 동은의 소름 끼치는 복수극을 통해 짜릿한 대리 만족을 느끼는지도 모른다. 동은의 경우처럼 그렇게 심각한 상황까지는 아니더라도 그와 유사한 피해나 폭력 정도는 어느 정도 겪어 봤을 수 있기 때문이다. 그리고 실제로 우리 주변에는 다양한 형태의 폭력으로 타인을 괴롭히는 사악하고 간교한 인간들이 어디에나 존재하기 마련이다.

그런데 지극히 개인적인 복수의 차원을 떠나 사회적 관점의 차원에서 볼 때, 이 드라마는 금수저와 흙수저 사이에 벌어진 무자비한 충돌 과정으로 볼 수도 있다. 금수저 연진과 재준의 악랄한 갑질에 대해 흙수저 출신의 동은이 보여 주는 보복성 응징의 과정은 그야말로 처절하기까지 하다.

그런 점에서 이와 유사한 충돌 과정을 보여 주는 2022년 김태희, 장은재 극본, 정대윤, 김상호 연출의 JTBC 드라마 〈재벌집 막내아들〉에서 흙수저 윤현우(송중기)가 자신을 머슴처럼 부리며 착취하던 재벌가의 음모로 억울하게 목숨을 잃고 금수저 재벌 3세 진도준으로 환생해 복수에 성공하면서 다시 본래 모습으로 돌아가는 다소 황당한 결말을 보여 주는데, 복수는 힘 있는 사람이 하는 거지 억울한 사람이 하는 게 아니라는 대사가 섬뜩한 느낌을 준다.

다만 윤현우의 복수가 재벌가의 추악한 비리를 온 세상에 공개적으로 폭로함으로써 얻어진 합법적인 승리라면, 동은의 복수는 철저하게 은폐된 가운데 진행된 매우 변칙적인 과정이라는 점에서 전형적인 복수의 화신이라 할 수 있다. 더군다나 여전히 앳된 모습을 잃지 않은 송중기와 달리 촌철살인의 화법으로 상대의 가슴에 비수를 꽂는 송혜교의 카리스마적인 위엄 또한 극적 긴장감을 더욱 배가하는 효과를 유감없이 발휘한다.

마당이 있는 집

　김진영 소설 원작에 지아니 극본, 정지현 연출의 2023년 ENA 월화 드라마 〈마당이 있는 집〉은 뜻하지 않은 살인 사건에 휘말린 평범한 가정주부 문주란(김태희)과 가정폭력에 시달리다 살인까지 저지른 임산부 추상은(임지연), 이처럼 판이한 환경에서 살던 두 여성이 살인 사건을 계기로 우연히 서로 엮이면서 겪게 되는 심리적 상처와 재기를 다룬 범죄 스릴러물이다. 어둡고 암울한 분위기 때문인지 매우 저조한 시청률을 기록하긴 했지만, 임지연과 김성오의 호연이 돋보인 작품이다.

　고교생 아들 승재(차성제)를 둔 병원장 박재호(김성오)와 아내 문주란은 호화 대저택에서 단란한 생활을 이어 간다. 어느 날 갑자기 집 안에서 풍기는 이상한 냄새로 신경이 곤두선 그녀는 마당에서 악취가 심하게 나는 곳을 파헤치다 시체 손을 발견하고 기겁을 하고 놀란다. 그러나 남편은 끝까지 시치미를 떼고 고무장갑을 잘못 본 것으로 가스라이팅하며 그녀의 신경과민 탓으로 돌린다. 그런 지 얼마 후 추상은의 남편 김윤범(최재림)이 박재호와 만나기로 약속한 낚시터 저수지에서 숨진 채 발견되고, 장례식장에서 추상은은 문주란에게 귓속말로 자신의 남편을 죽인 사람이 박재호라고 귀띔해 준다.

　평소 남편으로부터 극심한 폭력에 시달리던 임산부 추상은은 온갖 증거를 수집해 두고 이혼 준비를 해 두고 있던 참이었던 터라 남편의 죽음에 슬퍼하기는커녕 오히려 해방감을 느끼면서 짜장면과 콜라를 게

걸스럽게 폭풍 흡입하는 모습까지 보인다. 이 장면은 드라마 전체를 통해 가장 압권으로 꼽히기도 하지만, 만약 성별을 바꿔 묘사했다면 과연 여성들이 그대로 넘겼을지 의문이 들기도 한다. 필시 벌떼처럼 들고일어나 성토했을 게 분명하니 말이다.

어쨌든 문제는 그때부터 문주란이 남편을 살인범으로 의심하기 시작하고 뒷조사에 착수한 것인데, 그녀의 조사를 추상은이 돕는다. 그런데 실제로 김윤범을 죽인 범인은 그의 아내 추상은으로 그녀는 남편이 죽기 직전에 들어 놓은 여러 개의 생명보험 회사로부터 자살일 경우에는 한 푼도 받을 수 없다는 말을 듣고 어떻게든 남편의 죽음을 타살로 몰고 가려 한다. 하지만 강력한 용의자인 박재호의 알리바이가 입증되고 경찰도 자살로 사건을 마무리하려 들자, 다급해진 추상은은 죽은 남편의 소지품을 통해 입수한 정보를 문주란에게 건네줌으로써 또 다른 살인 사건의 빌미를 제공한다. 하지만 영원한 비밀은 없듯이 의사 남편 박재호의 파렴치한 행적이 드러나고 만다.

경찰 조사 과정에서 놀랍게도 문주란은 김윤범의 살해범이 박재호라고 진술함으로써 모든 범행을 남편에게 뒤집어씌우고 아들 승재는 물론 추상은까지 지켜 주면서 덤덤한 자세로 교도소로 향한다. 그 모습을 지켜본 추상은은 그 후 아기를 낳고 착실한 삶을 이어 가고, 형기를 마치고 출옥한 문주란은 마당이 있는 집으로 다시 돌아간다. 하지만 뒷맛이 영 개운치 않은 것은 동기야 어찌 됐든 사람을 죽게 만든 승재와 추상은이 언제 무슨 일이 있었냐는 듯이 아무렇지도 않은 모습으로 살아간다는 점인데, 야비한 남편들로부터 온갖 피해를 입은 여성들 입장에서 바라본 드라마이니 당연한 결과가 아닐까 한다. 하지만 오늘날에는 오히려 여성에게 쥐여 사는 남편들이 더 많지 않겠는가. 그만큼 여성들의 목소리가 높아진 시대가 온 것이다.

　마지막으로 한마디 추가하자면, 이 드라마의 진정한 주인공은 김태희가 아니라 오히려 임지연이라 해도 무방할 만큼 임지연의 강렬한 카리스마가 돋보인다. 그녀는 전작 〈글로리〉에서 악랄하기 그지없는 사이코패스 연기로 사람들을 경악게 하더니 〈마당 있는 집〉에서는 가학적인 남편을 살해함으로써 보험금을 노리는 여성으로 나온다. 그런데 최근작 〈옥씨부인전〉에서는 이와는 정반대로 매우 올곧고 정의로운 외지부가 되어 가난하고 힘없는 백성들의 억울함을 풀어 주는 수호천사 역을 맡음으로써 신인답지 않게 매우 폭넓은 연기력을 마음껏 과시하고 있는 중이다.

힙하게

이남규, 오보현, 김다희 극본에 김석윤, 최보윤 연출의 2023년 JTBC 주말 드라마 〈힙하게〉는 사람이든 동물이든 가리지 않고 엉덩이에 손을 대기만 하면 과거 행적이 마치 CCTV 화면에 비치듯 환히 내다볼 수 있는 희한한 초능력의 소유자 봉예분(한지민)의 활약상을 다룬 코믹 스릴러다. 충청도 무진시에서 수의사로 일하는 봉예분은 우연한 기회에 얻게 된 초능력을 이용해 동물의 상태를 진단할 뿐만 아니라 연쇄살인범 수사에도 뛰어들어 맹활약을 펼치게 되는데, 까칠하기 그지없는 무진경찰서 강력반의 문장열(이민기) 형사와 엮이게 되면서 숱한 우여곡절을 겪기에 이른다.

착하고 순진한 시골 수의사 봉예분은 일찌감치 부모를 잃고 고아가 된 후 외할아버지의 동물병원을 이어받아 이모 정현옥(박성연)과 함께 힘겹게 꾸려 간다. 그러던 어느 날, 출산이 임박한 소의 엉덩이를 붙들고 새끼 출산을 돕던 중에 유성이 떨어지면서 갑자기 엉덩이를 만지기만 하면 동물의 지난 행적이 보이는 사이코메트리 초능력을 얻게 된다. 처음에는 그것을 신내림으로 오해하고 맥아더 장군 귀신을 모시는 무당 박종배(박혁권)를 찾아가지만, 작두 타기에 실패한 그가 생계형 사이비 무당임을 알고 자신의 초능력을 직접 실험해 보기에 이른다. 하지만 만원 버스 안에서 남몰래 승객의 엉덩이에 손을 대 시험하려는 순간, 일생일대의 악연으로 나타난 형사 문장열이 인정사정없이 그녀의 손에 수갑을 채워 성추행 현행범으로 체포한다.

그렇게 맺어진 인연으로 느닷없이 연쇄살인범 수사에 협조하게 된 엉덩이 탐정 예분은 차분한 성격의 편의점 아르바이트생 김선우(수호)를 은근히 좋아하게 된다. 그런데 단지 외지인이라는 이유만으로 살인범 의혹을 받던 그는 안타깝게도 예분을 살리느라 살인범에게 죽임을 당하고 만다. 결국 마지막에 밝혀진 연쇄살인범의 정체는 놀랍게도 그 동안 가깝게 지내던 무당 박종배였다.

기러기 아빠로 맥아더 장군의 귀신을 모시는 무당인 그는 예분과 마찬가지로 투시력의 초능력을 갖게 된 인물이다. 살인을 밥 먹듯 하는 사이코패스라고 해서 무조건 괴물같은 형상을 한 것이 아니라 박종배처럼 평소에는 오히려 여성스럽고 온화한 모습의 이중성을 지닌 경우도 있으니 더욱 소름이 끼친다. 다만 가증스러운 살인마의 정체를 무당으로 설정함으로써 오랜 역사와 전통을 자랑하는 무속인들의 반발을 사지나 않을지 걱정된다.

반면에 모든 것이 엉성하고 느려 터진 무진경찰서 강력반 원종묵(김희원) 반장 특유의 충청도 스타일 돌려 말하기 화법은 그러지 않아도 서울에서 좌천되어 갓 내려온 문장열에게는 마치 외계인의 언어처럼 알아듣기 힘든 언어가 아닐 수 없는데, 배 형사(조민국)가 곁에서 일일이 통역해 줘야만 가까스로 이해하고 넘어가는 장면들이 그나마 칙칙해질 수 있는 드라마의 어두운 분위기를 가볍게 희석시켜 주는 청량제 노릇을 톡톡히 한다. 경찰서에서 합의를 시도하는 두 주민의 대화를 보면 그 특성이 적나라하게 드러난다. "지가 저기 했으니께 저기랑 저기 하구 저기 하께유." "이잉? 저기까진 할 거 없구 저기랑 저기만 하면 되야." 이를 문자적으로 해석하기는 거의 불가능에 가깝다. 노총각 원반장과 그에 대한 미련과 집착에서 벗어나지 못하는 노처녀 정현옥 사이에 벌어지는 밀당 과정을 지켜보는 재미도 쏠쏠하다. 그렇게 엉성하고 허점 많은 인물들을 통해 우리는 우리 자신의 일부를 발견하고 그들의 인간적인 모습에 오히려 안도하는 것인지도 모른다.

신기한 초능력을 발휘하는 여성으로 말하자면, 앞에서 소개한 봉예분 외에도 이선혜 극본, 심소연, 박선영 연출의 2022년 MBC 드라마 〈일당백집사〉의 주인공 백동주(이혜리)를 빠트릴 수 없다. 대학병원 장례식장에서 장례지도사로 일하는 그녀의 초능력은 죽은 사람의 몸에 손이 닿는 순간 그들과 대화를 나눌 수 있는 능력인데, 단순한 접촉에 그치지 않고 그들의 마지막 소원을 들어주는 역할까지 떠맡는다. 그래서 죽은 여인의 억울함을 풀어 주기 위해 그녀의 영정 사진 앞에 뻔뻔스레 서 있는 남편과 불륜녀의 따귀를 갈기며 조문객들 앞에 증거 사진을 뿌리는 백동주의 손마디가 왕년의 탁구 선수 출신답게 매섭기 그지없다.

그렇게 당차고 야무진 여자 백동주와 심부름센터 일당백에서 일하는 집사 김태희(이준영) 사이에 벌어지는 티격태격 로맨스가 양념처럼 곁들여지는데, 아내와 사별하고 혼자 어린 딸 동주를 업어 키운 아버지 달식(박수영)이 마지막 부분에 가서 임산부를 구하고 대신 목숨을 잃은 뒤 동주와 이별 인사를 나누는 장면이 가장 가슴 아프다. 그래도 마지막까지 동주에게 힘이 되어 주는 인물은 김태희와 외삼촌 미카엘 신부(오대환)로, 다른 무엇보다 삶의 소중함을 일깨워 주는 드라마가 아닐 수 없다. 실제로 죽은 뒤에 우리가 할 수 있는 일은 아무것도 없으니 더욱 그렇다. 그런 점에서 살아 있을 때 잘하라는 옛말이 하나도 틀린 게 없는 듯하다.

눈물의 여왕

〈내조의 여왕〉, 〈역전의 여왕〉, 〈넝쿨째 굴러온 당신〉, 〈별에서 온 그대〉, 〈사랑의 불시착〉 등 수많은 히트작을 집필한 작가 박지은 극본에 장영우, 김희원 연출의 2024년 tvN 주말 드라마 〈눈물의 여왕〉은 재벌 3세인 차도녀 홍해인(김지원)과 결혼해 졸지에 재벌가 사위로 들어간 시골 용두리 출신의 수재형 변호사 백현우(김수현)가 예기치 못한 갈등과 위기를 맞이하면서도 좌절하지 않고 슬기롭게 곤경을 헤쳐 나간다는 인생 역전 코믹 러브스토리다. 물론 우리에게 매우 낯익은 불치병과 기억상실, 출생의 비밀과 유전자 검사가 약방의 감초처럼 등장하지만, 오히려 그런 설정이 스토리 반전에 큰 몫을 차지한다.

퀸즈그룹 홍만대 회장(김갑수)의 손녀로 퀸즈백화점 사장인 홍해인과 서울 법대 출신의 법무 이사 백현우는 연애결혼 3년 차 부부다. 겉으로만 보면 남부러울 게 하나도 없는 선택받은 특권층이지만, 어느 순간부터 이들 부부는 서로 틈이 벌어지면서 각방을 쓰기 시작하고 사무적인 대화 외에는 개인적 접촉을 피한다. 특히 백현우는 재벌가의 온갖 잡무 뒤치다꺼리로 마치 집사 취급을 받는 데 정나미가 떨어진 나머지 이혼을 결심하지만, 큰마음 먹고 이혼 이야기를 꺼내려는 순간, 해인의 입에서 그녀가 불치병에 걸려 앞으로 3개월밖에 살지 못할 거라는 충격적인 말을 듣고 아무 대꾸도 하지 못한 채 물러서고 만다.

불치병 치료를 위해 독일로 날아간 해인은 그곳 병원에 마지막 희망을 걸게 되는데, 뒤늦게 그녀에 대한 사랑을 깨달은 현우가 해인을 보살피기 위해 독일로 달려간다. 비로소 해인도 그동안 잊고 있던 사랑에 눈을 뜨고 마침내 두 사람은 서로 굳게 포옹한다. 그런데 눈물로 얼룩진 이 드라마에서 가장 웃기는 장면은 한동안 해인과 소원해져 마음이 답답해진 울보 현우가 사내 옥상 온실에 앉아 조용히 영숙이 이름을 부르며 보고 싶다고 애타게 찾는 모습인데, 영숙은 그곳에 숨어 산다는 너구리 이름으로 예전에 해인이 장난 삼아 가르쳐 준 가상의 존재다. 해인은 그런 현우의 순수한 모습을 보면서 자기 말이면 무조건 믿는 바보라고 여기면서도 그런 현우에게 더욱 마음이 끌리는 자신을 어쩌지 못한다.

어쨌든 두 사람이 잠시 집을 비우고 독일에 머문 사이, 퀸즈 일가에서는 엄청난 음모가 벌어지고 있었으니 그 주동 세력은 퀸즈그룹을 차지할 목적으로 음모를 꾸민 모슬희(이미숙)와 그녀의 아들 윤은성(박성훈)이다. 물론 이런 설정은 마치 드라마판 〈기생충〉을 보는 듯한 느낌을 주기도 하는데, '퀸즈의 마더 테레사'로 불리는 모슬희는 30년간 퀸즈그룹 회장 홍만대와 동거하면서 단 한 번도 호적이나 재산에 일체 관심을 보이지 않고 헌신적으로 보필함으로써 홍 회장의 절대적 신임을 얻은 여인으로, 그런 신임에 힘입어 유사시에 홍 회장의 모든 권한을 대행한다는 위임장까지 받아 놓은 상태다.

하지만 전과 3범인 모슬희는 홍 회장마저 독극물로 쓰러지게 만드는 실로 무서운 사이코패스가 아닐 수 없다. 하기야 그녀처럼 겉으로는 천사의 얼굴을 하고 있으면서 뒤로는 악마 짓을 서슴지 않는 인간 말종은 영화나 드라마에서만 보는 존재가 아니라 실제로 우리 주변에서도 심심치 않게 찾아 볼 수 있다는 점에서 더욱 전율을 느끼게 된다.

아무튼 사이코패스 사기꾼 모자 모슬희와 윤은상의 간계로 퀸즈 일가는 한순간에 모든 것을 잃고 알거지 신세로 전락해 현우의 부모가 사는 용두리 마을에 숨어 지내는데, 소박하기 그지없는 현우의 가족은 그동안 자신들을 그토록 무시하고 냉대했던 퀸즈 일가를 오히려 따스한 정으로 돌봐 준다. 그런 점에서 다소 어설픈 점이 많지만 그래도 따스한 정으로 똘똘 뭉친 용두리 식구는 우리의 정 문화를 대표하는 사람들이라 할 수 있다. 어디 그뿐인가. 용두리에서 노모를 모시고 사는 영송(김영민)이 해인의 고모 홍범자(김정난)에게 "힘들 때 우는 건 삼류, 그렇다고 참는 건 이류, 힘들 때 육류를 먹는 사람이 일류"라는 명언을 날림으로써 범자의 마음을 사로잡고 만다.

그런데 드라마의 제목과는 달리, 눈물의 여왕은 외강내유 타입의 해인이 아니라 오히려 순진무구한 소년처럼 상처받기 쉽고 속이 매우 여린 탓에 걸핏하면 울보가 되어 버리는 외유내강형의 백현우라는 점에서 제목을 〈눈물의 왕〉이라 붙이는 게 더 어울릴 듯하다. 물론 해인의 외강내유는 자신의 내면에 감춰진 약점을 드러내지 않기 위해 겉으로 더욱 강하게 보이기 위한 전략인 데 반해, 현우의 외유내강은 자신의 강점을 감추면서 겉으로는 오히려 연약하게 보임으로써 원만한 인간관계를 유지해 나가려는 전략이기 쉽다.

그런 점에서 이 드라마는 왕자와 결혼한 신데렐라 이야기와는 정반대로 얼떨결에 공주와 결혼한 시골 출신 총각의 신분 상승 적응기라 할 수 있겠다. 반면에 차가운 얼음 공주 해인의 입장에서 보자면, 순수하고 진정한 사랑에 힘입어 그동안 입은 모든 상처를 치유하고 마침내 행복의 오솔길로 접어드는 이야기라 할 수 있겠는데, 문제는 백현우처럼 착한 울보 순수 덩어리를 우리 주변에서 얼마나 찾아 볼 수 있을지 장담하기 어렵다는 점이다.

3부

거대한 역사의 수레바퀴를 함께 굴리며

여명의 눈동자

　1991년 MBC 드라마 〈여명의 눈동자〉는 김종학 연출, 송지나 극본의 인기 드라마로 김성종의 소설이 원작이다. 일제강점기를 비롯해 광복 후 극심했던 좌우 이념 대립과 한국전쟁 직후까지에 이르는 시대적 혼란상을 배경으로 했다. 정신대에 끌려간 비운의 여성 여옥(채시라)과 학도병으로 끌려간 최대치(최재성), 반전 운동 혐의로 일경에 붙들린 장하림(박상원) 등 세 남녀의 기구한 만남과 이별을 통해 격동기를 헤치며 살아간 힘없는 민중의 고난과 시련을 그린 대작으로, 스케일이나 작품성 면에서 볼 때 "한국 드라마의 역사는 여명의 눈동자 이전과 이후로 나뉜다."라는 말까지 나올 정도의 기념비적인 작품이다.

　가혹한 운명의 시련과 고통을 헤치고 끝까지 살아남은 여옥은 그 어떤 고난에도 결코 삶을 포기하지 않는 의지의 한국인 여성으로, 결국에는 그녀와 마찬가지로 시대적 비극의 희생양이 된 최대치의 품에 안겨 숨을 거둔다. 불의를 참지 못하고 정의감에 불타는 청년 최대치는 숱한 죽음의 고비를 넘기고 살아남지만, 지리산 빨치산으로 활동하다 최후를 맞이하고, 그의 친구 장하림은 빨치산을 토벌하는 전투 경찰의 지휘관이 되어 대치와 여옥의 죽음을 안타까운 심정으로 지켜보며 다음과 같은 독백을 남긴다.
　"그해 겨울. 지리산 이름 모를 골짜기에 내가 사랑했던 여인과 내가 결코 미워할 수 없었던 친구를 묻었다. 그들은 가고 난 남았다. 남은 자에겐 남겨진 이유가 있을 것이다. 그것은 아마도 희망이라 이름 지을 수 있지 않을까. 희망을 포기하지 않는 사람만이 이 무정한 세월을 이겨 낼 수 있으므로."

〈여명의 눈동자〉는 암울한 격동의 세월을 겪은 일제강점기와 광복 후 이념 대립, 그리고 한국전쟁과 빨치산 토벌 등 한국의 비극적인 근현대사를 한데 아우르는 대하드라마다. 따라서 가장 민감한 세 가지 키워드로 위안부, 731부대, 빨치산 활동이 등장할 수밖에 없는데, 위안부 문제는 윤여옥, 일본군 731부대의 만행은 장하림, 빨치산 문제는 최대치의 활동을 통해 적나라한 모습으로 등장한다. 그중에서도 가장 기억에 남는 대사는 731부대에 처음 배치된 하림이 세균전 실험 장면에 몹시 놀란 모습을 보이자 동료인 이사키가 던진 충고의 말이다. "이 부대에서 제정신으로 살아남고 싶으면 절대 생각해선 안 될 세 가지가 있는데, 그것은 첫째, 인간이란 무엇인가? 둘째, 인간이 이럴 수 있을까? 셋째, 나도 인간일까?"라는 것이다. 거대한 악의 구조에 직면해서 한 개인의 양심이 얼마나 무기력한지 일깨워 주는 대목이 아닐 수 없다.

경성에서 학교를 다니다가 모친상을 당해 고향에 내려간 윤여옥은 독립운동가인 아버지의 행방을 대라는 취조를 당한 끝에 위안부로 강제 동원되어 만주로 끌려간다. 타고 가던 기차에서 호송 부대의 일본군 장교에게 능욕까지 당한 그녀는 난징에 도착해 지옥이나 다름없는 위안부 생활을 이어 가던 중에 조선인 학도병 최대치를 만나 사랑에 빠지고 아이까지 임신하게 된다. 하지만 대치의 부대 이동으로 두 사람은 헤어지고 만다. 그 후 사이판으로 끌려간 여옥은 그곳에서 위안부 검진을 나온 의대생 출신의 조선인 학도병 장하림을 만나 그의 도움을 받게 되고 나중에는 미군 첩보 요원으로 경성에 침투해 고급 요정 국일관의 기생으로 첩보 임무를 수행한다. 하림과 접선해 첩보 임무를 수행하던 여옥은 부민관 테러 사건으로 일본 형사에게 신원이 발각되어 하림과 함께 옥중 생활을 이어 가던 중에 해방을 맞이한다.

한편 여옥과 헤어져 버마 전선에 투입된 대치는 생사의 기로에서 일본군 직속 상관을 때려죽이고 탈출해 헤매다가 정신을 잃고 쓰러졌는데, 때마침 조선인 출신의 공산주의자 김기문(이정길)이 구출해 팔로군으로 데리고 간다. 그 후 대치는 해방을 맞이한 북한에 돌아가 조선 인민군 장교로 활동하고, 반면에 감옥에서 해방을 맞은 여옥은 자유의 몸이 되어 고향에 돌아갔으나, 그녀에게 돌아온 것은 위안부 출신이라고 흉보는 이웃들의 손가락질뿐이었다. 실제로 수많은 위안부가 그런 수모를 피하기 위해 자신의 신분을 숨기고 살아야만 했는데, 시대를 거슬러 올라가 조선 시대 청나라로 끌려간 수많은 조선의 여인들 역시 만신창이가 된 몸으로 고향 땅을 다시 밟았을 때 환향녀라는 손가락질을 받으며 모진 굴욕을 감수해야만 했으니, 불륜을 일으켜 몸을 더럽힌 여인을 화냥년이라 부르며 비하하게 된 것도 환향녀에서 비롯되었다고 한다.

어쨌든 고향을 떠나 대치의 행방을 수소문하던 여옥은 대치의 전사 소식을 듣고 군정청 문관으로 일하는 하림을 찾아가 사랑을 키우며 결혼까지 약속한 상태에서 갑자기 나타난 대치로 인해 당혹감에 빠진다. 대치의 등장으로 결혼이 무산되어 버리자 크게 낙심한 하림은 북파 공작원을 자청해 평양으로 떠나고, 어쩔 수 없이 대치를 남편으로 맞아들인 여옥은 미군정에 위장 취업해 공산당을 위한 첩자 노릇을 하다가 신분이 발각되자 여옥과 대치는 제주도로 도주한다. 하지만 당시 제주도는 4.3 사건으로 섬 전체가 아비규환 상태였고, 토벌대를 피해 다른 주민들과 함께 한라산으로 들어가 숨어 지낸 여옥은 결국 경찰에 체포되어 서대문 형무소에 수감되어 있다가 한국전쟁이 발발하면서 서울에 진주한 인민군에 의해 자유의 몸이 된다. 그 후 여옥과 대치, 하림 세 남녀는 빨치산과 토벌대 지휘관이라는 운명을 안고 지리산에서 다시 만나서로 쫓고 쫓기는 입장에 처하지만, 결국에는 대치와 여옥의 죽음을 지켜보는 하림의 독백을 끝으로 드라마는 막을 내린다.

그런데 문제는 이처럼 미친 세월을 헤쳐 온 주인공들의 모습이 단순한 창작의 산물이 아니라 우리의 선대들이 실제로 겪은 상황이라는 점이다. 어쩌면 드라마 내용보다 더욱 처절하고 참혹했을 것이다. 그런 점에서 볼 때 4.3 사건을 소재로 한 노벨 문학상 수상 작가 한강의 소설 《작별하지 않는다》는 그동안의 오랜 금기를 깨고 공론화하는 계기를 만들었다는 점에서 의의를 찾을 수 있겠다. 따라서 그보다 더 오래 전에 벌어진 위안부 문제나 731부대의 만행은 실제로 겪어 보지 못한 우리 입장에서 뭐라 형언하기 어려울 수밖에 없다. 다만 오늘날에 와서도 여전히 과거사에 대해 반성할 기미를 전혀 보이지 않고 있는 데다 한술 더 떠서 치졸한 역사 왜곡마저 서슴지 않고 있는 우리의 이웃 일본에 대해서는 더이상 말문이 열리지 않는다.

빨치산 이야기가 나온 김에 추가적으로 소개하자면, 이희우 극본, 장형일 연출의 2000년 SBS 주말 드라마 〈덕이〉를 들 수 있다. 6.25 전쟁에서 5.18 광주 민주항쟁까지 30년에 이르는 험난한 시대적 배경을 무대로 펼쳐지는 대하극〈덕이〉는 지리산 빨치산의 딸로 태어나 어려서부터 남의 집에 맡겨져 성장한 정귀덕(김현주)의 파란만장한 삶을 통해 실로 감당하기 어려운 시련과 고통을 극복하고 마침내 용서와 화해의 길을 걷는 한 여성의 고귀하고 아름다운 모습을 그린 드라마다. 김대중 대통령 임기 중에 적절히 때맞춰 그동안 방송 주제에서 기피 대상의 하나였던 빨치산의 후예가 겪는 고달픈 삶의 역정을 그렸다는 점에서 오랜 금기를 깨트렸다는 데 의의가 있다고 하겠다.

물론 그동안 월북 인사나 좌익 활동 인사들의 가족들은 비록 노골적인 핍박을 받은 것은 아닐지 모르나 음성적으로는 주위의 따가운 눈총을 받으며 온갖 사회적 불이익을 당할 수밖에 없었다. 더욱이 좌익 활동 인사에 대한 연좌제는 전근대적인 발상에서 비롯된 악습에 속하지만, 상당 기간 비공식적으로 그 가족들에게는 보이지 않는 족쇄 노릇을 해 온 게 사실이다. 연좌제가 공식적으로 폐지된 것은 1980년으로 그리 오래전의 일도 아니다. 하지만 아직까지도 군 장교 임용에서는 여전히 연좌제가 통용되고 있는데, 그것은 북한과 대치하고 있는 특수 상황에서 어쩔 수 없는 노릇이라 하겠다.

여기서 한 가지 사족을 곁들이자면, 귀덕의 생모역으로 출연한 김혜영은 실제로 1998년 부모님과 함께 남한에 귀순한 탈북민 출신이다. 평양연극영화대학에서 연기를 전공했던 그녀는 이 드라마를 통해 남한에서 처음으로 연기 데뷔를 했고, '귀순 배우 1호'라는 타이틀을 지니게 되었는데, 드라마의 주인공 덕이나 실제 배우 김혜영이 겪은 실로 극적인 삶의 여정은 온갖 말도 되지 않는 비극으로 점철된 우리나라가 아니고서는 마주치기 매우 힘든 일이 아닐까 한다.

용의 눈물

　이환경 극본, 김재형 연출의 1996년 KBS 주말 대하사극 〈용의 눈물〉은 이성계의 조선 개국부터 태종을 거쳐 세종에 이르기까지 초기 조선 왕조의 어지러운 시대상을 배경으로, 특히 이방원을 중심으로 한 왕자의 난이 드라마의 주축을 이루면서 세간의 화제가 되었다. 이성계 역의 김무생과 이방원 역을 맡은 유동근의 카리스마적인 연기 대결이 단연 돋보이는 드라마로, 특히 역사적 고증에 충실한 작품으로 정평이 나 있다.

　위화도 회군을 통해 고려를 멸망시키고 새로운 조선 왕조를 세운 태조 이성계는 원래 무명 장수 시절 혼인한 한씨(한영숙) 소생의 아들 방우(임정하), 방과(태민영), 방의(최동준), 방간(김주영), 방원, 방연 6남을 두었으며, 그중에서 가장 호방한 성격의 방원은 고려 충신 정몽주(정승현)를 척살하는 등 조선 왕조 개국에 일등 공신 노릇을 톡톡히 해냈다. 하지만 태조 이성계는 개경에서 새로 맞이한 강씨(김영란)를 현비로 책봉해 으뜸 왕비로 삼고 한씨는 차비로 삼아 서열에서 뒤지게 된 한씨는 후궁의 처지로 전락하고 만다. 설상가상으로 태조는 강씨 소생의 방번(정태우), 방석(양희석) 두 아들 중에서 방석을 세자로 책봉하는 우를 범했는데, 그런 부왕의 조치에 가장 강력하게 반발한 것은 이방원이었다.
　조선 왕조 개국에 결정적인 공헌을 했다는 자부심에 가득 찬 이방원은 나이도 어리고 행실도 시원찮은 방석의 세자 책봉에 극도의 질투심과 분노를 느낀 나머지 마침내 제1차 왕자의 난을 일으키고 이복형제인 방석과 방번을 살해함으로써 태조의 격분을 사게 된다. 하지만 이방원은 적어도 명분상 장자 승계의 원칙에 따라 둘째 형 방과에게 왕위를 물려주도록 태조에게 압력을 넣고 지원 세력을 모두 잃은 태조는 어쩔 수 없이 방과에게 옥새를 넘긴다. 동생 방원에 의해 졸지에 정종으로 즉위한 방과는 사실상 아무런 힘도 없는 꼭두각시에 불과했으며, 실질적인 권력은 정안대군 방원이 장악한 상태였다. 그렇게 무소불위의 권력을 행사한 방원이 자신을 제거하려는 정도전 일파를 모조리 참살하자, 권력을 독점한 방원을 시기하고 왕세자 자리를 노리던 넷째 형 방간이 박포(서영진)의 꼬드김에 넘어가 아우 방원을 제거하려는 제2차 왕자의 난을 일으키나 힘도 못 쓰고 방원에게 제압당하고 만다.

방원이 정종을 몰아내고 왕위에 오르자 이성계는 함흥 별궁에 머물며 재기를 노리는 가운데 태종 이방원이 보낸 함흥차사를 거침없이 처단함으로써 아들 방원에게 노골적인 선전 포고를 내린다. 결국 군사를 일으킨 상왕 이성계지만 태종이 반란군을 무찌르자 어쩔 수 없이 아들에게 굴복하고 만다. 노쇠해 병석에 누운 이성계는 결국 아들을 용서하고 그 앞에 무릎 꿇은 태종은 자신의 죄를 뉘우치는 눈물을 흘린다.

이렇게 조선 개국 초기 나라의 근간을 두 차례나 뒤흔든 왕자의 난은 사실상 질투심과 권력에 대한 탐욕의 결과라는 점에서, 그리고 현대에 이르러 두 차례의 군사 쿠데타, 왕자의 난으로 불리는 재벌가의 내분과 암투에 대비된다는 점에서 오늘날의 시청자들에게는 묘한 감회를 불러일으킨 드라마가 아닐 수 없다. 하지만 〈용의 눈물〉 이후 무려 25

년 만에 최근 방영된 KBS 드라마 〈태종 이방원〉은 동일한 배경과 등장인물, 주제로 인해 시청자들의 관심을 크게 이끌지 못한 감이 있다. 어찌 됐건 부자지간의 갈등과 더불어 형제간의 질시와 반목이라는 차원에서 볼 때, 예나 지금이나 별반 달라진 게 없다는 결론에 도달하게 된다. 또한 그런 점 때문에 〈용의 눈물〉이 더욱 큰 인기를 끌었던 것으로 보인다.

두 차례에 걸쳐 벌어진 왕자의 난처럼 형제간의 피 튀기는 대결과 반목은 2018년에 방영된 조현경 극본, 김정민, 이승훈 연출의 TV조선 사극 〈대군 - 사랑을 그리다〉에서도 재연된다. 이 드라마는 수양대군과 안평대군의 반목을 모티브로 삼아 각색한 것이라고 하지만, 실제 역사적 사실과는 아무런 관계가 없다.

그림을 잘 그리는 미모의 주인공 성자현(진세연)을 둘러싸고 왕자 진양대군(주상욱)과 은성대군(윤시윤) 형제의 갈등과 반목을 다룬 이 드라마는 사냥을 즐기고 무예에 뛰어난 형 진양대군과 시와 서화에 능한 팔방미인 아우 은성대군의 숨 막히는 대결이 시종일관 긴장의 끈을 놓지 못하게 한다.

어찌 됐건 돈이든 권력이든 가진 자의 횡포는 예나 지금이나 별반 달라진 게 없어 보이지만, 그래도 위안이 되는 것은, 그럴 때마다 수호신처럼 나타나 약자를 도와주는 사람이 있다는 사실이다. 물론 이 말은 드라마에 해당된다는 뜻이고, 실제 우리 삶에서는 그러지 못한 경우가 더 많다. 그래서 우리는 곤경에 처한 성자현과 그녀를 위기에서 구해내는 은성대군의 행복한 결합에 박수를 보내며 우리 자신의 모습을 투영하기도 한다.

물론 형제뿐 아니라 친구와의 우정도 사소한 질투와 시기심 때문에 깨지는 경우가 다반사로 벌어지는 현실에서 진양대군과 같은 스토커 수준의 사랑도 우리 현실에서 흔히 볼 수 있는데, 물론 그것은 진정한 사랑이라기보다 자존심과 관련된 병적인 집착에 더 가깝다고 볼 수 있다. 따라서 아무리 시대적 배경이 다르더라도 인간의 보편적인 심리 상태는 때와 장소를 가리지 않고 그 모습을 드러낸다는 점에서 사극 또한 현대를 살아가는 시청자들에게 어필하는 측면이 많다고 본다.

허준

　1999년에서 2000년에 걸쳐 방영된 최완규 극본, 이병훈 연출의 MBC 대하사극 〈허준〉은 비천한 첩의 소생으로 태어나 조선 최고의 명의가 되어 어의 자리에까지 이르렀던 《동의보감》의 저자 허준의 일대기를 그린 드라마로 우리나라 최초의 본격적인 의학 드라마라 할 수 있다. 특히 허준의 스승 유의태가 불치병으로 숨져 가면서 의술 발전을 위해 자신의 시신을 해부해서 들여다보도록 제자에게 유지를 남기는 부분은 매우 감동적인 장면이다. 다만 매우 엄격한 유교 사회였던 당시 분위기에서는 가당치도 않은 일이라 하겠다.

　드라마에서 주인공 허준(전광렬)은 중종 때 평안북도 용천 군수 허륜(주현)의 첩 손씨(정혜선)가 낳은 서자로, 당시로서는 서자 신분의 출셋길이 막혀 있던 관계로 자신의 미래에 아무런 희망도 지니지 못한 상태에서 왈패 생활로 세월을 보내고 있었다. 그러다가 우연히 반역 죄인 이정찬 대감의 딸 다희(홍충민)를 만나 사랑하게 되고, 그녀를 돕기 위해 약초를 밀무역하다 발각되어 처벌을 받기에 이른다. 이에 생모 손씨가 아들의 목숨만은 제발 살려 달라고 생부에게 빌자 결국 생부는 허준 모자가 경상도 산음현으로 도망쳐 살도록 묵인해 준다. 그때 허준은 다희도 함께 떠나자고 설득해 결국 그곳에서 그들은 부부로 살아간다.
　한편 명의로 소문난 유의태(이순재) 밑에서 허드렛일을 하게 된 허준은 유의태와 그의 제자 예진의 도움으로 의술에 눈을 뜨게 되고, 스승 유의태의 숭고한 정신과 태도에 감명을 받아 의술 전수에 몰두한다.

그 후 유의태가 숨을 거두면서 자신의 몸을 해부해 연구하도록 유지를 남기는데, 당시 성리학적 관점에서 볼 때, 매우 위험한 발상이 아닐 수 없다. 마침내 내의원 의과에 응시해 내의원에 들어간 허준은 뜻하지 않게 스승 유의태의 아들 유도지(김병세)의 견제를 받고 고전을 면치 못한다.

하지만 타의 추종을 불허하는 놀라운 의술을 통해 어의 자리에까지 오르고 선조의 죽음과 동시에 유배를 떠나게 된다. 그럼에도 그는 그동안 심혈을 기울여 온 《동의보감》 저술에 전념해 마침내 완성된 《동의보감》을 광해군에게 바치고 유배에서 풀려난다. 그리고 낙향해 의술을 베풀다가 역병에 걸려 세상을 떠난다. 아무리 뛰어난 의술에도 불구하고 역병 앞에서는 속수무책일 수밖에 없는 동의학의 한계를 보여 주는 대목이 아닐 수 없다.

그런데 드라마 〈허준〉은 주인공의 인술과 업적에 치우친 나머지 개인적인 고뇌나 갈등 문제를 심도 있게 다루진 못한 감이 있다. 단적인 예로 그의 부인 다희와 허준을 남몰래 좋아하는 예진(황수정) 사이에서 아무런 갈등도 느끼지 않는 허준의 모습도 납득하기 어렵고, 더욱 곤혹스러운 점은 그의 스승으로 소개한 유의태는 실존 인물이 아니라 허준보다 100년 뒤에 활동한 명의 유이태를 각색한 가공의 인물일 뿐이다. 또한 드라마에서는 허준이 평안도 용천에서 서자로 태어나 경상도 산음에서 자란 것으로 되어 있으나, 실제로는 경기도 양천 출생으로 허준의 생모는 허륜의 재취 부인 영광 김씨로 따라서 그는 서자가 아니다. 하기야 서출로 정1품 정승 자리에까지 오르기도 어려웠을 것이다.

그럼에도 불구하고 〈허준〉이 당시 최고 시청률을 올리며 폭발적인 인기를 끈 이유는 전광렬, 이순재, 황수정 등 연기자들의 뛰어난 연기와 탄탄한 각본, 학문적 열정으로 똘똘 뭉친 유의태와 허준의 돈독한 사제 관계도 한몫 거들었겠지만, 특히 임오근 역을 맡은 임현식의 폭소를 자아내는 애드립과 연기가 드라마의 재미를 더욱 크게 증폭시켰다고 볼 수 있다. 여담으로 당시 시청자들을 대상으로 이루어진 설문 조사에서 '허준과 유도지 둘 중 누가 더 남편감으로 좋은가?'라는 질문에 대한 답변에서는 의외로 주인공 허준이 완패했다고 한다. 참으로 희한한 설문 조사가 아닐 수 없는데, 그런 발상이 가능한 것 자체가 시청자들의 심리를 꿰뚫어 보고 있었기 때문일 것이다.

반면에 당시 이상적인 신붓감, 며느릿감 1위로 꼽히며 생애 최고의 인기를 누리던 황수정은 그 후 마약 투여 혐의 및 유부남과의 간통 혐의로 사회적 물의를 일으키면서 연예계에서 완전히 자취를 감추고 말았으니 실로 아이러니가 아닐 수 없다.

태조 왕건

2000년부터 2002년까지 무려 200부에 걸쳐 방영된 이환경 극본, 김종선 연출의 KBS 주말 대하사극 〈태조 왕건〉은 지방 호족 출신으로 처음에는 궁예(김영철)의 수하로 들어가 활약하다가 후백제와 신라를 멸망시키고 고려를 건국한 왕건(최수종)의 일대기를 다룬 드라마다. 워낙 방대한 규모의 역사적 사건을 다루다 보니 수많은 등장인물을 다루고 있지만, 가장 핵심적인 인물 세 사람으로 압축하자면, 후고구려를 건국한 애꾸눈 궁예, 후백제를 세운 견훤(서인석), 그리고 이들 모두를 물리치고 고려를 건국한 왕건을 들 수 있다. 그런데 정작 주인공은 왕건임에도 워낙 김영철의 카리스마적인 연기가 불을 뿜는 바람에 궁예가 오히려 주인공처럼 보일 정도로 미친 존재감을 과시한다.

사실 왕건의 존재를 키워 준 인물은 궁예라 할 수 있다. 신라 왕족의 후예로 태어난 궁예는 왕실의 음모에 휘말려 살해당할 위험에 처했다가 유모(연운경)의 품에 안겨 가까스로 도피해 목숨을 부지할 수 있었으나 그 과정에서 유모의 손에 눈이 찔리는 바람에 애꾸가 되고 만다. 그 후 송악의 호족 왕륭(신구)의 보살핌을 받게 된 궁예는 유모의 죽음을 통해 비로소 자신의 정체를 알게 되면서 신라에 대한 복수심에 사로잡히는데, 그것은 불가에 귀의한 이후에도 변함이 없다.

더군다나 자신이 미륵의 현신이라고 굳게 믿는 궁예는 그 후에도 관심법이라 해서 사람의 마음을 꿰뚫어 보는 능력을 지녔다고 주장하며 숱한 인명을 살상하는 우를 범했으니 불법을 제대로 익힌 것 같지는 않아 보인다. 그는 나라를 건국한 후에도 편집증적 의심에 사로잡혀 수많은 수하를 처형했으며, 심지어는 처자식과 장인까지 죽일 정도로 포악해졌으나, 기이하게도 왕건에 대한 믿음만큼은 죽을 때까지 포기하지 않았다.

한편 왕건은 군사를 일으킨 궁예가 송악에 다다르자 아버지 왕륭과 함께 송악을 궁예에게 바치고 투항해 궁예의 신하가 된다. 궁예는 오래전 자기와 유모를 구해 준 전력이 있는 왕륭 부자를 극진히 맞이하는데, 이에 더해 왕건이 명석한 두뇌와 탁월한 통솔력을 발휘해 후삼국 중에서 가장 넓은 영토를 차지하게 되고, 궁예와 왕건은 의형제까지 맺을 정도로 서로에 대한 믿음이 매우 강했다. 하기야 왕건은 궁예뿐 아니라 견훤과도 의형제를 맺었으니, 적과 동지를 가리지 않고 신임을 얻는 특출난 재주가 있었나 보다.

다만 후삼국 3인방 가운데 가장 영웅호걸 이미지에 가까운 견훤은 인력 관리에 미숙한 나머지 온갖 내분에 휘말리며 스스로 자멸하는 우를 범하고 말았는데, 그나마 궁예는 최측근 종간(김갑수)의 끝없는 이간질에도 불구하고 왕건에 대한 신임을 잃지 않았다. 하지만 궁예의 잔혹한 폭정으로 인해 백성과 신하들의 원성이 하늘을 찌르게 되자 결국 왕건도 부하 장수들의 요구를 더이상 물리칠 수 없어 오랜 망설임 끝에 역성혁명을 일으켜 고려를 건국하기에 이르고 궁예는 자진한다. 그리고 덕과 지혜를 겸비한 왕으로 군림하며 고려를 강대국으로 거듭나게 만든다. 사극 이미지에는 다소 어울리지 않는 초롱초롱한 눈망울과 귀염둥이 도련님 스타일의 최수종이 한동안 미스캐스팅 논란에 휩싸이기도 했으나, 엄청난 노력과 연기력으로 그런 논란을 잠재운 작품이 바로 〈태조 왕건〉이다.

그런데 〈태조 왕건〉이 방영된 시점은 김대중 대통령 집권 시기와 맞물린다는 점에서 묘한 느낌을 주기도 한다. 왜냐하면 당시까지만 해도 사극 하면 거의 대부분 조선 시대를 배경으로 한 궁중 암투나 당파 싸움이 주된 내용을 이루고 있었으나, 〈태조 왕건〉을 통해 비로소 후삼국 시대를 배경으로 대규모 전쟁 신과 영웅호걸의 등장이 탄생했기 때문이다. 더욱이 신라로 대변되는 TK 군부 세력의 장기 집권을 뒤로하고 현대 정치 사상 최초로 호남 출신 대통령이 탄생한 것이니 백제의 후예들에게는 이보다 더 큰 선물이 없었을 것이다.

더군다나 그런 경사는 광주 학살이라는 아픔을 딛고 일어선 결과라는 점에서 그 감회가 더욱 남달랐을 것으로 보인다. 그런 점에서 신라 왕족 출신인 궁예와 호남 세력을 평정한 견훤의 대결은 매우 의미심장하다 하겠다. 궁예와 견훤을 제압하고 상생과 대통합의 정치를 실현한 왕건이니 시대적 요청과도 일맥상통하는 측면이 매우 컸다고 본다. 다만 왕건이 후손에게 남긴 훈요십조에 의하면 풍수지리설의 영향으로 보이는 지역 차별적인 내용이 언급되어 있어 드라마의 이미지와는 상당한 거리가 있어 보인다.

다모

 정형수 극본, 이재규 연출의 2003년 MBC 드라마 〈다모〉는 방학기 화백의 만화 원작을 각색한 사극으로, 포도청 다모로 일하는 채옥(하지원)의 이루어질 수 없는 사랑의 비극을 다룬 내용이다.

 원래 이름이 장재희였던 채옥은 양반집의 딸로 태어났으나 집안이 몰락하면서 오빠 장재무와 함께 관군을 피해 도망치다가 오빠와 헤어지고 관군에 붙들려 황보윤(이서진)의 집에 노비로 팔려 간다. 양반가의 서자라는 설움을 안고 자란 황보윤은 어린 노비 채옥을 동정해 각별히 대해 주는데, 일찌감치 무예를 익혀 그 실력을 채옥에게도 전수하고, 그런 가운데 두 사람은 서서히 정을 쌓아 나간다.
 조선 최고의 무사로 알려진 포도청 종사관 황보윤은 채옥을 자신의 심복으로 삼아 눈부신 활약을 보임으로써 왕과 포도대장 조세욱(박영규)의 신임을 얻게 되는데, 위조 화폐와 역모 사건의 배후를 조사하는 과정에서 화적패 우두머리 장성백(김민준)의 존재를 알게 되어 채옥을 그의 산채에 위장 투입시켜 정탐을 하게 한다. 하지만 검술의 고수인 장성백이 어린 시절 헤어진 친오빠라는 사실을 알지 못한 채옥은 점차 그의 인간적인 모습에 호감을 갖기 시작하고, 특히 부하들 위에 군림하지 않고 가족처럼 동고동락하며 지내는 모습과 비참한 삶을 누리며 살아가는 백성들을 아낌없이 돕는 모습에 큰 감명을 받는다. 출생의 비밀을 통한 비극적 결말의 기미가 이때부터 서서히 작동하기 시작한다.

하지만 장성백과 황보윤 사이에서 딜레마에 빠진 채옥은 갈등을 겪게 되고, 황보윤 역시 포도대장의 딸 난희(채영인)와 혼사 문제가 오가면서 갈등을 겪는다. 그런데 노비 출신의 채옥을 내심 좋아하면서도 신분이 다르다는 현실적 장벽 앞에서 마음이 어지러운 그에게 더욱 큰 상처가 되어 돌아온 것은 채옥의 마음이 장성백에게 기울어진 사실을 감지하면서부터다. 장성백 역시 채옥이 자신의 누이인 줄도 모르고 그녀에게 호감을 갖고 대하기 시작했으니 이쯤 되면 출생의 비밀에서 한 발 더 나아가 근친상간의 단계로까지 접어들 기세다.

한편 역모에 실패하고 도주한 장성백을 뒤쫓던 채옥이 역모 잔당에게 인질로 잡히자 노스님으로부터 채옥과 장성백의 정체를 알게 된 황보윤은 다급히 채옥을 구하기 위해 달려간다. 이번에는 남매간 존속 살해의 비극을 막기 위한 출동인 셈이다. 하지만 장성백의 칼에 찔린 황보윤이 숨을 거두기 직전에 장성백에게 채옥이 그의 친동생 재희임을 알려 주고, 이에 충격을 받고 달아나던 장성백이 관군에 포위되자 모든 것을 체념한 그는 황보윤을 죽인 원수라며 칼을 들이대는 채옥의 손에서 칼을 빼앗아 스스로 자기 몸에 찌르고 마지막으로 "보고 싶었다, 재희야."라고 말한다. 놀란 채옥이 어찌할 틈도 없이 관군이 화살을 쏘아 대자 그녀는 자신의 몸을 내던져 오빠 대신 화살을 맞고 쓰러진다. 그렇게 남매는 서로 부둥켜안은 채 기구한 삶을 마친다.

이처럼 출생의 비밀, 남매간의 사랑, 존속 살해, 동반 자살 등 자극적인 주제에도 불구하고 주역을 맡은 하지원, 이서진의 인기 덕분에 그래도 많은 시청자의 사랑을 받은 작품이다. 그런데 남매의 비극적인 최후도 마음 아프지만, 그보다 더욱 마음이 아픈 것은 신분상의 장벽 때문에 서로 깊이 사랑하면서도 현실적으로 이루어질 수 없다는 사실이다. 하기야 자유연애가 당연시되는 요즘 세상에서도 집안 배경 때문에 이루어지지 못하는 안타까운 일이 심심치 않게 벌어지는 현실이니 무턱대고 조선 시대 계급사회를 비난만 하기도 어렵겠다.

어쨌든 14부작으로 단촐하게 끝난 〈다모〉는 MBC가 후속작으로 야심 차게 기획한 이병훈 PD의 54부작 대하사극 〈대장금〉에 비해 처음부터 별다른 기대와 주목을 끌지 못했으나 퓨전 사극의 효시라는 평과 함께 주로 젊은 시청자들 사이에서 점차 인기를 얻기 시작해 근친상간 논란에도 불구하고 '황보윤과 장성백 중에서 채옥이 진정으로 사랑한 남자는 과연 누구일까'라는 질문에 시청자들이 두 파로 갈라져 갑론을박하는 진풍경이 벌어질 정도로 후반으로 갈수록 시청률이 오르는 이변을 낳기도 했다.

그런 점에서 핏줄이나 신분상으로 이루어질 수 없는 사랑의 안타까움이 특히 여성 팬들의 마음을 사로잡은 것으로 보이는데, 그동안 궁중 권력 암투나 대규모 전쟁 신이 주를 이루던 정통사극에서 보기 힘든 청춘 멜로물이라는 신선한 주제가 젊은 시청자들의 입맛에 제대로 맞아떨어진 듯하다. 한편 가수 이선희의 대표곡 〈인연〉은 드라마 〈다모〉를 보고 영감을 얻어 직접 작사, 작곡한 것으로 알려졌으니, 당시의 인기가 어느 정도였는지 실감할 수 있다.

대장금

2003년에서 2004년에 이르기까지 54부에 걸쳐 방영된 김영현 극본, 이병훈 연출의 MBC 대하사극 〈대장금〉은 조선 시대 중종 때 놀라운 집념과 의지 하나만으로 궁중 요리를 담당하는 수라간 궁녀로 출발해 조선 최고의 의녀가 되어 여성으로서는 유일하게 왕의 건강을 책임 맡는 어의녀 자리에까지 이른 서장금(이영애)의 파란만장한 일대기를 그린 드라마다. 민정호(지진희)와의 애틋한 사랑이 전편에 흐르는 가운데 궁중 생활의 애환이 화려한 영상을 통해 시청자들의 눈을 즐겁게 한다. 해외에서 한류 드라마 열풍을 일으킨 원조 격으로 손꼽히는 작품이기도 하다. 장금 역을 맡은 이영애는 이 드라마를 통해 가장 최초로 국제적인 한류 스타로 떠오르게 되었다.

주인공 서장금은 폐비 윤씨 폐위 사건에 휘말려 최씨 일가 세력들에게 억울하게 희생된 군관 출신의 아버지 서천수(박찬환)와 수라간 나인 출신의 어머니 박명이(김혜선)의 딸로 태어났다. 그 후 어머니의 유언에 따라 수라간 상궁이 되기 위해 궁에 들어간 장금은 최씨 집안 배경에 힘입어 상궁들의 편애를 받으며 승승장구하던 최금영(홍리나)과 그녀의 고모인 최상궁(견미리)를 마주하면서 마침내 뿌리 깊은 악연이 시작된다. 노비 출신으로 과묵하고 조용하나 엄격한 한상궁(양미경) 밑에서 수련을 받은 장금은 우연한 기회에 부상을 입고 쓰러진 한성부 판관 민정호의 생명을 살려 준 일을 계기로 서로 가까운 사이로 지내게 되는데, 어려서부터 민정호를 짝사랑했던 금영이 이들 관계를 알고 극심한 질투심에 사로잡힌다. 그 후 금영과 최상궁은 온갖 흉계를 꾸며 장금과 한상궁을 곤경에 빠트린다.

하지만 최씨 일가의 음모로 억울한 누명을 뒤집어쓴 한상궁과 함께 제주도로 유배를 떠난 장금은 도중에 어머니나 다름이 없던 한상궁이 고문 후유증으로 숨을 거두자 땅이 꺼질 듯한 슬픔에 잠긴다. 머나먼 제주도에서 유배 생활을 보내는 가운데 수의녀 장덕(김여진)에게 의술을 배운 장금은 한성으로 돌아온 후부터 수라간 나인이 아니라 뛰어난 의술로 문정왕후(박정숙)를 살려 내고 전국을 휩쓴 역병의 실체가 식중독이라는 사실까지 밝혀냄으로써 그 어떤 내의들보다 탁월한 실력을 갖춘 의녀임을 입증한다. 그 후 시력까지 잃고 혼수상태에 빠진 중종(임호)을 정성껏 치료해 회복시킴으로써 왕의 치료를 전담하는 시의녀가 되기에 이른다. 그 후 한상궁과 장금을 범인으로 내몰았던 최상궁 세력은 완전히 몰락의 길을 걷게 되고, 장금과 민정호는 딸까지 낳고 단란한 가정을 꾸려 나간다.

마지막 장면에 장금이 고립된 동굴 안에서 임신 중독에 걸려 사경을 헤매는 한 여인과 태아의 목숨을 살리기 위해 별다른 장비도 없이 과감히 집도를 한 끝에 마침내 제왕절개술에 성공하는 모습은 너무도 비현실적이라 어이가 없기도 하다. 그래도 웬만한 요리 프로가 따라올 수 없는 화려한 눈요깃거리를 제공하는 궁중요리 잔치에다, 장금과 민정호의 항상 단아하고 품위를 잃지 않는 조선 중기 지식인 남녀의 언행과 매너가 막가파식의 언행과 욕설에 익숙한 현대인에게는 매우 신선한 충격으로 다가온다. 더군다나 최상궁 역을 맡은 견미리의 광기 어린 열연도 〈대장금〉의 폭발적인 인기에 크게 한몫 거들었다고 본다.

그런데 재미있는 사실은 당시 길에서 배우 견미리를 알아본 할머니들이 극 중 연기와 실물을 구분하지 못하고 그녀를 향해 대놓고 비난의 화살을 퍼부었다는 일화가 있다. 아무튼 우리나라 시청자들도 드라마 못지않게 재미있는 분들이 많은 듯하다.

해신

2004년에서 2005년에 이르기까지 51부작으로 방영된 정진옥, 황주하 극본, 강일수, 강병택 연출의 KBS 대하사극 〈해신〉은 해상왕 장보고의 파란만장한 일대기를 다룬 작품이다.

장보고(최수종)의 어릴 때 이름은 궁복으로, 염장(아역, 홍현기)과 친해져 그에게서 검술을 배워 익힌다. 노비 출신으로 억울하게 아버지를 잃고 고아가 된 궁복은 무술 수련 중에 입은 상처를 치료해 준 정화(수애)를 잊지 못하는데, 상단의 실력자 자미부인(채시라)이 주최하는 무술 대회에서 염장(송일국)과 대련해 그 실력을 인정받고 자미부인의 호위무사가 된다.

자미부인의 상단에서 꿈에 그리던 정화와 오랜만에 재회한 궁복은 자신의 속마음을 고백하지만, 오래전부터 정화를 연모하던 염장이 그들의 모습을 질투심 어린 시선으로 몰래 지켜본다. 그런데 자미부인의 명으로 정화가 졸지에 사정부령의 첩이 될 운명에 놓이게 되자 궁복은 정화에게 둘이 함께 멀리 떠나기를 청하지만, 정화는 자신에게 주어진 운명에 따르기로 한다.

그 후 사정부령의 침소에 들어선 정화는 그가 이미 숨져 있는 것을 발견하고 비명을 지른다. 정화의 비명을 듣고 뛰어든 궁복은 곧바로 살해범 누명을 쓴 채 몸에 노예 문신까지 새기고 당나라에 팔려 가는데, 모래밭에 머리만 내밀고 전신이 묻힌 상태로 겁박을 당하는 궁복의 모습이 마카로니 서부극에서 흔히 보던 장면을 연상시킨다.

검투 노예가 된 궁복은 자미부인에 대한 복수심 하나만으로 온갖 시련과 고통을 견뎌 내는데, 그를 사들인 상단 행수 설평(박영규)이 새로 지어 준 '장보고'라는 이름으로 대관의 임무를 수행한다. 한편 염장의 도움으로 독립적인 상단을 이끌던 정화는 염장의 음모로 국경 부근에서 당나라 군사들에 의해 죽은 것으로 알았던 장보고가 살아 돌아오자 두 사람은 서로 영원한 사랑을 약속한다. 그 후 해적의 횡포가 극에 달하자 장보고는 해적을 소탕하고 청해진 대사로 임명되어 세력 확장에 힘쓰는데, 그동안 장보고를 짝사랑하던 채령(채정안)과 혼인해 아기까지 낳는다. 하지만 결국 장보고는 염장에게 암살당하고, 관군에 쫓기던 채령도 칼에 맞아 숨지면서 자신의 아기를 정화에게 맡긴다. 한편 뒤늦게 마음을 고쳐먹은 염장은 정화와 장보고의 아이를 구하기 위해 뒤쫓는 군사에 홀로 맞서다가 화살을 맞고 쓰러진다. 당나라로 떠나는 정화가 장보고의 유해를 바다에 뿌리는 장면으로 드라마는 끝난다.

모든 것을 잃은 여인의 담담한 모습이 오히려 시청자의 가슴을 더욱 아프게도 하지만, 노비 출신에서 온갖 시련을 극복하고 바다의 정복자로 거듭난 장보고의 최후가 너무도 싱겁게 끝나버리는 통에 뒷맛이 영 개운치 않음을 느끼게 된다. 그런 점에서 보면 처음부터 끝까지 문제 해결의 실마리를 쥐고 있던 당사자는 질투심과 복수심에 사로잡힌 염장이라는 점에서 드라마의 실질적인 주인공은 장보고가 아니라 오히려 염장이라 해도 무방할 것이다. 다시 말해 드라마의 핵심은 장보고의 인간 승리에 있다기보다 정화의 이루어질 수 없는 사랑의 비극과 염장의 질투와 분노가 부른 삼각관계의 불행한 결말에 있다고 보는 것이 맞다. 그러고 보면 사랑 때문에 벌어지는 비극도 많지만, 질투의 감정 때문에 파멸에 이르는 경우도 적지 않아 보인다.

　장보고 역을 맡은 최수종은 전작 〈태조 왕건〉에 이어 〈해신〉을 통해서도 사극 전담 배우로서의 관록을 유감없이 과시했으며, 그 후 〈대조영〉에서도 주역을 맡아 이들 최수종 삼부작을 통해 연기 생활 최전성기를 구가했다. 또한 장보고를 질투하고 끝내 암살까지 자행한 염장 역의 송일국은 악역임에도 불구하고 의외로 인기를 얻어 그 후 〈주몽〉의 주인공으로 발탁되는 행운을 잡기도 했다.
　다만 역사적 고증에 문제가 제기될 수도 있는데, 주인공을 굳이 노예 신분으로 만든 것은 인간 승리 차원에서 더욱 극적인 효과를 노리기 위한 고육책으로 보이며, 더군다나 장보고의 신상에 대한 기록이 거의 없음에 비춰 볼 때, 그런 설정 자체를 탓하기는 어렵다고 본다. 그런데 〈대조영〉에서도 역시 주역을 맡은 최수종은 노예 신분으로 출발해 나라까지 건국하니 감동적인 인간 승리에 정점을 찍었다고 하겠다.

불멸의 이순신

2004년에서 2005년에 걸쳐 무려 104부작으로 방영된 KBS 대하 사극〈불멸의 이순신〉은 일 년 가까이 방영된 대하드라마로 국가 존망의 위기에 처한 조선을 구해 낸 불후의 명장 이순신(김명민)의 일대기다. 하지만《조선왕조실록》,《난중일기》,《징비록》등 정사 기록을 무시했다는 비판을 받았으며, 덕수 이씨 종친회마저 드라마 일부 내용이 사실무근이라며 반발하기도 했다.

우리나라의 민족 영웅 이순신 장군의 생애는 너무도 잘 알려져 있기 때문에 여러 말이 필요 없겠지만, 어마어마하게 많은 출연진의 등장이 무색할 정도로 매우 느슨하고 산만한 전개로 인해 집중력이 떨어져 지루한 감이 없지 않다. 그런 점에서 마치 위인전 동영상을 보는 느낌마저 들어 아동 교육용으로 적합하겠다는 비아냥조의 쓴소리까지 들어야 했다. 그럼에도 불구하고 난세의 영웅 이순신 역을 맡은 김명민의 열연에 힘입어 그나마 대하드라마의 체면을 살렸다고 본다. 특히 대규모 해상 전투 장면은 우리나라 사극 역사에서 매우 높이 평가되는 부분이기도 하다.

장군에는 지장과 덕장, 맹장이 있다고 하지만, 이순신이야말로 이 세 가지를 모두 겸비한 장군으로, 병사들과 백성을 자기 몸처럼 아끼고 사랑했으며, 자신의 충정을 알아주지도 않고 오히려 두 번씩이나 백의종군시키는 조정에 대해서도 한 치의 원망도 보이지 않았다. 더구나 "살고자 하면 죽을 것이요, 죽고자 하면 살 것"이라며 부하들을 독려하는 모습은 실로 비장하기까지 하며, 특히 사랑하는 아들 이면(김영준)의 죽음 앞에서 통곡하는 모습은 평범한 아비의 모습과 크게 다르지 않아 매우 인간적인 면모를 풍긴다.

풍전등화의 위기에 처한 나라를 구해 내고 장렬한 최후를 마친 성웅 이순신의 고귀한 인간성은 그 무엇으로도 이루 다 말할 수 없을 정도 겠지만, 더 큰 문제는 그런 영웅을 시기하고 질투한 나머지 지원은커녕 오히려 지위를 박탈하고 백의종군시키는 밴댕이 소갈딱지 무리가 나라를 더욱 큰 위기에 몰아넣었다는 사실이다. 그런 점에서 우리는 선조를 비롯한 일부 권신들의 반국가적 작태가 사실은 심각한 이적 행위였음을 인정하지 않을 수 없으며, 그와 유사한 일들이 오늘날 정치판에서도 그대로 답습되고 있는 듯이 보여 안타까움을 금할 수 없게 된다. 돌아가는 판세를 보면 그 시절이나 요즘이나 별반 다를 게 없음을 절감하게 되기 때문이다.

방영 당시 우리 정치판은 노무현 대통령 탄핵으로 나라 전체가 극심한 혼돈 상태였으니 더욱 그렇다. 한마디로 개판인 정국에서 이순신과 같은 난세의 영웅은 고사하고 원균과 같은 소인배들만 날뛰는 세상이니 나라 꼴이 제대로 굴러갈 리가 있겠는가.

임진왜란 당시 이순신을 음해한 가장 대표적인 인물로는 경상우수사 원균(최재성)이 단연 으뜸이다. 그는 이순신을 시기한 나머지 사사건건, 시종일관 이순신에게 트집을 잡고 시비를 걸기 일쑤였다. 극 중에서는 두 사람이 어릴 때부터 어울린 것으로 되어 있으나, 실제로 그런 기록은 존재하지 않는다. 더군다나 원균 역을 맡은 최재성의 카리스마 덕분에 묘한 매력을 발산한 데다 드라마 자체 내에서도 뭔가 원균의 이미지를 감싸고 도는 듯한 뉘앙스를 풍겨 시청자들의 불만을 사기도 했다.

또한 극 중에서는 부왕인 선조(조민기)가 이순신을 못마땅해한 것과는 달리 세자 시절의 광해군(이준)이 오히려 이순신을 지지한 것으로 나온다. 그런데 아이러니한 일은 선조를 모시고 피난을 떠난 허준은 끝까지 선조의 비호를 받은 반면에, 왜군을 상대로 목숨을 내걸고 전투를 치른 이순신과 광해군은 오히려 선조의 냉대와 무시에 시달린 것이다. 왕의 수준이 그 지경인데도 나라가 온전히 지켜질 수 있었던 것은 전적으로 명장 이순신과 수많은 의병, 심지어 승병들의 의로운 봉기와 희생이 있었기에 가능한 일이었다.

서동요

　2005년에서 2006년까지 55부에 걸쳐 방영된 김영현 극본, 이병훈 연출의 SBS 대하사극 〈서동요〉는 우리나라 드라마 사상 최초로 백제 역사를 본격적으로 다룬 작품으로, 백제 무왕이 된 서동과 신라의 선화공주에 관한 설화를 중심으로 두 남녀의 극적이고도 애틋한 사랑 이야기를 담았다.

　서동(조현재)은 백제 위덕왕의 숨겨진 아들로 내분에 휘말린 나머지 어머니 연가모(이일화)를 잃고 과거 어머니의 정인이었던 태학사의 목라수 박사(이창훈) 일행과 함께 백제를 떠나 신라 하늘재에 숨어들게 되면서 신라 진평왕(최동준)의 딸 선화공주(이보영)와의 기구한 인연이 시작된다.
　우연히 백제 유민으로 하늘재 일원인 서동을 만나 사랑을 키우게 된 선화공주는 서동과 함께 하늘재 일원이던 사택기루(류진)의 정체가 진평왕이 첩자로 보낸 신라의 화랑 김도함임을 깨닫는다. 게다가 그가 하늘재 박사가 되어 백제신기에 접근하게 되는 날, 곧바로 하늘재 사람들을 모조리 도륙한 뒤 선화공주와 혼인하게 될 것이라는 계획을 알게 되면서 지체 없이 서동과 함께 야반도주를 단행한다. 비록 두 사람은 가난한 평민으로 숨어 지내며 오붓한 삶을 누리고 싶어 하지만, 이들 관계를 질투한 김도함의 끈질긴 추격으로 결국 선화공주는 추격자들에게 붙들려 신라로 돌아가게 되고, 서동은 백제로 도망친다.

하지만 선화공주가 하늘재 사람들을 도운 사실로 인해 공주 신분을 박탈당할 위기에 처하자 진평왕은 오히려 그 죄를 김도함에게 뒤집어 씌우고 김도함의 가문을 멸족시킨다. 한편 하늘재 도륙 현장에서 서동에 의해 구출되어 백제로 달아난 김도함은 자신과 함께 멀리 달아나자는 요구를 선화가 받아들이지 않자 서동과 선화공주에 대해 이제는 질투의 단계를 넘어 분노와 복수심에 가득 차서 그들을 어떻게 해서든 파멸시키고자 다짐하고 예전에 사용하던 사택기루라는 가명으로 서동의 적인 부여선(김영호) 일당에 가담해 복수의 기회를 노린다.

백제로 돌아온 서동은 당시 백제의 실세로 군림하던 부여선의 끊임없는 위협과 방해에도 불구하고 스승인 목라수와 함께 위덕왕의 아들 아좌태자(정재곤)를 보필하며 서서히 자신의 기반을 넓혀 간다. 수나라 상인 진가경으로 신분을 위장해 뒤에서 물심양면으로 서동을 돕던 선화는 서동의 정체가 위덕왕(정욱)의 숨겨진 아들이라는 사실을 알아내고, 그 사실을 서동에게 알린다. 하지만 아좌태자에 이어 위덕왕까지 시해하고 왕권을 탈취한 부여선을 상대로 힘겹게 승리한 서동은 마침내 백제 무왕이 되어 나라 부흥에 힘쓰고, 선화를 왕비로 맞이하기에 이른다. 한편 질투와 탐욕으로 모든 것을 잃은 사택기루는 자포자기 심정으로 서동을 암살하려다가 오히려 비참한 최후를 맞이하고 만다.

백제 무왕과 선화공주의 관계는 아직까지 정설이 없는 상태로 기록도 매우 부실하다는 점에서 볼 때, 드라마 작가의 뛰어난 상상력에 감탄과 더불어 놀라움을 금치 못하게 된다. 어쨌든 한 여인을 사이에 두고 서로 판이한 입장에 놓인 두 남자의 치열한 대결 구도가 처음부터 끝까지 숨 가쁘게 전개되는데, 그러지 않아도 고질적인 영호남 지역감정이 첨예하게 맞닿은 상태로 화해의 기미가 전혀 보이지 않는 당시 국내 상황에서 백제 무왕과 신라 선화공주의 애절한 사랑 이야기는 많은 시청자로 하여금 결코 남의 일이 아닌 것으로 받아들여졌기 쉽다. 그런 화해와 상생의 기미는 오늘날에 와서도 여전히 찾아 보기 힘든 상황이니 실로 답답하기 그지없는 심정이다.

그리고 보면 장구한 세월 이어 온 영호남 갈등의 뿌리는 신라와 백제 사이에 끝없이 벌어진 대립과 반목에서 찾아 볼 수 있겠다. 그런 갈등의 고리는 오늘날 정서적으로나 정치적으로 첨예하게 대립하고 있는 경상도와 호남 주민들 사이의 불신과 배척을 통해서도 얼마든지 목격하는 일로, 이는 심각한 국론 분열을 초래함으로써 국가의 존립마저 위협하는 그야말로 심각한 사태가 아닐 수 없다. 고구려의 후손들이 세운 북한 정권이 수시로 우리를 위협하는 상황에서 더욱 그렇다. 따라서 유신독재 시절 벌어진 부마 사태에는 아무런 이의도 달지 않으면서 오로지 광주 사태라는 용어를 사용하지 못하게 한 것 역시 일종의 지역 차별이라 할 수 있지 않겠는가.

그런 점에서 백제 무왕과 선화공주의 국경을 초월한 순수한 사랑과 헌신은 오늘날에 와서도 그저 마냥 존경스러울 따름이다. 지역 간의 편견을 뛰어넘은 그런 사랑의 모습은 영화 〈위험한 상견례〉에서도 접할 수 있지만, 실제 우리 현실에서는 말처럼 그리 간단한 일이 아닐 것이다. 그러니 숱한 전쟁으로 피를 흘리며 원수지간으로 지낸 신라와 백제 관계를 생각하면 당시 국민 정서상으로 적국의 왕자와 공주끼리 맺어진다는 일은 그야말로 쇼킹 그 자체였다고 할 수 있다.

그럼에도 불구하고 〈서동요〉는 사랑의 위대한 힘을 우리 모두에게 새삼 일깨워 준다. 세상의 모든 편견과 압력을 극복하고 자신들의 변함없는 사랑을 굳건히 지키고 유지한 서동과 선화공주의 상호 신뢰 및 헌신적인 노력은 복잡한 세상을 살아가는 오늘날의 젊은이들에게도 크나큰 희망의 씨앗이 되고도 남음이 있다고 하겠다.

신돈

 2005년에서 2006년에 걸쳐 61부작으로 방영된 정하연 극본, 김진민 연출의 MBC 주말 사극 〈신돈〉은 고려 공민왕(정보석)이 노국공주(서지혜)를 잃고 실의에 빠져 있을 때 실권을 장악하고 국정을 뒤흔들었던 노비 출신의 승려 신돈(손창민)의 일대기를 다룬 드라마다. 하지만 독보적인 연기력을 과시한 공민왕 역의 정보석에 비해 주인공 신돈 역의 손창민이 보인 너무도 어설픈 연기 때문에 모처럼 사극에서 급진적 개혁에 관한 획기적인 주제를 다루고자 했던 기획 의도가 한순간에 물거품으로 돌아가고 만 안타까움이 너무 크다. 따라서 드라마의 주인공은 오히려 공민왕이라는 느낌이 들 정도여서 제목 자체가 실수로 붙여진 것처럼 보이기도 한다. 드라마의 원작은 박종화의 소설 《다정불심》이다.

 주인공 신돈은 절간의 노비가 낳은 사생아로 어머니가 죽은 뒤로는 월선 스님(오현경)이 거두어 중으로 키운다. 그 후 여기저기를 떠돌던 그는 원나라에서 강릉대군과 만나 친해지는데, 강릉대군은 나중에 공민왕이 된다. 세상에서 가장 천하다는 절간 노비의 소생으로 자란 탓에 불합리한 세상에 대해 강한 불만을 지닌 신돈은 "나는 굶주린 개를 잡아먹는 것이 자비라고 생각한다."라거나 걸핏하면 "뒤집어엎어야지, 이놈의 세상"이라는 말로 자신의 급진적인 성향을 드러내 보인다.

 하지만 세상에 불만이 많은 시청자들은 신돈의 이런 말에 공감을 느끼기 십상이다. 물론 무력이 아니라 선거 혁명을 통해 세상을 바꾸는 것은 민주 사회의 특권이기도 하다. 문제는 마음에 안 드는 세상을 단숨에 뒤집어엎어 버리는 일이 아내가 정성스레 차린 밥상을 마음에 들지 않는다고 발길질로 걷어차 버리듯이 그렇게 간단한 일이 아니라는 점이다. 그런 점에서 모든 급진주의가 반드시 진보적인 것은 아니다. 세상의 모든 권위를 부정하는 무정부주의를 과연 진보적인 사상이라고 볼 수 있겠는가. 그것은 모든 변화를 거부하는 골통 보수와 오십보백보일 따름이다.

하지만 신돈의 그런 급진적 성향은 공민왕과 노국공주를 접하게 되면서 상당히 누그러진 편으로, "천해야 세상이 바로 보이지만, 귀한 마음이 없다면 어떻게 세상을 바꿀 수 있겠느냐."라는 말에서 보듯 매우 성숙한 변화를 보인다. 오히려 그를 추종하는 승려 원현(오만석)이 갈수록 과격한 방향으로 치달아 강경 노선을 밟음으로써 스승인 신돈과 대립한다. 그런 점에서 볼 때, 신돈의 마음속에는 자비로운 월선과 과격한 원현의 상반된 측면이 공존하는 것처럼 보이기도 한다. 원현 역시 천한 백정의 아들로 아버지가 자기 때문에 억울하게 맞아 죽는 일이 벌어지자 그런 신세를 원망하고 물에 뛰어들어 죽으려고 한 것을 신돈이 구해 준 뒤로 불가에 귀의한 것이다. 하지만 원현은 현실과 타협하려는 신돈에게 반란을 권유하다가 거부를 당하자 마치 예수를 배신한 가롯 유다처럼 등을 돌리고 배신한다.

공민왕의 오른팔이 되어 개혁을 추진하려던 신돈과, 노국공주의 이른 죽음으로 크게 상심해 왕권 강화에 더욱 집착하며 정신적 위기를 맞은 공민왕의 사이는 점점 더 금이 가기 시작했다. 종국에는 신돈이 신하 된 도리로 왕권에 복종하기를 계속 거부하자 이에 공민왕은 신돈을 처형하고 만다. 하지만 모든 측근을 잃고 궁궐 안에 완전 고립된 위치로 전락한 공민왕은 국정을 돌보지 않고 폐인처럼 난잡한 생활을 이어 가다가 홍륜과 최만생에게 시해당하고 만다.

그런 점에서 가장 참혹한 죽임을 당한 인물은 바로 공민왕과 반야라 할 수 있다. 반야(서지혜)는 신돈의 시녀였다가 죽은 노국공주와 닮은 외모 때문에 공민왕의 눈에 들어 후궁이 되고 아들 우왕을 낳았으나, 후환이 두려워진 공민왕의 지시로 두 발이 묶인 상태에서 돌에 매달린 채 강물에 내던져져 익사하고 말았으니 극 중에서 가장 불쌍한 여인에 속한다고 볼 수 있다. 하지만 반야와 우왕의 관계는 아직까지도 논란이 많다. 더군다나 그것이 신돈의 성 상납에 의해 벌어진 결과라면, 한동안 우리 정계에 논란을 불러일으킨 성 상납 문제와 비교해 볼 때, 성 상납은 실로 유구한 역사를 자랑하는 듯싶다.

주몽

 2006년에서 2007년에 걸쳐 총 81부작으로 방영된 최완규, 정형수 극본, 이주환, 김근홍 연출의 2006년도 MBC 대하사극 〈주몽〉은 고구려의 시조 동명성왕 주몽(송일국)의 일대기를 다룬 드라마로, 부여왕 금와(전광렬), 부여의 황후 원후(견미리), 질투의 화신 대소 왕자(김승수)와 영포 왕자(원기준), 그리고 당찬 여인 소서노(한혜진)와 주몽의 어머니 유화부인(오연수) 등이 등장해 치열한 신경전을 벌인다. 고구려 역사를 본격적으로 다루기 시작한 드라마의 효시로, 이를 필두로 그 후 〈대조영〉, 〈연개소문〉, 〈자명고〉, 〈광개토태왕〉 등이 연이어 제작되었는데, 이런 분위기는 김대중과 노무현 정부의 친북 정책으로 인해 물꼬가 터진 결과로 볼 수 있다.

 극 중에서 가장 충직한 인물은 금와왕의 호위 무관 송추(김원석)와 철기방 대장 모팔모(이계인)이며, 가장 침착하고 훌륭한 인품의 소유자는 유화부인과 졸본의 수장 연타발(김병기)이다. 그리고 가장 착하고 선량하면서도 가장 불쌍한 비련의 주인공은 주몽의 아내 예소야(송지효)라 할 수 있다. 금와왕은 가장 활동량이 적은 인물로 나오며, 항상 얼짱 각도를 유지한 모습으로 앉아 있다. 가장 예리한 판단력의 소유자는 부여의 대사자 부득불(이재용)과 여미을 신녀(진희경)다. 또한 가장 찌질하고 쪼잔한 인물로는 주몽에게 항상 당하기만 하면서 분통만 터뜨리는 한나라 태수 양정(윤동환)과 어리석고 한심한 마마보이 왕자 영포를 빼놓을 수 없다. 그런데 이처럼 다양한 특성들은 우리 주변에서 얼마든지 찾아 볼 수 있는 측면들이며, 바로 그런 점이 드라마에 대한 몰입을 유도하는 것으로 보인다.

이 드라마에는 질투의 화신들도 대거 등장하는데, 금와왕의 편애를 받는 유화부인을 질투하는 왕비 원후, 부왕의 총애를 독차지한 주몽을 질투한 나머지 죽이려 들고 소서노 때문에 주몽과 연적 관계에 빠진 왕자 대소, 그리고 주몽의 총애를 받는 유리를 질투한 나머지 반란을 일으킨 비류(이재석) 등이 그렇다. 하지만 놀랍게도 예소야를 위해 왕비 자리를 양보하고 과감하게 주몽 곁을 떠나는 당찬 여인 소서노의 사전에는 질투라는 단어가 아예 존재하지 않는 것처럼 보인다.

다물군의 지도자 해모수(허준호)와 유화부인의 아들로 태어난 주몽은 어머니가 부여 금와왕의 후궁이 되면서 부여궁에서 왕자의 신분으로 자란다. 하지만 이들 모자를 질투하고 경계한 왕비 원후와 대소 왕자의 음모에 시달리던 주몽은 한때 죽을 고비에서 자기를 구해 준 졸본 상단의 여인 소서노와 서로 연모하는 사이로 발전한다. 하지만 대소와 현토성 태수 양정이 담합해 주몽을 없애려 하고 결국 매복한 군사들의 화살을 맞고 절벽에서 떨어진 주몽이 실종되자 그를 연모했던 소서노는 실의에 빠진다. 때마침 그녀에게 눈독을 들인 대소가 양정의 딸 설란(박탐희)과 정략결혼을 했음에도 불구하고 자신의 후궁이 될 것을 위협적으로 강요하자 소서노는 상단의 호위 무사 우태와 전격적으로 혼인해 버린다.

한편 한백족 족장의 딸 예소야의 극진한 간호로 살아난 주몽은 그녀와 함께 부여로 간다. 그 후 소서노가 우태와 결혼한 사실을 알고 상심한 주몽은 예소야와 혼인하지만, 대소의 횡포가 갈수록 심해지자 그는 대업을 꿈꾸며 부여를 떠나 본궤산에 터를 잡고 자신의 아버지 해모수처럼 다물군을 조직해 한나라 군사에 맞서 싸운다. 그동안에 비류와 온조 두 아들을 낳은 소서노는 남편 우태가 죽자 주몽과 힘을 합쳐 위기에 처한 졸본을 구하고 고구려 건국의 발판을 다진다. 그런데 그동안 부여궁에 인질처럼 붙들려 있던 유화부인이 예소야와 어린 손자 유리를 데리고 탈출을 시도하다 도중에 붙들려 죽음을 맞이하고, 예소야는 국경 마을에 숨어 살며 홀로 유리를 키운다.

어머니를 잃고 처자식의 행방까지 묘연해진 주몽은 크게 상심하지만, 소서노의 위로와 격려에 힘입어 다시 일어나 마침내 고구려 건국에 나선다. 비록 그 과정에서 누가 왕위에 오르느냐 하는 문제로 다물군과 졸본 세력 간에 다툼이 벌어지지만, 연타발이 제안한 주몽과 소서노의 혼인을 통해 논란은 마무리된다. 한편 자신의 친부가 주몽임을 알게 된 유리(안용준)는 고구려로 달려가 극적인 부자 상봉을 이루고, 그동안 주몽의 앞날에 걸림돌이 되지 않기 위해 몸을 숨기고 살았던 예소야를 마주한 주몽은 할 말을 잃고 만다. 그런데 예소야와 유리의 등장으로 고구려 조정에 동요가 일기 시작하자 모든 분란을 잠재우기 위해 소서노는 두 아들과 함께 남쪽으로 내려가 대업을 이루기로 한다. 그리고 주몽은 고구려를 떠나는 소서노 일행을 안타까운 시선으로 멀리 바라보며 착잡한 심정에 빠진다.

그런 주몽의 심정은 드라마를 지켜보는 실향민이나 탈북자도 똑같을 것으로 보인다. 예로부터 과부 심정은 과부가 안다고 했으니 단순히 남의 얘기로만 들리지는 않을 것이다. 그런데 한 가지 놀라운 점은 이처럼 파란만장한 삶을 거치는 가운데 고구려 건국의 대업까지 이룩한 주몽이 불과 39세라는 한창나이로 생을 마감했다는 사실이 믿어지지 않는다. 그리고 보면 우리의 옛 선조들은 요즘의 젊은 세대보다 훨씬 더 조숙하고 용맹했던 것으로 보인다. 솔직히 말해 오늘날에 와서 그 나이에 뭔가를 이룬다는 것은 불가능에 가깝다고 볼 수 있다.

대조영

 2006년에서 2007년까지 134부작으로 방영된 장영철 극본, 김종선, 윤성식 연출의 KBS 대하사극 〈대조영〉은 고구려 멸망 후 여기저기를 떠도는 유민으로 전락한 고구려인들을 다시 규합해 자신의 터전인 동모산을 중심으로 발해를 건국한 대조영(최수종)의 파란만장한 일대기를 다룬 드라마다. 우리나라 역대 사극 주인공 가운데 대조영만큼 고달프고 힘난한 삶의 과정을 거친 인물은 거의 찾아 보기 힘들 정도로 그의 인생 역정은 드라마 그 자체라 할 수 있다. 그리고 사사건건 끼어들어 그의 삶을 더욱 힘겹게 만든 최대의 악연이자 라이벌로는 단연 거란 장수 이해고(정보석)를 꼽을 수 있겠다.

 안시성의 장수 대중상(임혁)의 아들로 태어난 대조영은 그가 태어날 무렵에 유성이 집 뒷산에 떨어지는 일이 생기자 왕기를 타고난 인물로 소문이 나면서 이미 출생 직후부터 기구한 운명에 휘말리기 시작한다. 역적의 기운을 지녔다는 이유 때문에 '개동이'라는 이름의 노비로 살아가던 대조영은 마침내 어머니를 만나 자신의 출생에 관한 비밀을 알게 되고, 최전방 국경 지대로 좌천된 아버지 대중상을 찾아가 극적인 재회를 나눈다. 당시 아버지를 찾아 고려성으로 가던 길에 거란족장 이진충(김동현)의 외동딸 초린(박예진)과 운명적인 만남을 갖고 그때부터 둘은 서로 연모하기 시작한다.
 하지만 초린과 오누이처럼 가까운 사이로 지내는 거란 장수 이해고와는 그때부터 돌이킬 수 없는 연적이자 앙숙 관계로 돌입한다. 물론 이해고가 대조영을 그토록 증오한 것은 단순히 초린 때문만은 아니고 자신의 아버지를 죽인 대중상에 대한 원한도 크게 한몫했을 것으로 보이며 더군다나 항상 대조영을 감싸고 도는 이진충의 태도 또한 이해고의 질투심에 불을 지폈을 것이다.

그 무렵 당나라의 침략으로 위기에 빠진 고구려는 결국 멸망의 길을 걷게 되고, 대조영은 비밀 결사 단체 동명천제단을 조직해 당의 지배에 항거하는 활동을 벌이던 중에 사로잡혀 죽을 위기에 처하지만, 옛 고구려 땅으로 달아나는 데 성공한다. 그 후 당나라에 반란을 일으킨 이진충이 거란국을 세우자 대조영은 그와 협력해 당나라 군대를 물리치고 요동 지방을 되찾는다. 이진충과 대조영의 우호 관계에는 초린의 역할이 가장 컸다고 할 수 있다. 하지만 대조영의 아이를 임신한 초린은 거란으로 돌아간 뒤 배가 점차 불러 오면서 이해고에게 임신 사실을 들키고 만다.

오랜 세월 초린을 연모해 온 이해고는 그녀가 연적이자 앙숙 관계인 대조영의 아이를 뱄다는 사실에 질투심과 분노, 배신감에 휩싸여 거의 미칠 지경에 이르지만, 초린에 대한 미련과 집착이 더욱 컸던 그는 곧 마음을 추스르고 초린과 그녀의 아이를 지켜 주기로 결심한다. 그런데 딸의 임신을 추궁하는 이진충에게 이해고가 나서서 자기가 초린을 범한 것이라고 거짓으로 고하는 모습을 보고 마음이 흔들린 초린은 더 나아가 이해고가 자신에게도 가족이 생겼으며, 한 아이의 아버지가 되었다며 기뻐하는 모습을 보이자, 대조영에 대한 연심을 접고 아이를 대조영의 자식이 아닌 거란의 자손으로 키우기로 결심한다. 그렇게 초린은 이해고의 아내가 되고 이해고는 아들 검이(정태우)를 친자식처럼 대하며 지낸다. 그런 점에서 보면 이해고가 대조영보다 오히려 통이 큰 인물로 보이기도 한다.

그 후 이진충이 죽고 거란이 망하자 당나라에 투항한 이해고는 대군을 끌고 대조영을 공격하는데, 그동안 대조영에게 의탁하는 신세였던 초린은 대중상과의 맞교환으로 이해고에게 보내진다. 그러나 마지막 대결에서 대조영에게 패한 이해고가 숨을 거두자 초린은 독약을 마시고 그의 뒤를 따른다. 천문령 전투에서 이해고의 대군을 물리친 대조영은 마침내 발해를 건국함으로써 대망의 뜻을 이루지만, 초린이 낳은 아들 검이는 후계 논란에 휘말리지 않기 위해 대조영의 곁을 아무 미련 없이 떠난다. 검이 또한 여기서도 이해고와 마찬가지로 통이 큰 인물로 묘사된다.

그런데 문제는 대조영이 건국한 발해가 과연 우리 역사에 아무런 이의 제기 없이 선뜻 포함될 수 있는지 모호한 부분이 남아 있다는 점이다. 가장 결정적인 문제는 대조영이 말갈계 고구려인이라는 설이 강력한데, 고구려에 귀화한 말갈족 출신의 장군이라는 배경 때문에 발해를 건국한 후에도 고구려의 전통을 상당 부분 받아들인 것으로 보인다. 더욱이 대조영을 도와 발해 건국에 일등 공신 노릇을 한 걸사비우(최철호)는 말갈족 추장의 아들이고, 계필사문(윤용현)과 그의 부하 통소(방형주)는 돌궐족 출신이다. 더 나아가 말갈족은 오늘날 완전히 중국에 동화되어 역사에서 사라져 버린 족속이라고 볼 때, 이미 오래전부터 고구려와 발해 역사를 싸잡아 중국사에 편입시키려는 중국의 간교한 동북공정 작업에 대항하기 위해서라도 고구려사와 발해사 사이에 엄정한 구분이 있어야 하지 않을까 한다. 따라서 무조건 대조영의 활약에 좋다고 환호하며 박수만 치고 있기가 때로는 민망하기도 하다.

역사적 고증 문제는 그렇다 치고 등장인물의 캐릭터 특성에 관심을 돌리자면, 한국 드라마의 고질적인 병폐라 할 수도 있는 지나치게 이분법적 구도에 치우친 선악 구도에서 벗어나 악역을 맡은 적장에 대해서도 영웅적인 이미지로 묘사하는 데 인색하지 않은 점이 높은 평가를 받았다. 단적인 예로 당나라 장수 설인귀와 거란 장수 이해고를 들 수 있는데, 탁월한 전술가 설인귀는 상황 파악에 아주 능하고 잔머리 굴리기에 타의 추종을 불허하는 인물로, 때로는 코믹하고 익살맞은 인물로 나와 드라마의 재미를 살리는 데 큰 몫을 하기도 했다. 또 다른 적장 이해고는 집념이 매우 강한 거란의 용장으로, 비록 초린을 사이에 두고 대조영과 삼각관계에 놓이지만, 남자다운 박력은 오히려 대조영을 능가한다. 그런 멋진 남자이기에 이해고가 장렬한 최후를 맞이하자 초린도 그 뒤를 따라 죽음을 선택한 것이다.

한편 대조영과 의형제로 지내며 맹활약을 펼치는 걸사비우와 흑수돌의 관계는 마치 삼국지에서 도원결의를 맺은 유비, 관우, 장비의 관계와 비슷해 보이기도 하는데, 말갈족 추장의 아들 걸사비우는 실존 인물이지만, 흑수돌은 가상 인물이다. 여기에 더해 백제 출신의 책사 미모사는 제갈량에 비견될 수 있는 인물로 나온다. 또한 초린과 그녀가 낳은 아들 검이는 비록 가상의 인물이지만, 이들의 존재로 인해 드라마 중반 이후 거란의 비중이 대폭 늘어난 가장 큰 원인을 제공했다. 특히 대조영의 가장 강력한 라이벌로 등장한 이해고의 카리스마가 결코 장난이 아니어서 드라마 종반에 이르면 과연 누가 주인공인지 구분이 어려울 정도로 이해고의 활약이 두드러졌다.

한 가지 아쉬운 점은 주인공 대조영의 발해 건국이 드라마의 핵심 주제임에도 불구하고 정작 발해 건국은 마무리 단계에서 아주 간략히 묘사될 뿐이고, 더 나아가 드라마 초반에는 대조영과 직접적인 관련도 없는 안시성 전투를 비롯한 고구려와 당나라 전쟁으로 채운 반면에, 정작 발해 건국에 결정적인 계기가 되었던 천문령 전투는 오히려 소홀히 다룬 감이 있다.

이산

  2007년에서 2008년까지 77부작으로 방영된 MBC 드라마 〈이산〉은 사극의 대부 이병훈 연출과 김이영 극본의 대하사극으로, 굴곡진 삶을 살았던 조선 22대 왕 정조(이서진)의 성공과 좌절을 통해 당파 싸움이 극심했던 18세기 조선 왕조의 시대상을 실감 나게 묘사했다. 어릴 때부터 정조를 사랑했던 성송연(한지민)이 마침내는 그의 후궁 의빈 성씨가 되나 행복도 잠시일 뿐 이른 나이로 세상을 떠나 정조와 안타까운 이별을 고한다.

  11세 나이에 아버지 사도세자를 잃은 세손 이산은 어린 시절 평생 동무가 될 것을 약속한 송연과 대수가 궐에서 쫓겨난 뒤에도 그들의 존재를 잊지 못한다. 세월이 지나 도화서 다모가 된 송연은 이산과 극적인 재회를 나누지만, 아들 이산을 끔찍이 아끼는 혜경궁 홍씨(견미리)가 송연의 접근을 질투하고 경계한 나머지 아들 모르게 은밀히 그녀를 청국으로 보내 버린다. 이산은 송연이 떠난 뒤에야 비로소 그녀에 대한 사랑을 실감하고, 5년의 세월이 흐른 뒤 송연은 다 죽어 가는 몸으로 조선에 돌아온다.

  가까스로 기력을 회복한 송연은 사도세자의 그림 속에 감춰진 편지를 영조(이순재)에게 전하고 그 내용을 읽은 영조는 깊은 회한과 자책을 느끼며 승하한다. 영조의 뒤를 이어 즉위한 정조 이산은 노론 세력과 손잡은 정순왕후(김여진)의 간계에도 불구하고 정약용(송창의) 등 실학파를 중용해 개혁 정치에 힘쓰는 한편, 송연을 후궁으로 맞아들여

아들 문효세자도 얻지만, 아쉽게도 그녀는 일찍 세상을 뜨고 만다. 다만 정순왕후를 중심으로 권력 다툼이 벌어지는 가운데 이산과 송연과의 애달픈 관계에 지나치게 집중하다 보니 조선 왕조 유일하게 매우 진보적인 성향의 왕으로 알려진 정조의 진면목이 제대로 드러나지 못 느낌이 들어 아쉬움이 크다. 하기야 이산에게 그토록 충성을 보이던 홍국영(한상진)도 막판에는 권력에 대한 탐욕에 눈이 멀어 정순왕후와 손을 잡고 결국에는 스스로 파국의 길을 걸었으니 더이상 할 말이 없다.

다만 드라마에서나 아니면 TV 뉴스를 통해 보든가 어쨌든 그토록 권력에 병적으로 집착하는 인간들을 보면 그런 권력의 맛을 보지 못한 일반 시청자들로서는 감이 잘 잡히지 않아 공감하기 어려운 점도 많다. 과거에는 대통령병이라는 진단도 매스컴에 오르내린 적이 있었지만, 그런 요상한 병은 아직까지 분명히 남아 있는 듯이 보임에도 불구하고 그런 단어를 사용하는 방송이 없는 것을 보면 이제 와서는 사람들이 그것을 병으로 인식하지도 않는 모양이다.

그런데 정조와 의빈 성씨의 애절한 사랑 이야기는 2021~2022년 방영된 MBC 사극 〈옷소매 붉은 끝동〉에서도 똑같이 반복되는 주제로 등장한다. 다만 드라마 〈이산〉과 차이점이 있다면, 〈옷소매 붉은 끝동〉의 이산(이준호)은 사랑보다 정치가 우선이며, 따라서 매우 이성적이고 계산적이다. 또한 의빈 성씨 성덕임(이세영) 역시 후궁이 되는 일이 그다지 달갑지 않고 차라리 친하게 지내던 동료 궁녀들과 자유롭게 살고 싶어 했으나, 세상일은 그렇게 원하는 대로 다 이루어지는 게 아니다. 게다가 성덕임은 도화서 다모가 아니라 줄곧 궁녀로 일했다. 어쨌든 정조와 의빈 성씨는 두 사람 모두 젊은 나이로 일찍 세상을 떠나고 만다.

왕과 나

　2007년에서 2008년까지 63부작으로 방영된 유동윤 극본, 김재형 연출의 SBS 대하사극 〈왕과 나〉는 연산군의 어머니 폐비 윤씨(구혜선)와 어려서부터 그녀를 연모한 내시 김처선(오만석)의 이루어질 수 없는 사랑의 비극을 다룬 드라마다. 처선은 자신이 남몰래 짝사랑하던 윤소화가 성종(고주원)의 후궁이 되자 어떻게든 그녀를 가까이서 보고 싶은 나머지 스스로 거세하고 내시가 되어 입궐한다. 나중에 소화가 중전 자리에 오른 뒤 그녀를 시기한 정 귀인과 엄 귀인의 모함을 받아 폐위되어 사사당할 때 처선에게 어린 아들 연산군을 잘 돌봐 달라 부탁하고 처선의 품에 안겨 숨을 거둔다.

　김처선은 내시부의 막강한 실력자로 판내시부사인 조치겸(전광렬)의 양자가 되어 가장 유력한 차기 상선 후보에 오르는데, 그런 이유로 출세욕에 사로잡힌 내시 정한수(안재모)가 그를 질투하고 온갖 악행으로 처선을 음해한다. 오만방자하면서도 머리가 비상한 정한수는 조치겸의 양부인 노 내시(신구)의 마음을 사로잡아 그의 양자가 됨으로써 졸지에 조치겸과는 형제간이 되고 만다. 그런데 인수대비와 한명회를 등에 업고 온갖 술수와 악행을 일삼은 그는 노 내시의 시중을 드는 설영(전혜빈)과 손잡고 처선과 소화를 모함하며 끈질기게 괴롭힌다.

　특히 소화의 죽음뿐 아니라 원자의 독살 음모에도 결정적인 역할을 한 설영은 결국 노 내시를 독살한 후 정한수에 의해 독살당하고, 세상 무서운 줄 모르고 날뛰던 정한수는 조치겸의 명에 따라 스스로 자결한다. 김처선의 극진한 보살핌으로 안전하게 왕위에 오른 연산군(정태우)은 생모인 폐비 윤씨의 억울한 사연을 알게 되면서 점차 포악해지고 마침내 조정에는 피바람이 불기 시작한다. 상선 자리를 김처선에게 물려주고 물러난 조치겸이 그런 연산군의 폭정에 항거하다 역적으로 몰린 끝에 스스로 자결하고, 김처선 역시 제발 성군이 되어 달라는 직언을 올렸다가 연산군이 휘두른 칼에 무참히 살해되고 만다. 결국 중종반정으로 폐위된 연산군이 강화도로 유배를 떠나면서 드라마는 막을 내린다. 조치겸 역을 맡은 전광렬의 카리스마 넘치는 연기가 화면을 압도하는 드라마다.

그런데 이 드라마의 진짜 주인공은 사람이 아니라 남근이 잘린 양물이다. 다시 말해 거세당한 내관들의 애환을 다룬 본격적인 작품이라 할 수 있다. 하기야 세상에서 가장 소중한 남근을 잃었으니 그런 희생의 대가로 적절한 보상이 이루어짐이 마땅하나 내관들에게 주어진 특혜란 권력과 재물이 전부일 뿐이다. 따라서 그들은 자신들의 양물을 마치 신줏단지 모시듯 보관하며 특수 신분임을 과시하는데, 그들의 반발을 사게 될 경우 궁궐 업무가 마비되는 사태까지 감수해야 되기 때문에 그 텃세가 하늘을 찌를 듯이 높다. 하지만 그들의 처지를 이해할 수 없는 일반 시청자 입장에서는 왜들 저리 난리들인가 그저 어리둥절할 따름이다. 살아생전 내시를 본 것은 드라마를 통해 본 것이 전부니 그럴 수밖에. 특히 내시가 되기 위해 거세하는 장면은 실로 끔찍스럽기 짝이 없어서 보기만 해도 거세 공포를 불러일으키기에 족하다고 하겠다.

드라마의 주인공 김처선은 역사적으로 실존했던 인물로 세종부터 연산군에 이르기까지 무려 일곱 명의 왕을 모신 베테랑 상선이었다. 여러 차례 삭탈관직과 유배 생활을 하기도 했으나 곧바로 복직되는 끈질긴 생명력을 과시한 인물이다. 하지만 감히 직언을 올렸다가 연산군의 손에 죽임을 당했을 때 그의 나이가 무려 84세였음을 감안한다면, 더 나아가 폐비 윤씨보다 무려 34년이나 연상의 인물이었다는 점을 고려한다면, 드라마에서처럼 어릴 적부터 윤소희를 연모했다는 설정은 다소 무리가 있어 보인다. 어쨌든 충직한 그의 행적은 오래도록 기록에 오를 수 없었으며, 심지어 반정을 통해 왕위에 오른 중종마저도 환관 세력의 확대를 경계한 나머지 그에 대한 기록을 허락하지 않았다고 한다. 그리고 200년의 세월이 흐른 뒤 영조 시대에 이르러서야 비로소 충신으로 인정되어 김처선에 대한 기록이 가능하게 되었다고 한다.

천추태후

　손영목, 이상민, 강영란 극본, 신창석, 황인혁 연출의 2009년 KBS 대하사극 〈천추태후〉는 태조 왕건의 손녀로 고려 최고의 여걸인 천추태후(채시라)가 거란족을 물리치고 고구려의 옛 강토를 되찾기 위해 고군분투하는 과정을 담았다. 하지만 천추태후를 한국의 잔 다르크 이미지로 띄우려는 지나친 미화 작업으로 인해 오히려 역효과를 낳고 말았으며, 아무리 드라마 창작이라는 점을 감안하더라도 역사 왜곡의 정도가 너무 심해 눈살이 찌푸려지지 않을 수가 없다.

　단적인 예로, 드라마에서는 그녀의 내연남인 신라 왕족의 후예 김치양(김석훈)이 나중에 난을 일으키자 충직한 부하 강조(최재성)와 힘을 합쳐 난을 제압하는 것으로 나오지만, 정사에 기록된 내용에서는 반대로 김치양과 천추태후가 서로 손잡고 강조를 제거하려 든 것으로 되어 있다. 더욱이 천추태후가 극 중에서 왕이 되기 싫다는 아들의 뺨을 때리고, 더 나아가 오빠 성종(김명수)에게 반란을 일으키는 모습 등은 완전 허구다. 가만히 있어도 자기 아들이 왕이 될 수 있는 상황에서 굳이 반란을 일으킬 이유가 없기 때문이다.

　어디 그뿐인가. 천추태후는 동생 헌정왕후(신애)의 아들 현종을 옹립하는 모습을 보이는데, 이는 사실과 전혀 다르며, 실제로는 자기 아들을 옹립시키기 위해 김치양과 함께 손잡고 경합자인 현종(김지훈)을 없애기에 혈안이었다. 천추태후와 동생 헌정왕후는 자매가 나란히 경종(최철호)의 왕후가 되었으나, 경종이 죽은 후 사가로 나가 살던 헌정왕후가 이복 숙부와 사통해 아들 현종을 낳고 죽었는데, 오빠 성종이 아기를 거두어 궁에서 키우게 한 것이다. 한 가지 재미있는 사실은 헌정왕후의 아역 배우가 박은빈이라는 사실이다.

그러나 역사 왜곡은 그렇다 치고 일방적으로 주인공만을 편들고 감싸 주기에 급급한 제작 태도는 시청자들의 외면을 받기에 족하고도 남음이 있다. 천추태후만 옳고 그녀에 반대하는 인간들은 모두 악인으로 몰고 가 버리니 그야말로 극단적인 이분법 논리에 짜증이 넘쳐날 수밖에 없다. 더군다나 김치양을 포함해 신라 쪽 사람들은 모조리 질이 안 좋은 인간들로 묘사하는데, 그런 편견은 또 어떻게 비롯된 것인지 매우 궁금하다. 이처럼 무수히 많은 허점투성이 드라마였으니 그동안 정통 사극의 대부임을 자부하던 KBS로서는 참으로 굴욕적인 일이 아닐 수 없다.

2023~2024년에 방영한 이정우 극본, 전우성, 김한솔 연출의 KBS 정통 사극 〈고려 거란 전쟁〉은 〈천추태후〉와 동시대의 비극과 혼란을 다룬 드라마지만, 천추태후와 김치양이 초반에 잠시 등장해 국정을 농단하며 설쳐 대다 강조(이원종)의 반란으로 완전히 몰락하는 존재로 묘사된다. 더군다나 초반의 처절하고 박진감 넘치는 전투 신을 제외하면 대부분의 시간을 지루하기 이를 데 없는 소모성 정쟁과 입씨름으로 메운 데다 설상가상으로 일부 역사적 사실까지 왜곡하는 바람에 처음에 가졌던 기대에 제대로 부응하지 못한 감이 있다. 그럼에도 〈태조 왕건〉에서 왕건 역을 맡았던 사극 전담 배우 최수종이 여기서는 사생아 출신의 나약하고 소심한 군주 현종(김동준)을 도와 거란족을 물리치고 고려

를 구한 강감찬 장군 역을 맡으면서 드라마의 무게를 살리고 있어 그나마 다행이라 할 수 있다.

하지만 이 드라마의 진정한 영웅이자 주인공은 강감찬이라기보다 오히려 흥화진의 늑대로 불리는 도순검사 양규(지승현)라 할 수 있다. 그는 거란의 40만 대군이 압록강을 건너 흥화진을 공격하자 불과 3천의 병력을 이끌고 결사 항전의 각오로 끝까지 성을 사수하는데, 결국 양규의 초반 투혼이 거란군의 사기를 꺾어 놓고 마침내는 고려를 철수하도록 이끄는 결정적인 역할을 하게 된다. 그런 점에서 양규의 존재는 귀주 대첩에서 거란 대군을 물리친 강감찬과 더불어 고려의 이순신이라 불릴 만한 구국의 영웅이라 할 수 있다. 오늘날 유달리 위기에 강한 면모를 보이는 한국인의 특성은 이처럼 오랜 역사를 통해 습득된 끈질긴 생존 욕구와 투쟁의 산물이라 할 수 있겠다.

자명고

　이명우 연출, 정성희 극본의 2009년도 SBS 사극 〈자명고〉는 우리에게 잘 알려진 낙랑공주와 호동왕자 이야기를 토대로 만든 드라마지만, 내용 자체는 호동왕자(정경호)를 중심으로 자매지간인 언니 자명공주(정려원)와 동생인 낙랑공주(박민영) 사이에 벌어진 치열한 갈등과 삼각관계 및 서로 엇갈린 비극적인 운명에 초점을 맞춘 것으로, 낙랑국을 지키는 자명고를 북이 아니라 사람으로 의인화한 점이 특이하다.

　낙랑군의 대장군 최리(홍요섭)에게는 모하소(김성령)와 왕자실(이미숙)이라는 두 명의 부인이 있었는데, 이들 여인은 각기 딸 자명과 라희를 낳지만 태사령 자묵의 불길한 예언으로 두 딸의 운명이 태어나자마자 서로 엇갈리게 된다. 이에 왕자실이 재빨리 손을 써서 자신의 딸 라희를 살려 낸 데 반해, 모하소의 딸 자명은 작은 배에 실려 강에 버려진다. 하지만 끈질긴 목숨의 주인공 자명은 바다 건너 한나라 동모현 해안에 닿은 후 기예단의 차차숭(이원종)이 거두어 '뿌쿠'라는 이름으로 살면서 무예까지 익히게 된다. 자신의 신분을 알지 못한 그녀는 우연히 호동왕자를 만나 사랑에 빠지고 마침내 그의 호위 무사가 된다.
　그동안 최리는 낙랑국의 왕이 되고 라희는 공주 신분으로 안락한 삶을 보내는데, 고구려의 호동왕자는 자기와 낙랑공주 라희의 국혼을 맺어 낙랑을 차지하려는 야심을 지닌 아버지 대무신왕(문성근)의 눈에 들기 위해 그 역시 라희를 이용할 마음을 먹는다. 하지만 자신이 낙랑의 공주였다는 사실을 알게 된 자명이 부모를 찾아 낙랑으로 향하는 바람에 이들 부자의 계획은 난관에 부딪친다. 결국 낙랑의 일부 지방 세력이 왕자실에 대한 반감으로 공공연하게 자명을 지지하고 나서면서 낙랑은 내분의 위기에 빠지고 만다.

그 후 왕자실의 독살 음모를 물리치고 당당히 낙랑의 신녀가 된 자명은 나라의 운명을 지켜 줄 자명고를 설치해 대무신왕과 호동을 당혹스럽게 하는데, 부왕과 짜고 거짓 망명 쇼까지 벌이며 낙랑공주와 국혼을 치르려던 호동으로서는 실로 난감한 상황을 맞이하게 된 것이다. 결국 호동은 라희에게 자명고를 부숴 달라 부탁하고 고심하던 그녀는 자신을 막아선 자명까지 쓰러트리고 마침내 자명고를 찢어 버린다. 이에 사기가 오른 고구려 군사들이 낙랑을 무너뜨리고 최리는 처형된다. 그리고 더이상 이용 가치가 없어진 라희는 낙랑 백성에게 내주어 배신자의 오명을 쓰게 한 채 돌에 맞아 죽게 만든다. 자명의 어머니 모하소는 라희의 몸을 감싸 주다 함께 숨을 거두고 왕자실은 딸 라희의 시신을 거두어 낙랑을 떠난다.

한편 자명고를 지키려다 라희가 사용한 독에 쓰러진 자명은 다행히 치료를 받고 살아남았으나, 낙랑 부흥 운동이 벌어진다는 소문을 듣고 대무신왕이 호동에게 자명을 잡아 없애라는 명을 내린다. 그러지 않아도 그녀의 행방을 애타게 찾고 있던 호동은 힘겹게 마주친 재회 현장에서 자신에게 칼을 겨누는 자명에게 아무런 저항 없이 자기 몸을 맡긴다. 그리고 호동을 구하러 고구려 군사들이 다가오자 호동은 자명을 끌어안으며 그녀의 칼로 자신과 자명을 함께 찌른다. 그리고 다음 생에서 평범한 사람으로 만나 사랑을 나누자는 호동에게 자명은 "다음 생애가 있다면, 나는 당신의 어머니로 태어나고 싶어. 좋은 엄마가 되어서 당신을 사랑할게. 당신은 라희를 사랑해 줘."라고 답하며 함께 숨을 거둔다.

이처럼 서로 끌어안은 상태로 숨을 거두면서 다음 생을 기약하는 호동과 자명의 안타까운 죽음을 지켜보는 시청자들의 마음이 결코 편할 리 없겠으나, 그래도 다음 생에서는 어머니로 태어나 좋은 엄마 노릇으로 사랑을 베풀겠다는 자명의 마지막 말처럼 가슴 뭉클한 감동을 안겨 주는 말도 달리 없을 것이다. 많은 남성의 무의식적 로망을 자극하는 자명의 이 같은 모성적 보호 본능이야말로 만병통치의 효과를 발휘하는 최상의 명약이 아니겠는가. 더군다나 자명이 말하는 사랑은 오로지 받기만 하는 사랑이 아니라 일방적으로 주는 사랑이라는 점에서 모든 엄마의 조건 없는 사랑을 상징한다고 볼 수 있다. 이 세상에서 조건 없는 사랑을 베푸는 존재는 어머니가 유일하기 때문이다.

다만 호동과 낙랑공주의 최후에 대해서는 드라마의 내용과 실제 모습이 전혀 다르다고 할 수 있다. 역사적 기록에 의하면, 호동은 낙랑왕 최리의 눈에 들어 낙랑공주와 혼인했으나, 낙랑을 차지하려는 부왕 대무신왕의 야욕에 따라 낙랑공주로 하여금 낙랑을 지키는 북과 나팔을 부수라고 요구했다. 결국 최리는 나라를 배신한 낙랑공주를 죽이고 고구려에 항복한다. 그 후 호동 역시 비극적인 최후를 맞이하는데, 이복동생 해우와 태자 다툼에서 밀려 자결하고 만다. 해우를 태자로 만들려는 원비의 모함으로 호동이 억울한 누명을 쓰게 된 것인데, 원비는 호동이 어미인 자신에게 음흉한 뜻을 품고 있다는 거짓을 왕에게 고함으로써 호동을 궁지로 몰아넣는다. 이에 호동은 구차한 변명을 늘어놓지 않고 스스로 칼에 엎드려 죽은 것이다. 어찌 보면 호동과 낙랑공주의 실제 모습이 드라마 내용보다 더욱 비극적으로 보이기도 하지만, 그럼에도 불구하고 드라마 작가의 놀라운 상상력에는 큰 박수를 보내지 않을 수 없다.

선덕여왕

　김영현, 박상연 극본, 박홍균, 김근홍 연출의 2009년도 MBC 대하사극 〈선덕여왕〉은 우리나라 최초의 여왕이 된 덕만공주(이요원)가 충신 김유신(엄태웅)의 도움으로, 권력욕에 사로잡힌 막강한 실력자 미실(고현정)의 강력한 도전과 위협을 물리치고, 왕위에 오르기까지 겪어야 했던 기구한 운명을 그린 드라마다. 특히 가슴 섬뜩한 고현정의 카리스마 넘치는 연기와 그녀의 숨겨진 아들 비담(김남길)의 광기 어린 모습이 단연 돋보인다.

　주인공 덕만은 신라 진평왕(조민기)과 마야부인(윤유선) 사이에서 태어난 여자 쌍둥이 가운데 둘째였으나, "임금에게서 쌍둥이가 나오면, 성골 남자의 씨가 마를 것이다."라는 불길한 내용의 황실 예언 때문에 왕의 지시로 시녀 소화(서영희)의 품에 안겨 몰래 빼돌려진다. 미실이 보낸 자객 칠숙(안길강)의 추적을 피해 멀리 중앙아시아 사막지대로 달아난 소화는 그곳에서 상단을 운영하며 덕만을 정성껏 키우는데, 덕만은 소화를 친어머니로 알고 자란다.
　그러던 어느 날 덕만은 오랜 세월 떠돌며 그녀의 행방을 뒤쫓은 칠숙을 만나 소화가 자신의 친모가 아니라는 사실을 알게 된다. 이로써 사극에도 출생의 비밀이 등장한 것이다. 자신의 출생에 관한 비밀을 알고 있는 국선 문노(정호빈)를 만나기 위해 신라로 향한 덕만은 우여곡절 끝에 남장 차림으로 김유신의 용화향도에 들어가 강인한 생존력과 담력을 쌓게 된다. 그 후 천명공주(박예진)가 친언니임을 알게 된 덕만은 이를 눈치챈 김유신과 함께 미실에 대한 도전을 다짐하지만, 오히려 미실의 역공을 받고 쫓기는 신세로 전락한다.

그렇게 도피하는 도중에 미실의 수하들에게 붙잡힌 덕만은 우연히 마주친 비담의 손에 의해 구출되고 천명공주의 뜻에 따라 김유신과 함께 멀리 떠나고자 한다. 하지만 천명공주가 살해당하자 덕만은 생각을 바꿔 서라벌로 돌아가 국정을 농단하는 미실을 제거하고 왕이 될 뜻을 세운다.

한편 덕만의 출현으로 심기가 불편해진 미실은 진골 출신의 당찬 여걸로, 원래 진흥왕을 모실 때부터 황후가 될 꿈을 지니고 있었다. 하지만 뜻대로 되지 않자 그 뒤를 이은 진지왕과 관계를 맺고 아들 비담을 낳았으나 진지왕이 자기를 내치자 이용 가치가 없어진 아기를 내버렸다. 그렇게 버림받은 비담을 국선 문노가 데려가 제자로 키운 것이다. 따라서 비담 역시 덕만과 마찬가지로 출생의 비밀을 안고 있는 비극적 운명의 주인공으로 등장한다. 불행 중 다행인지 기억상실은 등장하지 않는다. 그런데 피는 속일 수 없는 것일까. 비담 역시 어머니 미실처럼 비정하고 냉담하기 그지없으며, 바늘로 찔러도 피 한 방울 나오지 않을 정도의 포스가 느껴지는 그런 인간이다.

어쨌든 우여곡절 끝에 덕만은 미실의 집요한 방해 공작을 물리치고 마침내 여왕의 자리에 오른다. 그동안 자신을 위해 헌신한 비담에게 상대등이라는 막강한 권력을 맡기지만, 드디어 미실의 반격이 시작되고 설상가상으로 비담이 미실의 아들임이 드러난다. 비담과의 국혼을 추진하려던 선덕여왕은 큰 혼란에 빠진다. 미실은 자기를 대신해서 아들 비담이라도 왕으로 만들려는 야심을 이루고자 하지만, 결국 그녀는 반역에 실패하고 대야성에서 스스로 목숨을 끊고 만다. 죽을 때도 꼿꼿이 앉은 자세로 숨을 거두는 미실의 모습은 그야말로 전율을 일으킬 정도다.

물론 이 모든 이야기의 대부분은 역사적 사실과는 거리가 있음을 알아야겠다. 다만 성골과 진골 사이에 벌어지는 치열한 암투의 전통은 민주주의 사회인 오늘날에 와서도 여전히 그 위세를 떨치고 있는 것처럼 보이기도 하는데, 특히 재벌가와 정치판에서 벌어지는 분란을 통해 그와 유사한 분위기를 접할 수 있다. 또한 혈통에 대한 병적인 집착으로 역모까지 일으킨 미실의 행적을 보면 혈연관계에 유달리 매달리는 우리나라 사람들의 오랜 전통을 이해할 수 있을 뿐만 아니라 더 나아가 오늘날 우리 드라마에 출생의 비밀과 친자 확인 문제가 빠질 수 없는 이유를 대변해 준다고도 볼 수 있겠다.

〈선덕여왕〉의 폭발적인 인기는 전적으로 미실과 비담의 공이다. 다시 말해 선과 올바름을 대표하는 선덕여왕과 김유신의 존재보다, 악역을 전담한 미실과 비담에게서 뿜어져 나오는 무시무시한 탐욕과 살기에 수많은 시청자가 더 큰 매력을 느낀 것이다. 그런 점에서 분명 악은 선보다 자극적이고 유혹적이다. 나쁜 남자에 더욱 매력을 느끼는 현대 여성의 특성도 한몫 거들었을 성싶다. 또한 혀끝 하나로 세상을 뒤흔들고 숱한 남성 위에 군림하며 쩔쩔매게 만드는 미실의 독보적인 카리스마는 그야말로 타의 추종을 불허하는 슈퍼우먼이 아닐 수 없다. 역대 사극을 통해 미실만큼 표독하고 비정한 여인상을 가감 없이 드러낸 경우는 거의 찾아 보기 어려울 정도니 더욱 그렇다.

따라서 여성의 평등권을 드높이 외치는 오늘날에 와서 미실의 존재는 수많은 여성의 우상이 되기에 십상이고, 파격적인 행보로 여왕의 마음마저 사로잡고 흔들리게 만드는 나쁜 남자 비담의 까칠한 모습 역시 묘한 매력을 발산하는 것이다. 그리고 이도 저도 아닌 남성들은 그저 귀퉁이에 찌그러진 상태로 조용히 앉아 남들 따라 박수만 잘 쳐도 본전은 건질 것이 분명하다. 하지만 태어나서 제대로 사랑을 받아 보지 못한 비담은 차갑고 잔인하며 편집증적 의심으로 가득 찬 인물이 되면서 결국에는 그런 성격적 결함으로 인해 선덕여왕의 사랑을 제대로 소화하지도 못한 채 스스로 파멸의 길을 선택하고 만다.

동이

　김이영 극본, 이병훈 연출의 2010년 MBC 대하사극 〈동이〉는 천민 출신의 동이(한효주)가 궁궐 무수리에서 시작해 숙종(지진희)의 후궁인 숙빈의 자리에 오르기까지 실로 파란만장한 삶의 일대기를 그린 드라마로 선풍적인 인기를 끌었던 작품이다. 특히 희빈 장씨(이소연)와 목숨을 걸고 벌이는 치열한 두뇌 게임은 박진감 넘치는 스릴을 선사한다. 두 여인 간에 벌어지는 반전에 반전을 거듭하는 맞대결의 최종 결말은 동이의 승리로 끝나지만, 노론과 소론 사이의 정쟁은 더욱 불이 붙어 그 후에도 동이는 숱한 위기를 넘긴다.

　천민들의 비밀 조직 검계의 수장 최효원(천호진)의 딸로 태어난 동이는 정쟁의 희생양으로 아버지와 오빠가 억울하게 반역 죄인으로 몰려 죽임을 당하자 그런 음모의 배경을 밝히기 위해 스스로 궁에 들어가 '천동이'라는 이름으로 장악원의 무수리가 되어 온갖 허드렛일을 하며 지낸다. 그러던 중 숙종의 총애를 받는 장 상궁이 모함에 빠져 곤경에 처하자 그녀를 흠모하던 동이가 그런 모함의 배경을 밝히는 과정에서 숙종과 장 상궁을 알게 되고, 동이의 영민함을 알아본 장 상궁은 동이를 감찰 궁녀로 만든다. 그런데 자신의 든든한 후원자였던 장희빈이 권력에 대한 탐욕으로 인현왕후(박하선)를 모해하려는 사실을 알게 되자 동이는 비로소 장희빈의 실상을 깨닫고 그녀에게 등을 돌리게 된다.

　동이를 총애하고 신임하던 인현왕후가 장희빈의 모함으로 결국 폐위되어 사가로 내쳐지고 장희빈이 중전 자리를 차지하게 되지만 숙종의 마음이 동이에게 쏠리게 되자 질투심에 사로잡힌 장희빈은 어떻게 해서든 눈엣가시로 등장한 동이를 제거하려 든다. 그런 동이가 폐비 인현왕후의 복위를 위해 장희빈의 음모를 밝히려 들자 장희빈의 오빠 장희재(김유석)는 자객을 보내 동이를 죽이려 한다. 결국 부상을 입고 달아난 동이는 멀리 의주에서 종살이를 하다가 그곳에 유배 중인 선비 심운택(김동윤)과 기생 설희(김혜진)의 도움을 받아 한성으로 돌아온다. 그 후 힘겹게 숙종과 눈물겨운 재회를 한 동이는 마침내 승은 상궁의 자리에 올라 장희빈을 중전 자리에서 내쫓고 인현왕후를 복위시키는 데 성공한다. 하지만 숙종이 동이를 후궁으로 맞이하자 동이의 출신 배경을 뒷조사한 장희빈에 의해 동이의 정체가 만천하에 드러나면서 숙종도 어쩔 수 없이 동이를 사가로 내친다.

그 후 동이가 사가에서 낳은 아들 금이(이형석)와 우연히 마주친 숙종은 때마침 동이의 사가에서 벌어진 방화 사건을 기화로 동이 모자를 궁으로 불러들인다. 그런데 금이가 어린 나이에도 대학과 중용을 줄줄 외는 신동임이 드러나자 자기가 낳은 세자의 앞날이 위태로울 수 있다고 여긴 장희빈은 동이 모자를 없애기로 작심하고 자객들을 동원하지만, 그 계획은 실패로 돌아간다. 결국 장희빈은 사사당하고, 일찍 세상을 뜬 인현왕후의 뒤를 이어 동이 최숙빈이 가장 유력한 중전 후보로 떠오르지만, 그녀는 중전에 오르기를 거부한다. 그리고 새로운 중전 인원왕후(오연서) 역시 숙종의 총애를 독차지한 동이에게 강한 질투심을 보이지만, 사심을 비우고 궁 밖의 사가로 나가 살겠다는 동이의 태도에 오해를 풀고 오히려 금이를 양자로 삼겠다는 결정으로 동이와 숙종을 감동시킨다.

마침내 동이는 사가인 이현궁으로 나가 가난한 천민들을 도우며 살아가고, 금이는 그런 어머니의 모습을 바라보며 큰 깨달음을 얻는다. 비록 동이는 매우 영특한 아들 영조가 왕위에 오르는 모습을 보지 못하고 일찍 세상을 떠나지만, 숙종과의 애틋한 정분은 죽을 때까지 계속 이어진 것으로 묘사된다. 아름답고 총명하기 그지없는 동이의 모습은 가장 이상적인 이조 여인상을 보여 주는데, 절제와 위트, 지혜와 자애로움의 화신으로 묘사된 동이에 비해 장희빈은 상대적으로 권모술수에 능한 질투의 화신으로 그려져 동이와 극명한 대조를 이룬다.

그런데 여기서 우리가 한 가지 주목할 점은 아무리 영특하고 민첩한 동이라 할지라도 궁궐에서 살아남기 위해서는 어차피 자신을 받쳐 줄 지지 세력에 의존할 수밖에 없다는 사실이다. 따라서 소론 세력을 등에 업은 장희빈에 맞서 동이는 노론의 지지를 받았는데, 영조는 그런 당쟁의 폐단을 없애고자 탕평책을 동원해 애쓰기도 했으나, 결국에는 실패하고 말았다.

가장 중요한 포인트는 말년에 이른 숙빈 최씨의 실제 삶이 드라마의 묘사처럼 그렇게 행복한 것이 아니었다는 점이다.《이조실록》에 따르면, 숙종은 장희빈 사후 최숙빈이 중전에 오르는 것을 탐탁지 않게 여겼으며, 그 후에도 노론의 지지를 받으며 세력 기반을 다지는 최숙빈을 오히려 경계했다고 한다. 게다가 이현궁 사가로 나가 지낸 최숙빈을 단 한 번도 찾은 적이 없을 정도로 무심했으며, 그녀가 죽었을 때도 특별한 애도조차 보이지 않았다고 하니 드라마의 내용과는 전혀 다름을 알 수 있다.

일설에 의하면, 숙종은 세자 시절부터 울화병과 분노조절장애가 있었던 것으로 알려지기도 했는데, 드라마에서 숙종 역을 맡은 지진희는 연말 MBC 연기 대상에서 남자최우수상 외에도 깨방정상을 타기도 했으니 실제 숙종과는 매우 판이한 스타일임을 알 수 있다. 그런 점에서 모르는 게 약이라는 말도 상당히 일리가 있는 주장이기도 하다. 한편 자녀 양육 방식의 차이도 뚜렷한데, 동이가 엄히 키우면서도 자애로운 어머니 역할에 충실했다면, 장희빈은 차갑고 강압적으로 윽박지르는 스타일이라 하겠다. 따라서 동이의 아들 연잉군이 매우 능동적이고 문제 해결 능력이 뛰어난 인물이라면, 장희빈의 아들 세자는 소심하고 내성적인 성격에 속한다고 볼 수 있다. 학습 이론에 의하면, 동이는 보상 중심의 양육을, 그리고 장희빈은 징벌 중심의 양육을 펼친 셈인데, 현대 교육론에서는 징벌보다 보상 중심의 교육이 훨씬 더 효율적이라 주장하지만, 오늘날의 엄마들은 오히려 금쪽같은 내 새끼라며 과잉보호를 펼침으로써 버릇없는 아이로 키우는 게 더 큰 문제라 하겠다.

다행히 드라마에서는 치열한 대립 관계에 있던 어머니들과는 달리 연잉군과 세자 사이가 친형제 못지않게 매우 좋은 것으로 나오는데, 문제는 경종이 일찍 승하하자 연잉군이 올린 음식을 잘못 먹고 죽었다거나 심지어는 독살설까지 나돌아 뒤를 이어 즉위한 영조가 그런 소문에 억울한 나머지 분통을 터뜨리며 눈물을 흘렸다고 한다. 그런 정황으로 보자면, 드라마에서 묘사된 이복형제 간의 돈독한 우애는 다소 억지스러운 것으로 여겨진다. 연잉군이 어머니 장희빈을 죽게 만든 동이의 아들이라는 점에서 더욱 그렇다. 어쨌든 장희빈과 동이 두 여인 모두 아들의 왕위 계승을 위해 모든 것을 다 바쳤음에도 끝내 경종과 영조가 즉위하는 모습을 보지도 못하고 일찍 생을 마감해야 했으니, 세상 돌아가는 일이 결코 만만치가 않음을 여실히 보여 준다고 하겠다.

추노

 천성일 극본, 곽정환 연출의 2010년 KBS 사극 〈추노〉는 도망친 노비를 쫓는 인간 사냥꾼 대길(장혁)을 주인공으로 내세워 무장 출신 송태하(오지호)와 함께 달아난 옛 연인 언년이(이다해)의 뒤를 집요하게 추적하는 내용이다. 주인공 이대길 역을 맡은 장혁의 열연이 단연 돋보인다.

 피도 눈물도 없는 냉혈 추노꾼으로 악명이 자자한 이대길은 원래 양반가의 자제로 노비 언년이와 사랑하는 사이였다. 병자호란 당시 청나라 병사에게 끌려가는 언년이를 구하려다 거의 죽을 뻔했는데, 그 일로 둘의 관계가 들통나자 언년이가 다른 곳에 팔려 갈 처지에 놓이게 된다. 이에 격분한 언년이의 오빠 큰놈이(조재완)가 집에 불을 지르고 대길의 부모를 살해한 뒤 언년이를 데리고 달아난다. 집안이 몰락하자 대길은 이들 남매를 찾고자 추노꾼이 되어 도망간 노비들을 추적하는 일에 조선 최고의 달인으로 거듭난다.

 그러던 어느 날 조정의 실세로 막강한 권력을 휘두르는 좌의정 이경식(김응수) 대감으로부터 훈련원에서 도망친 노비 송태하를 잡아 오라는 추노 의뢰를 받는다. 거액의 사례금을 보장받고 동료인 최장군(한정수), 왕손(김지석)과 함께 송태하를 추적하기 시작한 대길은 그때부터 예상치 못한 정치적 음모에 휘말려 험난한 고생길에 들어서게 된다. 그런데 좌의정은 대길 외에도 자신의 사위 황철웅(이종혁)에게도 똑같은 지시를 내리고 송태하가 찾고 있는 소현세자의 어린 아들 이석견(김진우)을 암살하라는 지시까지 내린다. 황철웅은 송태하의 옛 동료로 오로지 출세를 위해 뇌성마비 여인을 아내로 맞아들인 비정한 사내다.

한편 김혜원의 이름으로 오빠 큰놈이와 함께 살아가던 언년이는 오빠가 후원자였던 최씨에게 시집보내려 하자 그때까지도 대길을 잊지 못한 그녀는 야반도주하고 만다. 이에 격분한 최씨는 살수들을 고용해 그녀의 뒤를 추적하고, 김성환은 동생의 목숨을 구하기 위해 자신의 호위 무사들을 급파한다. 그런데 도망치던 김혜원은 도중에 우연히 만난 송태하와 계속 동행하게 되면서 둘은 한꺼번에 네 무리의 추적을 받게 된다. 그야말로 숨조차 제대로 쉴 수 없는 고난의 행군에 들어선 것이다. 한때 조선 최고의 무술을 자랑하던 송태하는 소현세자와의 약속을 지키기 위해 김혜원과 함께 소현세자의 막내아들 이석견의 유배지인 제주도로 향하는데, 그동안 추노꾼 노릇을 하면서도 항상 품 안에 언년이의 초상화를 지니고 다니며 그녀의 행방을 수소문하던 대길은 송태하를 뒤쫓다가 언년이가 그와 함께 있다는 사실을 알게 되자 질투심과 배신감을 느끼고 곧바로 그들의 뒤를 쫓아 제주도로 향한다.

제주도에 도착한 송태하와 김혜원은 이석견을 무사히 구출하고 그동안 쌓인 정분을 확인하며 혼례식을 올리는데, 그 모습을 몰래 지켜보던 대길은 좌절과 허탈감에 빠진 나머지 임무를 포기하고 돌아가기로 마음먹는다. 하지만 황철웅의 개입으로 상황이 꼬이면서 송태하와 대길 모두 좌의정에게 끌려가 처형당할 위기에 빠진다. 다행히 추노꾼 천지호(성동일)의 도움으로 탈출에 성공한 그들은 김혜원까지 구출해 화적패 두목 짝귀(안길강)의 산채로 몸을 숨긴다. 그동안 대길은 송태하의 높은 뜻과 인간성에 점차 호감을 갖게 되고 언년이에 대한 집착도 내려놓는다. 그 후부터 송태하와 김혜원을 돕는 일에 발 벗고 나선 대길은 갑자기 관군을 몰고 나타난 황철웅과 혈투를 벌이는 사이에 송태하와 김혜원은 안전하게 몸을 피한다. 자신의 옛 연인과 연적을 위해 필사적으로 싸우던 대길은 마침내 장렬한 최후를 맞이하고, 그 모습을 지켜보고 심경의 변화를 일으킨 황철웅은 더이상의 추적을 포기하고 한양으로 돌아가 그동안 자기가 무심했던 뇌성마비 아내 앞에서 회한의 눈물을 흘린다.

한편 그동안 대길을 연모하며 쫓아다니던 설화(김하은)는 죽어 가는 대길을 껴안고 하염없이 슬피 운다. 필설로 다 할 수 없는 한과 억울함, 안타까움으로 타령조 노래를 부르며 한없이 흐느끼는 설화의 모습이야말로 수천 년간 맺힌 한을 아리랑 민요에 담아 마음을 달래던 힘없는 백성의 모습 그대로다. 비록 오늘날의 젊은 여성들은 설화의 그런 서글픈 한을 이해하기도 공감하기도 어렵겠지만, 그래도 야성적인 남성미를 마음껏 발산하는 대길에게는 묘한 매력을 느끼고 푹 빠져들 수밖에 없어 보인다. 그런 점에서 드라마 〈허준〉 방영 당시 이뤄진 설문 조사처럼 이대길과 송태하 중에서 누가 더 신랑감으로 좋으냐는 설문 조사가 이뤄졌다면 과연 누가 더 큰 점수를 받았을지 궁금해지기도 한다.

달아난 노비를 쫓는 추노꾼의 이야기는 퓨전 사극의 묘미를 배가시키는 효과를 발휘하기도 하겠지만, 민주주의 시대를 살아가는 오늘날의 시청자 입장에서 보자면, 매우 가슴 아픈 우리 조상들의 한 맺힌 과거뿐 아니라 수많은 노비가 존재했던 부끄러운 과거 역사를 다시 들쑤시는 것 같아 마음 한편으로는 께름칙한 느낌 또한 떨쳐 내기 어려운 게 사실이다.

　더군다나 대부분의 정통 사극에서는 왕족이나 문무 대신들이 주역을 도맡아 드라마를 이끌어 가는 게 정석이라 할 수 있는 반면에, 일반 백성보다 신분이 낮아 사람 취급도 받지 못하는 노비에게 초점을 맞춘 경우는 거의 없다고 해도 과언이 아닐 것이다. 그래서 추노꾼이 된 도련님과 그의 옛 정인이었던 노비 여성의 이루어질 수 없는 사랑의 이야기는 쫓고 쫓기는 스릴 넘치는 추적 신과 무사들의 호쾌한 결투 신이 함께 버무러져 매우 박진감 넘치는 분위기를 연출함으로써 매우 높은 시청률을 올리며 큰 인기를 얻었다.

공주의 남자

　조정주, 김욱 극본, 김정민, 박현석 연출의 2011년 KBS 사극 〈공주의 남자〉는 조선 왕조 초기 단종 폐위를 둘러싸고 벌어진 계유정난을 시대적 배경으로 수양대군의 딸 이세령(문채원)과 김종서의 아들 김승유(박시후)의 애절한 사랑을 다룬 드라마다.

　정치적 야망을 지닌 수양대군(김영철)은 앙숙 관계인 조정의 실력자 김종서(이순재)와 결탁하기 위해 자신의 딸 세령과 김종서의 아들 김승유의 혼담을 추진하는데, 왕손답지 않게 사고뭉치인 말괄량이 처녀 세령은 다소 고지식한 성균관 박사 김승유를 만나면서 운명적인 사랑에 빠진다.
　하지만 정변이 일어나면서 김종서 일가가 하루아침에 몰락하자 그들의 혼사도 자연스레 깨지고 만다. 대신 세령은 수양대군과 손잡은 신숙주 아들 신면(송종호)과 정략적 혼인을 하게 될 처지에 놓이는데, 그동안 남몰래 세령을 짝사랑했던 신면은 승유만을 바라보는 세령에게 엄청난 질투심을 지닌다. 더군다나 김승유가 강화로 유배를 떠날 때 타고 가던 배가 침몰했다는 소식을 듣고 죽은 줄 알았던 승유가 다시 돌아와 복수심에 가득 찬 나머지 세령을 납치해 인질로 삼자 그를 노리고 날아온 화살을 대신해서 세령이 맞는 바람에 승유의 마음이 흔들린다.

　그 후 단종이 폐위되고 사육신들이 참혹한 죽임을 당하게 되자 아버지 앞에서 머리카락을 자르며 인연을 끊겠다고 선언하고 궁을 나간 세령은 승유와 함께 지내며 잠시 행복한 시간을 보내지만, 격노한 아버지가 그녀를 신면의 노비로 보낸다는 지시를 내리면서 졸지에 신면의 집으로 끌려가는 신세가 된다. 그럼에도 그녀가 완강하게 신면을 거부하고 마음이 아니라면 몸이라도 뺏겠다는 신면의 위협에도 눈 하나 깜짝하지 않는다. 그런데 신면이 자기를 미끼 삼아 김승유를 잡으려 한다는 사실을 알게 된 세령은 말을 타고 달아나고, 단독으로 세조 암살에 나선 김승유는 승법사에 들른 세조를 죽이려다가 그에게서 세령의 임신 사실을 전해 듣고 멈칫하는 사이에 오히려 붙잡히고 만다. 하지만 정희왕후의 도움으로 승유는 세령과 함께 도망치고 두 사람의 존재는 죽은 것으로 처리된다. 그 후 세령과 승유는 사람들의 눈을 피해 아기를 키우며 단란한 삶을 누린다.

물론 사실 여부를 떠나서 세령과 승유의 애절한 러브스토리는 셰익스피어의 비극 〈로미오와 줄리엣〉에 감히 견줄 수는 없다손 치더라도 원수 집안의 딸을 사랑함으로써 치러야 할 대가라는 측면에서 보자면, 그래도 해피 엔딩으로 끝난 것이 거의 기적처럼 보이기도 한다. 솔직히 말해 〈공주의 남자〉는 당시 정황으로 미루어 보건대 결코 이루어질 수 없는 사랑임에 틀림없지만, 그럼에도 그들이 행복한 결말을 보게 된 것은 결국 딸에 대한 아비의 사랑 때문에 가능하지 않았을까 싶기도 하다. 숱하게 흘린 피의 대가로 왕좌를 찬탈한 세조임을 생각하면 선뜻 이해하기 힘든 모습이긴 하나 드라마의 내용 자체가 허구임을 감안해 볼 때 그럴 수도 있겠다 싶은 마음도 든다. 그런 점에서 "자식 이기는 부모 없다."라는 옛말이 새삼스레 와닿는다.

다만 19세기 서유영이 쓴 설화집 《금계필담》에 보면 수양대군의 딸과 김종서의 아들이 아닌 친손자가 우연한 기회에 인연을 맺고 세간의 눈을 피해 숨어 살았다는 이야기가 전해지는데, 이 역시 야사일 뿐이며, 실제로는 김종서의 3남 김승유가 계유정난이 벌어지기 이전에 이미 여흥 민씨와 혼인해 아들 김효달을 둔 것으로 알려져 있다.

계백

정형수 극본, 김근홍, 정대윤 연출의 2011년 MBC 사극 〈계백〉은 백제가 멸망하던 의자왕 시대를 배경으로 마지막까지 나라를 지키려다 장렬한 최후를 맞이했던 계백 장군(이서진)의 일대기를 다룬 드라마다. 폭군 의자왕(조재현)과 충신 계백 사이를 오가며 자신의 야욕을 채우다 나라와 온 백성까지 파멸에 이르게 하는 은고(송지효)의 모습을 통해 씁쓸한 뒷맛을 남기는 작품이지만, 헌신적인 아내 초영(효민)을 죽이고 비장한 각오로 전장에 나서는 계백의 애국심은 조선의 이순신 장군에 결코 뒤지지 않는다.

백제 무왕과 선화공주의 아들로 태어난 의자는 무왕의 후비 사택비(오연수)의 간계로 신라 세작의 누명을 쓴 어머니가 자결하는 모습을 직접 목격한 이후로 목숨을 부지하기 위해 고의로 망나니짓을 하며 세월을 보낸다. 한편 충직한 무장 무진(차인표)은 선화와 의자를 구하려다 오른팔을 잃고 실의에 빠져 술로 세월을 지새우는데, 그의 아들 계백은 그런 아버지를 정성껏 돌본다. 그런데 무진을 오래전부터 연모해 온 사택비는 무진이 끝까지 자신의 마음을 받아들이지 않자 무진의 뺨까지 때리지만, 그에 대한 집착을 버리지 못한다. 최고 권력의 자리인 황후가 되어서도 옛 정인을 잊지 못한다는 점에서는 은고와 매우 닮았다.

일찍부터 계백과 인연을 맺은 은고는 아버지가 선화공주의 일로 숙청당한 후 상단 일을 꾸려 가면서 복수를 다짐하고 의도적으로 사택비에 접근해 그녀의 총애를 받게 된다. 사택비라는 공동의 적을 둔 의자와 은고는 그때부터 서로 손을 잡는다. 하지만 은고는 계백을 사랑하면서도 출세욕에 사로잡힌 나머지 그녀를 차지하려는 의자의 요구에 굴복하고 마침내 그의 후궁이 되어 아이까지 낳는다.

은고를 차지하는 데 성공한 의자는 계백을 철저히 견제하며 먼 변방으로 좌천시키지만, 그동안에 계백은 오랜 기간 자신을 흠모하며 보필했던 초영과 혼인해 단란한 가정을 꾸리고 산다. 한편 은고는 간교한 계책으로 황후를 몰아내고 자신이 그 자리를 차지하는데, 당나라에서 아들 부여효에게 태자 책봉 고명을 내려 주지 않자 신라의 도움을 얻기 위해 극비 사항인 군사 정보를 몰래 빼돌려 신라에게 넘겨주는 자충수를 두고 만다. 백제 황후가 신라의 세작 노릇을 한 것이다. 하지만 전쟁의 혼란을 틈타 감옥에서 빠져나온 나온 은고는 절벽에서 뛰어내려 자살한다.

마침내 나당 연합군이 백제로 밀려오고 계백은 5천의 결사대를 이끌고 최후의 항전에 나선다. 결전에 앞서 마지막 인사를 하러 집에 들른 계백은 아내 초영이 마당에 무릎을 꿇고 다소곳이 앉아 있는 모습을 보고 놀라는데, 그녀는 자신을 먼저 죽이고 전장으로 떠날 것을 청하면서 만약 그렇게 하지 않을 경우, 스스로 자진하겠다고 말한다. 결국 그녀는 "행복했습니다. 나의 사랑, 나의 주군이시여."라는 마지막 말을 남기고 남편의 손에 의해 숨을 거둔다. 그리고 계백도 자신의 부하들과 함께 장렬한 최후를 맞이한다.

고대 한반도에 찬란한 문화의 꽃을 피웠던 백제의 멸망은 지금도 풀리지 않는 수수께끼로 남아 있지만, 결국 그 모든 책임은 타락한 의자

왕의 폭정에 있는 것으로 알려져 왔다. 따라서 의자왕 하면 가장 먼저 떠올리는 것이 낙화암에서 뛰어내린 삼천 궁녀라 할 수 있다. 다만 삼천 명이나 살았을 거대한 궁터의 흔적은 찾아 볼 길이 없으니 다소 과장된 형태로 전해진 설화이기 쉽다.

더군다나 악역이 너무도 잘 어울리는 조재현의 의자왕 연기는 간교하고 탐욕스러운 폭군의 모습을 생생히 재연함으로써 결코 그에 뒤지지 않는 은고와 쌍벽을 이룬다고 볼 수 있는데, 그들과는 대조적으로 계백과 초영의 모습은 시종일관 신의와 정직으로 굳게 맺어진 관계임을 보여 준다. 하지만 선과 악을 대변하는 이들 4인방은 모두 백제의 멸망과 더불어 역사의 저편으로 사라져 버린다. 그런 점에서 나라가 망해도 민족은 영원하다는 말은 일제강점기에나 통하던 과거의 푸념에 불과할 따름이며, 죽었다 깨어나도 두 번 다시 국권을 상실하는 일은 없어야 할 것임을 새삼 깨닫게 된다.

뿌리깊은 나무

　김영현, 박상연 극본, 장태유, 신경수 연출의 2011년 SBS 사극 〈뿌리깊은 나무〉는 세종대왕(한석규)이 궁녀 소이(신세경)의 도움으로 훈민정음을 반포하기 직전에 발생한 집현전 학사 연쇄 살인 사건을 중심으로, 사건 해결의 어명을 받은 노비 출신의 강채윤(장혁)과 정도전이 조직한 밀본의 우두머리 정기준(윤제문)의 두뇌 싸움이 치열하게 전개되는 역사 추리극이다. 한편 1983년에 방영된 신봉승 극본, 이병훈 연출의 MBC 동명 사극 〈뿌리깊은 나무〉는 주로 세종(한인수)의 인간적 고뇌와 갈등에 초점을 맞추었으나, 당시 살벌한 5공화국 분위기와 성군의 이미지는 서로 매칭이 되지 않은 탓인지 별다른 호응을 얻지 못하고 말았다.

　그런 점에서 2008년에 방영된 KBS 사극 〈대왕 세종〉은 덕치를 실천한 성군 세종의 이미지에 걸맞게 선량한 외모의 배우 김상경이 주역을 맡아 백성을 먼저 생각한 세종대왕의 치적과 노비 출신의 과학자 장영실의 활동에 중점을 둔 반면, SBS 사극 〈뿌리깊은 나무〉에서는 매우 명석하고 치밀하면서도 때로는 엉뚱하고 파격적인 스타일의 세종대왕 역을 한석규가 맡아 걸쭉한 육두문자까지 선사하며 다소 코믹하고 서민적인 분위기를 연출한다. 여기에 천재적인 암기력의 소유자 소이와 들개 같은 야수성을 지닌 똘복이 강채윤의 이루어질 수 없는 애달픈 사랑 이야기가 훈민정음 창제와 이를 막으려는 밀본의 숨 막히는 대결에 휘말려 들면서 드라마의 재미를 더한다.

주인공 세종의 이름은 이도다. 송중기가 연기한 젊은 시절의 이도는 지독한 공붓벌레에 총명하고 강직하기 이를 데 없는 인물로, 숱한 피를 뿌린 부왕 태종 앞에서 자기는 오직 문치로 나라를 다스릴 것이며, 권력의 독을 감추고, 칼이 아닌 말로써 설득하고, 모두가 제자리를 찾고 제 역할을 하게 하는 그런 조선을 꿈꾼다고 감히 아뢸 정도로 당돌한 측면도 있었다. 그런 세종이 나이가 들면서 한석규로 배역이 바뀌는데, 이때부터는 걸핏하면 "지랄하고 자빠졌네", "젠장" 등 욕도 잘하고 가끔씩 신경질적인 반응도 보이는 매우 서민적인 면모를 풍기기도 한다. 그러면서도 한글 창제의 희생양으로 죽임을 당한 아들 광평대군 시신 앞에서 보인 처절한 모습은 보통 아비의 모습 그대로다.

그런 점에서 세종이 남긴 다음과 같은 대사는 우리의 지도자들이 마음에 새겨들어야 할 내용이 아닐까 한다. "이 조선에서 일어나는 모든 일이 내 책임이다. 꽃이 지고 홍수가 나고 벼락이 떨어져도 내 책임이야. 그게 임금이다. 모든 책임을 지고, 그 어떤 변명도 필요 없는 자리, 그것이 바로 조선의 임금이라는 자리다." 이토록 많은 갈등과 고뇌를 안고 지낸 세종이었으니 고통받는 백성들과 똑같은 감정을 욕으로 해소하고 공유하고자 했으며, 더 나아가 순순한 우리 글자로 표현할 수 있도록 혼신의 힘을 기울인 것으로 보인다. 하지만 과연 이처럼 진정으로 백성을 아끼는 마음을 오늘날의 정치 지도자들에서 얼마나 찾아 볼 수 있을지 의문이 드는 것은 단지 필자만의 노파심에서 비롯된 것일까. 아니, 그렇지만도 아닐 것이다. 의롭고 올바른 정책을 무조건 반대부터 하고 보는 반대를 위한 반대가 비일비재로 벌어지는 작금의 정치판을 바라보는 시청자들의 머리에는 세종의 그런 대사가 계속 맴돌고 있음을 부인하기 어려울 것이다.

원래 담이로 불렸던 소이와 똘복이 강채윤은 어릴 때부터 소꿉친구로 세종의 장인 심온 대감 댁 노비로 있었으나, 노비들이 의금부 파옥을 단행하며 탈출하는 사건이 벌어질 때 담이와 똘복이는 혼란 중에 서로 헤어지고 만다. 당시 도망치던 똘복이는 이도(세종)가 구해 주고, 담이는 이도의 부인 소헌왕후(장지은)가 숨겨 줘 궁녀로 삼았다. 그런 충격 때문인지 그 이후로 담이는 말을 하지 못하는 상태의 궁녀 소이로 살아간다. 한편 북으로 도주한 똘복이는 여진족과의 전투에 가담해 공을 세우고 그때 만난 무예의 고수 이방지(우현)에게 온갖 비술을 전수받는다. 그 후 내금위의 겸사복이 되어 궁궐에 들어간 강채윤은 아버지의 억울한 죽음에 대한 복수를 다짐하며 은밀히 세종의 암살을 노린다. 하지만 세종은 오히려 강채윤을 구해 준 인물이었으니 당시 상황을 크게 착각한 것이다.

그런 와중에 집현전 학사 살해 사건이 벌어지면서 사건 수사를 맡게 된 강채윤은 필담으로 대화를 나누며 세종을 보필하는 궁녀 소이가 그동안 죽은 줄로만 알고 있던 담이라는 사실을 알고 크게 놀란다. 그리고 채윤을 만나면서 기적처럼 말문이 트인 소이를 통해 세종에 대한 오해가 풀린 채윤은 적극적으로 세종의 편이 되어 훈민정음 창제를 저지하려는 정기준의 비밀 조직 밀본을 수사하기 시작하는데, 정도전의 조카 정기준은 오랜 세월 자신의 신분을 감추고 백정 가리온으로 활동하며 은밀히 밀본을 이끌고 있었던 것이 밝혀진다.

밀본의 실체를 파악한 채윤에 의해 신분이 발각되기 직전, 가리온은 세종과 독대한 자리에서 자신의 정체가 밀본의 수장 정기준임을 당당히 밝히고 자신이 고용한 자객 개파이로 하여금 세종을 암살하려고 한다. 한편 밀본에 대해 매우 냉소적인 태도를 지닌 이방지는 개파이와 혈투를 벌이다가 치명적인 부상을 입고 채윤의 품에 안겨 숨을 거두는데, "우물쭈물하다가 내 이리 될 줄 알았다."라는 그의 대사는 사실 영국의 극작가 버나드 쇼의 묘비명에 있는 구절이다. 그런데 안타깝게도 개파이가 쏜 독화살에 소이가 맞아 숨을 거두고, 그녀의 간절한 소망인 훈민정음 반포식을 성공리에 마치도록 하기 위해 채윤은 반포식에 뛰어든 개파이를 죽이고 자신도 숨을 거둔다.

결국 세종은 가장 위대한 업적을 남긴 성군으로 오래도록 칭송받는 인물이 되었지만, 개인적으로는 아들 광평대군을 비롯해 가장 아끼고 사랑했던 사람들을 모두 잃었다는 점에서 실로 고통스러운 주인공으로 극 중에서 묘사된다. 그리고 실제로 가장 높은 자리에서 가장 위대한 일을 추진하며 극심한 반대에 부딪쳐 고전을 면치 못했던 세종이야말로 고립무원의 상태에서 매우 고독했을 법하다. 바로 그것이 대인배와 소인배의 차이겠지만, 사실 따지고 보면, 세종이 창제한 한글 덕분에 오늘날 대한민국은 지구상에서 가장 문맹률이 낮은 선진 문화 대국으로 우뚝 올라설 수 있었으며, 세계를 선도하는 기술 강국으로 거듭날 수 있었다고 감히 주장하는 것이다. 그런 점에서 광화문 광장에 세워진 세종대왕과 이순신 장군의 동상은 우리나라 문무를 대표하는 상징인 셈이다.

광개토태왕

 2011년에서 2012년에 걸쳐 92부작으로 방영된 KBS 대하사극 〈광개토태왕〉은 고구려의 최대 전성기를 구가했던 19대 광개토대왕의 일대기를 그린 드라마로 고국양왕의 아들 담덕(이태곤)이 왕위에 올라 후연을 멸망시키고 만주 일대를 평정하면서 한민족 역사상 가장 드넓은 영토를 차지한 강대국을 건설하기까지 파란만장한 삶의 역정을 담았다. 그런 점에서 오늘날 고구려 역사를 중국사에 편입시켜 한반도를 집어삼키려는 중국의 동북공정 야욕을 광개토대왕이 안다면 그야말로 지하에서 벌떡 일어나고도 남음이 있을 것이다.
 하지만 불과 2년 전 터무니없는 역사 왜곡으로 KBS의 명예를 실추시킨 〈천추태후〉보다 더한 형편없는 역사 고증 실력으로 인해 오히려 상처투성이의 역효과만 낳고 말았다. 더욱이 고구려의 역대 왕들 가운데 그나마 사료가 풍부한 광개토대왕 시절임에도 불구하고 중국과 고구려를 통틀어 그야말로 엉터리 사실을 어설프게 조합해 엮어 놓은 시대 상황은 가히 코미디감이다. 더군다나 주연을 맡은 이태곤의 표정은 일 년 열두 달 불만 덩어리 화난 모습이며, 전장에서 싸울 때를 제외하고 보여 주는 유일한 행동은 책상을 주먹으로 내리치며 이를 빠드득 가는 것뿐이다. 그가 웃는 모습은 거의 본 적이 없다. 그런 점에서 드라마 내용대로라면 광개토대왕은 몹시 불행한 인생을 산 딱한 인물로 보이기도 한다.
 하기야 항상 외침에 시달리며 온갖 굴욕과 수모를 당하기만 하고 살아온 우리 백성의 입장에서 보자면, 단군조선 이래 그토록 강력한 정복왕을 지녀 본 적이 없으니 광개토대왕의 존재야말로 우리의 자존심을 굳건히 세워 줄 수 있는 심리적 대들보가 아닐 수 없다. 따라서 극 중에서 광개토대왕이 중국의 전설적인 존재 치우천왕의 유지를 받드는 것처럼 언급한 것은 드라마 제작진이 정사가 아니라 야사로 떠도는 환단고기를 더욱 믿고 따른다는 느낌을 받는다. 그렇게 강인한 정복자의 이미지를 굳히려는 의도에서 거칠고 과격한 마초 스타일의 터프가 이 광개토대왕을 창조해 낸 것인지는 모르겠으나, 설사 그렇다 쳐도 우리가 하면 정복이고, 남이 하면 침략이라는 논리는 전형적인 내로남불식의 국수주의적 발상이 아닐 수 없다. 그렇게 따지면 수당의 침공이나 몽골과 일본의 침략 또한 정복전의 일환이었다고 우기면 딱히 할 말을 잃게 되고 만다. 그야말로 무리한 자충수의 부메랑 효과만을 불러일으킬 뿐이며, 더 나아가 우리 민족은 단 한 번도 남의 나라를 침략한 적이 없는 지구상에서 유일하게 착한 민족이라는 도덕적 자부심도 한순간에 힘을 잃고 만다.

주인공 담덕은 고구려 고국양왕의 둘째 아들로 왕자 시절에 후연의 장수 풍발(정호근)의 화살을 맞고 쓰러진 후 노예 상인에게 붙들려서 뜬금없이 노예 생활을 하게 되는데, 영화 〈스파르타쿠스〉나 〈글래디에이터〉와 비슷한 노예 상황은 이 외에도 〈해신〉, 〈대조영〉, 〈무신〉 등의 사극에서도 자주 써먹은 장면이기도 하다. 어쨌든 그런 말도 되지 않는 노예 신세에서 기적적으로 탈출한 담덕 왕자는 그 과정에서 규합한 동지들을 중심으로 자신의 사병 천군(天軍)을 조직해 많은 공을 세우고 형 담망(정태우)이 죽은 후 태자가 된다. 하지만 이 부분도 문제가 많다, 사료에 의하면, 담덕은 12세에 태자가 되고 18세 어린 나이로 왕에 즉위했으니 시종일관 30대 중반의 이태곤이 연기한 담덕의 모습은 전혀 나이를 먹지 않는 불사신처럼 보인다. 하지만 대왕은 38세 나이로 요절하고 만다.

이 외에도 담덕을 항상 괴롭히는 후연의 왕과 장수들이 한결같이 병신 머저리처럼 묘사되고, 담덕의 죽마고우인 고운(김승수)이 담덕을 상대로 반란을 일으킨 국상 개연수(최동준)의 아들로 나오는 데다, 담덕과 혼인한 태자비 도영(오지은)도 개연수의 딸로 등장한다. 더군다나 개연수가 담덕에게 죽임을 당하고 누이동생 도영마저 실종되자 고운은 담덕에 대한 복수를 다짐하며 후연으로 도망치고 그곳에서 모용보(임호)의 양자가 되어 고구려를 무너뜨리는 일에 자신의 모든 것을 내건다. 하지만 모용보, 모용희 등 후연 왕들의 폭정이 계속되자 풍발의 지원에 힘입어 고운 스스로가 북연의 왕으로 등극하는데, 결국에는 담덕에게 패배하고 포로가 되었음에도 북연의 왕 노릇을 계속하라는 담덕의 하해와 같이 드넓은 아량으로 두 사람은 극적인 화해를 이루게 된다.

하지만 이런 말도 되지 않는 내용의 전개는 모처럼 이루어 놓은 담덕의 이미지를 역으로 실추시키는 역효과를 발휘하기 십상이다. 왜냐하면 완전히 날조된 역사로 인해 광개토대왕의 업적마저 의심받을 수도 있기 때문이다. 실제로 후연의 장수 풍발은 드라마에서 묘사된 것처럼 그런 찌질하고 불쌍한 인간이 아니라 오히려 고운의 뒤를 이어 왕위에 오른 뒤 혼탁한 정국을 안정시키며 나라를 잘 다스린 군주로 알려졌으며, 고운은 개연수와 아무런 관련도 없는 고구려 혈통의 유민 출신으로 모용보가 태자로 있을 때 무관으로 그를 섬겼다. 우선 성씨부터 고씨와 개씨는 전혀 다르다. 더군다나 개연수는 실존 인물이 아니라 가공의 인물이니 사실을 알고 보면 드라마의 재미가 반감되는 비극을 피해 갈 도리가 없게 된다. 그야말로 불편한 진실이 아닐 수 없다.

다만 한가지 위안이 되는 것은 우리의 조상들이 마냥 당하고만 산 게 아니라 온갖 지혜와 사나이다운 기개를 발휘하며 외적을 물리치고 힘없는 백성을 지켜 주었다는 사실이다. 오히려 그런 점이 남의 땅을 함부로 정복하는 일보다 도덕적으로나 정의라는 측면에서 더욱 떳떳하고 멋진 모습이 아니겠는가. 실제로 우리 역사에서 그런 일은 부지기수로 많았다. 을지문덕, 강감찬, 서희, 양규, 이순신, 권율, 서산대사 등이 그렇다. 따라서 백성과 나라를 지키고 위기에서 구하는 일이야말로 가장 의롭고 숭고한 일이라 할 수 있으며, 그런 점에서 고려 말에서 조선 초에 이르기까지 세 차례에 걸친 대마도 정벌에서도 들끓는 왜구의 노략질에 대한 토벌 차원에서 응징한 것이지, 그 땅에 머물러 지배할 뜻을 품지는 않았던 것이다. 그야말로 따끔한 맛을 보여 주고 물러나는 배포와 아량을 베푼 것이니 진정으로 대인배다운 면모를 과시한 셈이 아닌가. 정복이 능사가 아님을 우리 조상은 이미 그때부터 온몸으로 보여 준 것이다. 동방예의지국이라는 호칭이 거저 생긴 것이 결코 아님을 알 수 있다.

해를 품은 달

진수완 극본, 김도훈, 이성준 연출의 2012년 MBC 사극 〈해를 품은 달〉은 가상의 조선왕 이훤(김수현)과 기구한 운명을 타고난 무녀 월이(한가인)의 애달픈 사랑을 다룬 드라마다. 제목에 나오는 해는 이훤을, 그리고 달은 무녀 월이로 불리는 허연우를 가리킨다.

홍문관 대제학의 딸 연우는 꽃미남이자 수재인 오빠 허염이 17세 어린 나이로 장원급제한 날 나비를 쫓아 궁궐을 돌아다니다가 우연히 세자인 이훤과 마주치면서 인연을 맺기 시작한다. 그런 인연으로 시작된 둘의 만남은 첫사랑으로 발전하고 마침내 세자빈으로 간택되는 행운으로 이어진다.

하지만 좋은 일에는 항상 마가 낀다고 왕실 외척 세력인 윤씨 일가의 수장 윤대형 대감(김응수)의 여식 윤보경(김민서)을 세자빈으로 들이고자 했던 대왕대비 윤씨(김영애)가 무녀 녹영(전미선)을 시켜 흑주술을 거는 바람에 연우는 시름시름 앓게 되면서 국혼을 눈앞에 두고 본가로 되돌려 보내진다. 그리고 얼마 가지 않아 그녀는 아버지의 품에 안겨 숨을 거두고 만다. 연우가 죽자 결국 간택에서 밀려났던 보경이 세자빈이 되어 입궁한다. 반면에 병자를 세자빈 간택에 올렸다는 죄로 연우의 아버지와 오빠는 유배당한다.

대제학 집안이 몰락하자 가장 안타까워한 사람은 이훤의 누이동생 민화공주(남보라)와 이복형 양명군(정일우)이었다. 민화공주는 연우의 오빠 허염(송재희)을 연모했고 후궁 소생의 서자로 사가에서 지내던 양명군은 연우를 짝사랑했기 때문이다. 하지만 마음이 편치 않은 것은 이훤 역시 마찬가지로 중전인 보경에게 눈길조차 안 주고 정사에만 몰두한다. 한편 민화공주의 노력으로 유배에서 풀려난 허염은 결국 그녀와 혼례를 치르지만, 연우의 죽음에 죄책감을 지닌 그는 민화공주를 애틋한 마음으로 받아들이지 못한다.

세월이 흘러 무녀 녹영은 신딸로 삼은 월을 데리고 도성에 다시 나타난다. 그런데 월은 죽은 것으로 알려진 연우였다. 대왕대비의 지시로 어쩔 수 없이 흑주술을 걸었으나 구색만 갖춘 것뿐이고, 연우에게 먹이라고 대제학에게 건네준 독약도 사실은 깊이 잠들게 하는 약이었다. 하지만 무덤을 파헤치고 연우를 다시 꺼낼 때까지 시간이 지체되는 바람에 관 속에 있다 깨어난 연우는 질식 상태에서 공포심에 몸부림치다 혼절해 버렸고, 구출된 후에도 그 여파로 인해 기억상실증에 빠지고 말았다. 자신의 과거를 기억하지 못하는 월에게 녹영은 신기를 받아 무녀가 된 것으로 설명한다. K-드라마의 단골 메뉴인 기억상실이 마침내 등장한 것이다.

그런데 우연히 월과 마주친 양명군이 그녀를 연우로 착각했는데 그녀의 정체를 뒷조사하다가 마침내 연우임을 알아내고, 그 이후로 연우가 곤경에 처할 때마다 나타나 그녀를 구해 준다. 결국 이훤의 액받이 무녀로 기용되어 온갖 우여곡절을 겪은 끝에 가까스로 기억을 되찾은 연우는 그동안 잊고 있던 과거의 기억 때문에 고통스럽게 울부짖으며 괴로워한다. 한편 녹영을 통해 그녀의 정체가 연우임을 알고 달려온 이훤의 품에 안기는 연우의 모습을 지켜보던 양명군은 그녀를 해치려고 윤대형 대감이 보낸 자객을 물리쳐 구해 낸 뒤 그녀에 대한 자신의 마음을 드러내지만 연우는 안타깝게도 그 마음을 받아 줄 수 없어 미안하다고 양명에게 말하고 이훤에게 돌아간다.

연우에게 거절당하고 참담한 심경으로 귀가한 양명은 때마침 그를 찾은 윤대형 대감으로부터 놀라운 제안을 받게 되는데, 준비된 거사가 성공하면 그를 왕으로 모시겠다는 내용이다. 이에 반란을 주도하기로 흔쾌히 수락한 양명은 마침내 거사 당일 이훤의 목에 칼을 겨누고, 반란군과 함께 등장한 윤대형이 빨리 목을 치라고 재촉하자 양명은 갑자기 태도를 바꿔 윤대형을 베어 죽인다. 하지만 반란군의 한 명이 창을 던지려 하자 양명은 칼을 내려놓은 채 몸을 피하지 않고 그대로 창에 맞아 숨진다. 자기 한 사람만 없으면 모든 문제가 해결되리라고 여긴 것이다. 한편 이훤과 연우의 관계를 질투하며 그동안 온갖 방해 공작을 펼치다가 정신 착란 상태까지 보이던 보경은 스스로 목을 매 자결하고, 가족과 눈물겨운 재회를 한 연우는 이훤과 혼례를 치르면서 마침내 중전의 자리에 오른다.

〈해를 품은 달〉의 핵심은 기억상실에 빠진 무녀와 까칠한 왕의 애달픈 사랑이다. 현대극뿐 아니라 사극에도 마침내 기억상실이 등장해 한몫 톡톡히 거든 셈이다. 물론 무속이 끼어들어 왕실의 모든 대소사를 좌우하고, 특히 흑주술까지 동원해 사악한 음모에 악용하는 모습이나 산 채로 관 속에 갇혀 매장되는 장면은 음습하고 공포스러운 분위기를 연출하기도 해서, 인간이 달나라에 가는 모습을 지켜보는 오늘날의 시청자들이 그런 장면에 몰입하기에는 다소 무리가 있음에도 불구하고 그 나름대로 특이한 소재라는 점에서 이어지는 스토리 전개에 궁금증을 유발하는 측면도 없지 않아 있다.

특히 이훤을 사이에 둔 연우와 보경의 경쟁 관계, 연우를 사이에 둔 이훤과 양명의 경쟁 구도, 민화공주와 허염의 안타까운 관계 등이 드라마의 축을 이루면서 사랑과 질투, 배신과 복수, 화해와 용서 등 우리에게 매우 익숙한 주제를 엮어 나간다. 한 가지 흠이 있다면 민화공주의 천방지축인 4차원적 언행들이 궁궐에서 남다른 소양 교육을 받았을 공주 신분과는 너무도 달라서 오히려 오늘날 선머슴처럼 막무가내로 떼만 쓰는 여학생을 보는 느낌이 든다는 점이다. 그래도 이훤과 연우가 제자리를 찾게 되면서 민화공주 역시 마지막에는 용서와 화해의 과정을 거쳐 남편 허염과 아이 곁으로 다시 돌아가는 해피 엔딩을 맞이한다. 다만 드라마에서 가장 안쓰러운 부분은 순정남 양명의 죽음이다. 사랑과 권력 모든 것을 아우에게 내어주고 자기는 오히려 희생양 노릇을 하며 연우의 행복을 빌었으니 그런 사람이 과연 존재할 수 있을까 믿기 힘들 정도다.

더군다나 주인공 이훤을 가상의 왕으로 설정함으로써 사극이 지니는 고증 문제로 고민할 필요가 전혀 없는 매우 홀가분한 분위기에서 출발했을 뿐만 아니라 그런 이점을 통해 자유롭게 삼각관계에 뒤얽힌 로맨스에 집중할 수 있는 여지가 생겼다고 본다. 따라서 사극으로서는 매우 이례적일 정도로 이 드라마는 역사적 사실과 무관하게 무속이 중심축을 이루며 극의 전개를 이끌어 간다.

특히 이훤 역을 맡은 김수현은 20대 나이에 주연급으로 데뷔해 대박을 터뜨리면서 한류 스타로 발돋움하는 계기를 만들었으며, 그 후 〈별에서 온 그대〉로 해외에서도 폭발적인 인기를 끌게 되었다. 반면에 여

주인공 연우 역을 맡은 청순가련형의 배우 한가인은 〈해를 품은 달〉 이후 연기 활동이 뜸해져 김수현과 대비를 이루기도 했다. 어쨌든 출연진의 호연에 힘입어 〈해를 품은 달〉은 역대급 높은 시청률을 올리는 기염을 토했는데, 특히 여성 시청자들로부터 큰 인기를 끌었다.

신의

　김종학 연출, 송지나 극본의 2012년 SBS 사극 〈신의〉는 타임 슬립을 통해 시공을 건너뛴 여의사와 무사의 사랑을 담은 퓨전 사극이다. 공민왕의 호위 무사인 최영(이민호)에 이끌려 억지로 고려 말기 시대로 뛰어들게 된 현대의 성형외과 전문의 유은수(김희선)가 이질적인 환경에서 좌충우돌하며 겪는 모험담을 그린 매우 황당한 내용이지만, 자유분방한 현대 여성이 펼치는 온갖 언행들이 고려 사회에서는 오히려 매우 신비스러운 모습으로 비침으로써 매우 코믹한 효과를 발휘한다. 원래는 신의'(神醫)'라는 제목이었으나 신의'(信義)'로 제목을 변경했다. 특히 음악 감독 오준성의 장중한 느낌의 배경 음악이 매우 인상적이다.

　충직하면서도 고지식한 우달치 부대장 최영은 유은수의 덜렁대고 천방지축인 모습에 신선한 매력을 느끼게 되고, 당대의 막강한 권력자 기철(유오성)뿐 아니라 공민왕(류덕환)과 노국공주(박세영), 그리고 고려 최고의 실력파 의원 장빈(이필립), 노국공주의 호위 상궁이며 최영의 누이인 최상궁(김미경) 등 모든 이들에게서 뭔가 지상의 인간들과는 다른 천상에서 내려온 신비적인 존재로 부각된다.
　그런 신비감은 유은수의 놀라운 의술뿐만 아니라 그녀가 사용하는 현대적인 어휘 및 수시로 내뱉는 영어 단어를 통해 더욱 배가된다. 알아들을 수 없는 은수의 말과 글은 마치 하늘나라에서 사용하는 특수한 언어로 받아들여지는데, 그때는 한글이 창제되기도 훨씬 전이었기 때문에 더욱 그렇다. 무엇보다도 그녀가 왕조차도 두려워하지 않으면서 거리낌 없이 "임금님 안녕하세요."라고 인사를 한다든지 또는 최영에게 "최영 씨"라고 부르거나 두려울 게 없는 실력자 기철에게도 "아저씨"라고 호칭하며 대드는 장면에 가서는 저절로 웃음이 터져 나온다. 더군다나 기철에게 "Hey, you! Fuck, Go to Hell!"이라고 영어로 욕을 퍼붓는 은수에 대해 무슨 뜻인지도 모르고 그저 기가 차서 벙찐 표정의 기철이 너무 웃긴다.

항상 선머슴처럼 덜렁대는 은수의 모습은 요즘 식으로 말하면 히스테리 성격 유형에 속한다고 볼 수 있는데, 오히려 그런 점이 우리에게는 매우 친숙한 느낌으로 다가와 전혀 어색하지가 않다. 반면에 최영의 성격은 매우 강박적이라 할 수 있다. 물론 권력에 집착하는 기철은 편집형 성격에 가까우며, 공민왕과 노국공주는 나르시시즘적 성격에 속한다고 볼 수 있다. 물론 사람의 성격은 시대적 간격과 무관하겠지만, 600년 이상의 시대적 공간을 뛰어넘어 낯선 환경에 노출된 유은수는 처음부터 현실에 적응하지 못하고 우왕좌왕한다. 하지만 원래 자리로 돌려보내 주겠다는 약속만큼은 반드시 지키려는 최영의 보살핌으로 은수는 점차 안정을 되찾고 더 나아가 그들은 서로에 대해 애틋한 사랑의 감정을 느끼게 된다.

하지만 왕권의 기반이 약한 공민왕과 권력의 실세인 기철 사이에서 신통력을 지닌 하늘나라 사람으로 여겨진 은수의 존재는 일종의 캐스팅보트 역할을 담당하는 매우 요긴한 인물이 아닐 수 없다. 그런 미묘한 위치 때문에 숱한 위기의 고비를 넘겨야 했던 은수는 결국 왕위를 노리는 덕흥군(박윤재)의 간교한 술수에 휘말려 들어 강제 혼인까지 당할 처지에 놓이지만, 결국에는 최영의 도움으로 위기에서 벗어나 현대의 서울로 무사히 돌아온다.

다만 한 가지 안타까운 사실이 있다면 〈신의〉를 마지막으로 김종학 감독이 그 후 유명을 달리했다는 점이 되겠다. 80년대 〈수사반장〉의 연출을 시작으로 〈여명의 눈동자〉, 〈모래시계〉 등으로 최고의 전성기를 구가했던 김종학 감독은 실패작 〈태왕사신기〉를 기점으로 하향길에 접어들기 시작했는데, 모처럼 〈신의〉로 재기를 시도했지만, 결국 사기 횡령 혐의로 경찰 조사를 받은 후 연탄가스로 자살하고 말았다.

이처럼 타임 슬립을 통해 과거의 역사 시대로 뛰어든 만화 같은 설정의 황당무계한 스토리는 〈신의〉 이후 9년의 세월이 지난 2020~2021년에 tvN에서 방영된 코믹 로맨스 퓨전 사극 〈철인왕후〉에서 재연된다. 초지일관 엎치락뒤치락 슬랩스틱 코미디의 형태로 진행되는 이 드라마는 당연히 역사적 사실과는 전혀 무관한 허구적 내용일 수밖에 없지만, 선머슴처럼 이리저리 날뛰며 궁궐을 뒤집어 놓는 중전 역의 신혜선이 발군의 연기력을 보인 덕에 그나마 높은 시청률을 기록했다.

특전사 출신의 청와대 요리사가 우연한 계기로 시대의 간격을 뛰어넘어 조선 왕조 철종(김정현)의 왕비로 간택되어 입궐한 김소용(신혜선)의 몸에 빙의된다. 그때부터 걸핏하면 사내처럼 거친 언행으로 왕에게 반말지거리로 대들며 온갖 해프닝을 벌이기 시작한 중전의 좌충우돌 무용담이 시청자를 즐겁게 한다. 어쨌든 이런 말도 되지 않는 퓨전 사극이 히트를 친 것은 전통적 궁궐 예법과 상식을 한순간에 뒤집어엎는 주인공의 거침없는 현대적 어법과 말투, 행동 등 상식 밖의 언행들이 묘하게 통쾌하고 기분 좋은 카타르시스를 젊은 층 시청자들에게 선사했기 때문으로 보인다.

특히 쌈닭이 무색할 정도의 반말과 상소리, 거친 언행으로 고삐 풀린 망아지처럼 날뛰는 김소용의 쿨한 모습은 오늘날 우리 주변에서 심심치 않게 볼 수 있는 매우 공격적으로 남성화된 왈가닥 여성들의 모습을 연상시키기도 한다. 하지만 그 시절에 야자 타임도 아니고 왕의 신분인 남편에게 "야! 너, 이 자식!"이라고 부르며 삿대질하는 건 심해도 너무 심했다. 그렇다고 대놓고 뭐라 뻥긋도 하지 못하는 푼수데기 왕의 모습은 더욱 기가 막힐 따름이다.

아무튼 왕을 능멸한 죄로 사약을 받지 않은 게 신기할 정도인데, 이는 곧 오늘날의 변화된 세태를 반영하는 것으로, 자기주장의 목소리가 높아진 현대 여성들의 입김이 날로 거세지고 상대적으로 위축된 남성들의 모습이 대비되는 현실을 코믹하게 패러디한 것으로 볼 수 있다. 또한 아직도 여필종부의 낡은 가치관에 얽매여 살아가는 기성세대의 상반된 모습과 기묘한 엇박자를 이루는 양상이라 할 수 있다. 그런 점에서 이 드라마는 낡은 것은 틀리고 새것이 옳다는 젊은 세대의 모토와 낡고 고루한 전통적 가치관이 극단적인 형태로 충돌하는 모습을 코믹한 연출로 적절히 버무린 퓨전 요리 느낌이 난다.

한마디로 여성 상위 시대를 반영하듯 자기주장의 목소리가 높아진 여성들의 입김이 날로 거세지고 상대적으로 남성들의 위축된 모습을 심심치 않게 찾아 볼 수 있게 된 오늘날의 변화된 세태를 반영하는 것이다. 마치 그것은 경복궁 한가운데 남산 타워가 들어선 모습처럼 매우 어색해 보이기도 하지만, 어차피 적절한 타협과 절충은 이 드라마의 주인공들처럼 언제 어디서나 필요한 것일 수밖에 없다.

이처럼 시대적 공간을 뛰어넘는 타임 슬립 형태의 사극은 2016년 SBS 드라마 〈달의 연인-보보경심 려〉에서도 찾아 볼 수 있는데, 물에 빠진 아이를 구하려고 강물에 뛰어들었다가 졸지에 천년의 세월을 거슬러 올라가 고려 태조 왕건 시대에 떨어진 해수(이지은)의 기구한 운명을 다루었다. 하지만 황궁에서 벌어지는 피 튀기는 황위 다툼에 휘말린 해수의 모습은 이 드라마의 원조에 해당하는 중국 드라마 〈보보경심〉의 주인공 장효(류시시)가 청나라 시대로 뛰어들어 겪게 되는 사건들과 거의 동일한 플롯을 따르고 있어서 감히 K-드라마의 범주에 포함하기에는 큰 실례가 된다고 본다.

마의

　2012년에서 2013년에 걸쳐 방영된 김이영 극본의 MBC 사극 〈마의〉를 연출한 이병훈 감독은 이미 〈허준〉과 〈대장금〉으로 사극 제왕의 위치에 오른 고전 의학 드라마의 대가다. 이번에는 천민의 신분으로 수의사에서 출발해 어의 자리에까지 오른 입지전적 인물 백광현(조승우)의 시련과 고통에 얼룩진 삶을 다루었는데, 예전만큼의 재미와 감동은 덜해 보여 아쉬움을 남긴다.

　더욱이 우리에게 생소하기 그지없는 한방 외과 시술 장면은 현대 의학적으로 볼 때, 말도 되지 않는 억지에 가깝다. 세균이나 수혈, 항생제에 대한 개념조차 없던 시절에 감히 개복 수술을 하는 모습은 솔직히 말해 살인 행위나 다름없기 때문이다. 하기야 말하지 못하는 짐승이야 시술 뒤에 죽어도 누가 뭐라 하지 않겠지만, 사람의 생명을 담보로 그런 무모한 실험을 한다는 일은 상상도 할 수 없는 노릇이기 때문이다.

　물론 그런 억지 때문에 초반부터 극적 긴장감이 떨어지고 맥도 풀리는 게 사실이지만, 의학 상식이 부족한 일반 시청자들이 보기에는 그런대로 흥미를 느낄 수 있겠다. 특히 드라마를 일관되게 받쳐 주는 기구한 운명의 의녀 강지녕(이요원)과의 애틋한 관계가 없다면 그 흥미는 반감될 수밖에 없을 것이다.

　더욱이 출세를 위해서라면 수단과 방법을 가리지 않는 탐욕적인 어의 이명환(손창민)과 맺어진 악연도 드라마의 긴장도를 유지해 주는 또 다른 축으로 작용한다. 다만 그토록 사악하고 간교한 이명환의 아들 이성하(이상우)가 아버지와는 전혀 달리 시종일관 의롭고 올곧은 모습으로 일관하는 것은 매우 생뚱맞기도 하다.

또한 왕에서부터 공주에 이르기까지 오로지 백광현을 중심으로 돌아가는 궁궐 사정은 좀 맥이 풀린 느낌도 든다. 하기야 〈대장금〉에서도 왕이 하는 일이라고는 음식 맛을 본 뒤 "맛있구나." 한마디 던지는 게 전부였으니 더이상 할 말도 없지만, 천방지축에 철딱서니 없는 숙휘공주(김소은)가 백광현을 짝사랑하는 모습은 정말 심한 억지다. 궁중 법도를 전혀 배우지 않은 듯한 공주의 언행들이 너무도 비현실적이기 때문이다. 수시로 자막 처리되는 그 어려운 한방 용어는 서비스 차원에서 이해한다고 쳐도 마치 요즘 막무가내인 사춘기 소녀처럼 처신하는 공주의 언행들은 시대적 상황과 맞지 않아 현실감을 떨어트린다. 하지만 오히려 그런 점이 시청자들에게 친밀감을 주었을 수도 있다.

사극의 대부 이병훈 감독답지 않게 출생의 비밀이 등장하는 것도 특이하다. 노비 백석구(박혁권)의 아들로 자란 백광현은 사실 역모의 누명을 쓰고 억울하게 죽은 북인 세력 강도준(전노민)의 친아들이며, 멸문의 위기에 처한 상황에서 태어나자마자 죽을 운명이었으나, 강도준의 은혜를 입은 백석구가 자신의 친딸 강지녕과 바꿔치기하는 바람에 백광현은 살고 강지녕은 관비가 되어 자란다.

그 후 지녕은 관아를 달아나 영달이라는 이름의 남장 차림으로 거렁뱅이 패거리의 두목 노릇을 하다가 강도준의 가문이 복권되면서 졸지에 신세가 역전되어 양반 노릇을 하게 되고 그 후 의녀가 되면서 백광현과 운명적인 재회를 하기에 이른다. 결국 서로의 뒤바뀐 신분을 알게 된 광현과 지녕은 혼인을 맺으며 해피 엔딩을 맞이하고, 어릴 적 동무였던 지녕을 좋아했던 성하는 두 사람의 행복을 빌며 스스로 먼 길을 떠난다.

물론 이처럼 황당한 스토리는 전혀 이병훈 감독 스타일이 아님에도 이상하게 거부감이 들지 않는 게 이상할 정도다. 감독에 대한 이미지 때문일지도 모른다. 하여튼 〈마의〉는 예상 외로 높은 시청률을 올렸다. 하지만 드라마 전체를 통해 가장 오래도록 강한 울림으로 다가오며 기억에 남는 것은 드라마 내용이나 연기가 아니라 오히려 가수 소향이 혼신의 힘을 다해 열창하는 주제곡 〈오직 단 하나〉라 하겠다.

대풍수

2012년에서 2013년에 걸쳐 방영된 남선년, 박상희 극본, 이용석, 남건 연출의 SBS 사극 〈대풍수〉는 퇴폐와 혼란에 빠진 고려를 멸망시키고 새로운 왕조를 일으킨 이성계(지진희)와 그를 돕는 풍수의 대가 목지상(지성)과 무학대사(안길강) 등의 활약상을 그린 드라마다. 명과의 전쟁을 피해 위화도에서 회군을 결정하기까지 이성계 장군이 보인 아리송한 처신은 다소 앞뒤가 맞지 않지만, 뒤에서 그를 계속 부추기는 지상의 동기 또한 모호하기 그지없다. 그런 모호성은 고려의 마지막 충신 최영 장군(손병호) 역시 마찬가지다.

더구나 나라의 운명을 한 손에 쥐고 흔드는 무녀 수련개(오현경)나 괴승 신돈(유하준)의 행적은 사실 여부를 떠나 마치 오늘날의 보수와 진보 진영 사이에 벌어진 치열한 혈투처럼 보이기도 한다. 그러나 진보든 보수든 간에 문제는 이념 자체에 있는 게 아니라 인격적 결함에 있음이 드러난다. 권력욕에 사로잡힌 수련개와 이인임(조민기), 그리고 그들의 아들 정근(송창의)을 비롯해서 마치 덜떨어진 인간의 모습으로 그려진 공민왕(류태준)과 그 아들 우왕 등 모두가 정상적인 정신 상태가 아닌 것으로 보이기 때문이다.

여색을 탐하는 신돈, 술타령만 늘어놓는 무학대사 등은 당시 타락한 불교계를 상징한다 치더라도 허황된 믿음을 바탕으로 이성계를 부추기는 풍수가들의 모습은 오늘날 권력자의 주위를 맴돌며 온갖 술수를 다 쓰는 아첨꾼들의 모습과 진배없어 보인다. 그런 점에서 볼 때 이성계나 최영 장군도 때로는 일관성 없는 모습을 보이기도 하는데, 특히 지상의 첫사랑이었던 반야(이윤지)가 전혀 다른 성격으로 변한 모습은 아무래도 이해가 되지를 않는다. 그나마 일관된 성격을 유지하는 인물은 지상을 따르는 해인(김소연)과 지상의 친모인 영지(이승연), 그리고 양아버지 종대(이문식) 정도다.

어쨌든 고려 왕실의 미래 운명이 걸린 비밀의 명당 자미원국(紫微垣局)을 중심으로 벌어지는 온갖 분쟁과 탐욕은 권력에 대한 인간의 욕망이 얼마나 고질적인 병인지 실감하게 만드는데, 결국 자미원국의 숨겨진 신탁에 의해 이성계의 조선 건국이 이루어졌음을 강조하는 것처럼 보여 씁쓸한 여운을 남긴다. 마치 하늘의 뜻에 따라 고려는 망하고 조선이 세워진 것이니 달리 이의를 제기할 명분이 없지 않겠는가. 하지만 역사는 승자의 기록이라는 말도 있듯이 패자인 고려는 사실 할 말이 별로 없다고 본다. 그런 점에서 세상을 뒤엎는 자는 항상 적절한 명분을 찾기 마련이고, 자미원국의 존재는 그런 명분을 제공해주는 역할을 한 것이 아닐까 한다. 하기야 오늘날 돌아가는 정치판을 보더라도 권력에 대한 탐욕으로 혹세무민하는 행태는 예나 지금이나 별반 달라진 점이 없는 것으로 보여 많은 시청자의 공감을 사지 않았을까 싶기도 하다.

이처럼 나라의 운명을 뒤에서 좌지우지했던 풍수가들 못지않게 막강한 영향력을 행사한 인물들로 역술가를 들 수 있겠는데, 이들의 활약상은 KBS 사극 〈왕의 얼굴〉과 TV조선 드라마 〈바람과 구름과 비〉를 통해서도 확인할 수 있다. 2014~2015년 KBS 수목 드라마 〈왕의 얼굴〉은 이향희 극본, 윤성식 연출의 사극으로 서자 출신이라는 불리한 조건을 극복하고 세자의 자리에 오른 광해(서인국)가 오로지 관상에 힘입어 숱한 위기와 시련을 극복하고 마침내 왕위에 오르는 과정을 담았다. 여기에 등장하는 선조(이성재)는 소심하고 우유부단한 왕으로 묘사되고 있는데, 자신의 왕위를 누군가 항상 노리고 있다는 편집증적 광기에 사로잡힌 모습을 보여 준다. 하지만 광해의 첫사랑이자 선조의 승은을 입고 특별 상궁의 자리에 오른 김가희(조윤희)는 본명이 김개시로 극 중에서 묘사된 것처럼 그렇게 비련의 주인공에 머문 것이 아니라 역사에서는 막강한 권력을 휘두른 부패의 상징이요, 간교한 요부로 기록되어 있다. 실제로 그녀는 나중에 광해군을 배신하고 인조반정에 가담했으나 반정이 성공한 후 오히려 참수되고 말았다. 어쨌든 비슷한 주제를 다룬 영화 〈관상〉의 영향 때문인지 이 드라마는 저조한 시청률을 보이고 종영하고 말았다.

소설가 이병주의 동명 소설을 원작으로 한 방지영 극본, 윤상호 연출의 2020년 TV조선 사극 〈바람과 구름과 비〉 역시 고려 멸망과 조선 왕조 건국에 관여한 풍수가들의 활약상에 초점을 맞춘 〈대풍수〉와 비슷하게 망국의 길로 들어선 조선 왕조 후기를 배경으로 하고 있다. 왕권 계승을 둘러싼 흥선대원군(전광렬)과 김씨 세도가의 대결 구도가 숨 가쁘게 돌아가는 가운데, 국가의 미래를 내다보는 조선 최고의 역술가 최천중(박시후)이 킹메이커 역할을 맡으면서 벌어지는 시대적 혼란상과 더불어 신비로운 예지력을 지닌 여인 이봉련(고성희)과의 애달픈 사랑 이야기도 드라마 인기에 큰 몫을 했다. 다만 지나치게 고종의 즉위 과정에만 초점을 맞춘 나머지 대원군과 민비의 망국적 대립 상황은 일체 다루지 못한 감이 있어 가장 큰 아쉬움으로 남는다.

이 드라마의 가장 핵심적인 주제는 사주와 관상이다. 물론 인간이 달나라에도 가는 시대에 사주 관상을 논한다는 것 자체가 매우 시대착오적인 일임에 틀림없지만, 한 치 앞을 알 수 없는 당시의 불안정한 세상에서는 종교 빼고 의지할 곳은 점괘와 역술밖에 없었을 것이다. 왕권을 차지하기 위해 날카로운 발톱을 숨긴 채 장동 김문이 가하는 온갖 수모를 견디어 낸 흥선대원군은 천중의 예언대로 아들 고종이 즉위하자 며느리도 권세가 출신이 아닌 민자영(박정연)을 간택함으로써 절대 권력을 독점하기에 이르고, 갈수록 무소불위의 전횡을 일삼으며 이에 반발하는 천중마저 제거하려 든다. 결국 대원군을 암살하려다 미수에 그친 천중은 마지막 예언으로 "왕의 시대는 저물고 용은 전설이 될 것입니다. 이제 민중이 주인이 되는 세상이 될 것입니다."라는 말을 대원군에게 남기고 봉련과 함께 낯선 이국의 땅 러시아 연해주에 정착해 살아간다. 하지만 안타깝게도 망국의 국치를 내다보지는 못한다.

그런 점에서 사주팔자나 관상, 예언 등 운명론적인 내용이 오늘날에 와서도 여전히 대중적인 호응을 얻고 있는 것은 일단은 속 시원히 말해 주기 때문이다. 일반 대중이 원하는 것은 이럴 수도 있고 저럴지도 모른다는 애매모호한 표현이 아니라 맞든 틀리든 단정적으로 말해 주기를 바라기 때문이다. 그런 대중의 허점을 간파한 히틀러는 일찍이 《나의 투쟁》에서 "거짓을 말하려거든 큰 거짓을 말하라. 그러면 대중은 믿을 것이다."라고 감히 외친 것이다. 하기야 권력에는 마약처럼 중독성이 있어서 일단 맛을 들이면 좀처럼 끊기 어렵다는 게 문제다. 하지만 민주 사회를 표방하는 오늘날에 와서도 비록 노골적인 독재는 아니라 하더라도 민주를 가장한 이념적 독재가 횡행하고 있으니 하루하루 먹고살기에도 급급한 서민들로서는 무엇이 옳고 그른지 판단하기가 정말 간단치가 않은 문제다.

각시탈

허영만 화백의 만화 〈각시탈〉을 원작으로 만든 유현미 극본, 윤성식, 차영훈 연출의 2012년 KBS 드라마 〈각시탈〉은 일제강점기에 각시탈을 쓰고 경성 한복판에 나타나 악독한 일경들을 골탕 먹이며 괴롭히는 의로운 협객 이강토(주원)와 그를 붙잡아 정체를 밝히려는 일본 경찰 기무라 슌지(박기웅)의 숨 막히는 대결이 박진감 넘치게 전개되는 드라마다. 특히 청순한 이미지의 목단(진세연)을 사이에 둔 이강토와 기무라 슌지의 치열한 신경전은 드라마의 재미를 더해 준다.

영웅이 사라진 현대인에게 홀연히 나타나 통쾌하게 간악한 적들을 물리치는 각시탈의 모습은 새로운 활력소를 제공해 주는 청량제 구실을 톡톡히 해냈다. 바보 연기에 일가견이 있는 신현준이 1대 각시탈 이강산 역을 맡았는데, 바보를 가장한 협객 노릇으로 각시탈을 쓰고 대활약을 펼치지만, 일본 순사가 된 동생 강토의 총에 맞아 숨을 거둔다. 실수로 어이없게 형을 죽인 강토는 죄책감에 시달리다 드디어 형의 뒤를 이어 2대 각시탈이 됨으로써 일제를 상대로 치열한 복수전에 나선다. 하지만 일본 순사와 각시탈 사이에 이중생활을 하면서 동료이자 친구인 기무라 슌지의 의심을 사고 숱한 위기를 겪는다.

강토의 첫사랑인 오목단은 서커스 단원으로 애국심이 강하다. 그래서 일경이 되어 각시탈을 죽인 강토를 민족의 배신자로 간주하고 증오하게 되지만, 나중에 강토가 각시탈로 활동한 사실을 알고부터 마음을 돌리고 강토를 적극 돕는다. 한편 어릴 때부터 옥단을 좋아했던 기무라 슌지는 종로 경찰서장 기무라 타로(천호진)의 차남으로, 사무라이 아버지와는 정반대의 길을 걸어 조선인 아이들을 가르치는 학교 선생의 길을 택하며 옥단의 호감을 샀으나, 형이 각시탈에게 죽임을 당하자 경찰 간부가 되어 형의 복수를 다짐한다.

친구이자 부하인 강토의 수상한 행적을 보고 그가 각시탈일지도 모른다고 의심한 기무라 슌지는 마침내 각시탈이 강토임을 밝혀내고 완전히 적으로 돌아선다. 더욱이 강토를 돕는 배후 세력 중에 옥단도 포함된 사실을 알고 질투심과 복수심에 사로잡힌다. 그는 아버지마저 각시탈에 의해 살해되자 강토를 숨긴 동진 결사대의 비밀 아지트를 급습해 때마침 거행된 강토와 옥단의 결혼식을 아수라장으로 만들고, 설상가상으로 강토를 저격하려다가 목단이 강토를 대신해 총을 맞고 숨진다. 자신이 사랑하던 목단을 죽게 만든 기무라 슌지는 그 후 자책감에 못 이겨 스스로 목숨을 끊고 만다.

한편 이강토를 짝사랑하던 우에노 리에(한채아)는 본명이 채홍주로, 원래 양반 지주의 외동딸이었으나 아버지가 독립군에 의해 살해당하고 집안이 몰락하면서 조선에 대한 증오심에 사로잡힌 나머지 일제의 앞잡이가 되어 활동한다. 하지만 짝사랑 상대였던 이강토가 각시탈임이 밝혀지고 양아버지마저 이강토에게 죽임을 당하자 자신을 짝사랑한 호위무사 가츠야마에게 자신의 본명을 말해 주고 어디론가 떠나 버린다. 비록 일제의 앞잡이 노릇을 하긴 했으나 그래도 등장인물 가운데 가장 매력적인 인물로 비치는 것은 또 왜일까. 어쩌면 영웅의 출현을 학수고대하는 삭막한 현대인의 심정을 그녀가 대변하고 있는 것일 수도 있겠다.

그런 배경 때문인지 한국판 '쾌걸 조로'라고 해도 무방한 〈각시탈〉은 예상을 뒤엎고 높은 시청률을 올렸는데, 항일 주제를 담은 드라마라는 점에서 일본 팬을 의식해 출연을 거부한 일부 한류 스타들에 대한 비난도 뒤따랐다. 하지만 일본에서의 활동 위축을 염려한 그런 이유는 주연을 맡은 주원이 그 후에도 승승장구하면서 일본에서 인기를 이어 갔다는 점에서 설득력을 잃고 말았다. 다만 촬영차 운행 중이던 버스가 전복하는 바람에 보조출연자가 사망하는 사건이 벌어지고 방송사 측의 무성의한 태도에 항의하는 유가족 시위가 이어지는 등 예기치 못한 사태로 한동안 분위기가 어수선했으나, 그럼에도 불구하고 일본에 대해 오랫동안 간직해 온 억울함과 답답함을 말끔하게 해소해 주는 통쾌한 내용 덕분에 드라마의 인기는 계속 유지되었다.

궁중잔혹사: 꽃들의 전쟁

정하연 극본, 노종찬 연출의 2013년 JTBC 사극 〈궁중잔혹사: 꽃들의 전쟁〉은 소현세자(정성운)의 독살과 관련된 조선 왕조 최대의 악녀로 소문난 소용 조씨(김현주)의 야욕과 몰락을 다룬 드라마로, 특히 세자빈 강씨(송선미)와 벌이는 치열한 권력 암투 과정이 극의 긴장감을 더한다. 여기에 묘사된 인조(이덕화)의 모습은 소용 조씨의 손아귀에 놀아나는 무기력하기 그지없는 왕으로 그려져 있는데, 인조반정으로 광해군을 몰아내고 왕위에 오르지만, 병자호란 때 남한산성에서 청나라에 항복해 조선 왕조 사상 가장 무능하고 치욕적인 군주로 기억되는 인물이다. 주연을 맡은 김현주는 교활하고 간악한 음모에 통달한 악녀 조씨로 나와 소름 끼치는 연기를 보여 주는데, 비장미 넘치는 처절한 세자빈 역의 송선미와 펼치는 연기 대결이 시종일관 긴장을 풀지 못하게 만든다.

주인공 소용 조씨의 원래 이름은 조얌전으로 첩의 자식으로 태어나 온갖 수모와 천대를 겪고 자라면서 오로지 신분 상승에 대한 집착에 사로잡힌다. 한편 그녀와 어릴 때부터 소꿉친구로 서로 사랑하는 사이였던 남혁(전태수)은 인조반정으로 몰락한 집안의 아들로 얌전이가 김자점 대감의 양녀로 들어간 후 입궐하여 인조의 후궁이 되자 질투심과 배신감에 사로잡힌 나머지 역모를 꾀하는 한편, 집안과 애인 모든 것을 앗아 간 김자점을 죽이려고 한다. 온갖 악행을 저지르다 나중에는 궐 밖으로 내쫓기고 백성들의 돌팔매질로 숨진 얌전이의 시신을 손수 거두며 크게 오열하는 모습을 보인다.

한편 병자호란 당시 신하들과 백성이 지켜보는 가운데 청나라 황제 앞에 무릎 꿇고 얼어붙은 땅에 이마를 찧으며 항복한 굴욕적인 일을 죽을 때까지 잊지 못한 인조는 청나라 얘기만 나오면 몸서리를 칠 정도로 그 상처가 깊은 상태인데, 청나라에 인질로 잡혀간 소현세자 일행이 돌아오자 반가움보다는 경계심이 앞선다. 그러지 않아도 왕의 권위가 이미 땅에 떨어진 인조는 백성들로부터 신망이 두터워진 소현세자를 질투하고 미워하기 시작한다. 결국 인조는 소용 조씨의 간계로 독살당한 소현세자의 죽음도 그대로 묵인하고 넘어간다. 어디 그뿐인가. 소현세자를 독살하고 후환이 두려워진 소용 조씨는 억울하게 남편을 잃고 완강하게 반발하는 세자빈 강씨에게 인조 독살 혐의를 뒤집어씌워 사약을 내려 죽게 만들고, 그녀의 세 아들은 모두 제주도에 유배되는데, 그중 경선군과 경완군은 어린 나이로 숨지고 만다.

물론 '꽃들의 전쟁'이라는 제목에서도 알 수 있듯이 소용 조씨와 세자빈 강씨의 피나는 대결뿐 아니라 소용 조씨에 대한 장렬왕후(고원희), 후궁 귀인 장씨, 숙의 박씨, 승은을 입고 후궁이 된 상궁 이씨 등의 질투와 모함 역시 결코 만만치 않다. 하지만 이들의 소행은 소용 조씨의 악행에 비하면 그저 애들 장난에 불과할 따름이다. 차라리 최후의 승자로 남아 왕위에 오른 봉림대군(김주영)이 더욱 고수에 가깝다. 그는 평소에 형 소현세자를 은근히 질투하며 왕위에 대한 욕심을 지니고 있으면서도 겉으로 일체 내색하지 않을 뿐 아니라 형의 가족 전체가 파멸에 이르는 과정을 지켜보면서도 수수방관한다. 자기에게는 나쁠 게 없다는 식의 매우 이기적인 태도가 아닐 수 없다.

하지만 봉림대군은 인조반정의 일등 공신 김자점(정성모)이 소용 조씨와 결탁해 왕위를 찬탈하려는 시도에 대해서는 자신의 이익과 직결된 문제이기에 곧바로 행동에 나선다. 당시 소용 조씨는 세자인 봉림대군 대신 자신의 아들 숭선군을 보위에 올리기 위해 중태에 빠진 인조를 궁궐의 외진 전각에 몰래 옮긴 상태에서 자신이 중전에 오를 계략을 꾸미는데, 그렇게 되면 인조가 승하한 뒤에 그녀는 차기 왕위 계승자 임명권을 쥔 대비가 되어 세자 봉림대군을 폐하고 숭선군을 왕위에 올릴 수 있게 되는 것이다. 그러나 그녀의 간교한 계획은 봉림대군의 고수에 휘말려 물거품으로 돌아가고 결국 왕위에 오른 효종에 의해 궁 밖으로 내쳐져 백성들 손에 죽임을 당하고 만다. 그리고 역모를 꾀한 김자점 역시 참혹한 죽음을 맞이한다.

조선 왕 가운데 가장 무능하고 치졸한 임금으로 꼽히는 인조, 그런 인조를 손안에 쥐고 마음대로 농락한 후궁 소용 조씨, 그들과 대항하다 비참한 말로를 맞이한 소현세자와 세자빈 강씨, 이 모든 사태를 수수방관하면서 어부지리를 얻은 봉림대군, 인조의 약점을 쥐고 무소불위의 권력을 휘두른 김자점. 이들 모두는 17세기 조선의 백성 위에 군림했던 최상위 지도층 인사들이었으나, 결국 처절한 진흙탕 싸움판을 벌인 끝에 온 나라를 시궁창으로 만든 주역들이다. 하지만 그런 이전투구는 21세기 오늘날에 와서도 변함이 없으니 드라마를 지켜보는 시청자들 입장에서는 입맛이 매우 쓸 수밖에 없다. 그래서 차라리 먹방 프로에서 치유 효과를 바라는지도 모르겠다. 그럼에도 이런 드라마를 통해서 우리 정치인들이 제발 타산지석으로 삼았으면 좋겠다는 바람 또한 적지 않을 터. 이처럼 위안 삼아 보는 것 또한 작은 희망의 끈을 놓지 않으려는 힘없는 서민들의 소리 없는 아우성이 아닐까 한다.

제왕의 딸 수백향

2013년에서 2014년에 걸쳐 108부작으로 방영된 황진영 극본, 이상엽, 최준배 연출의 MBC 대하사극 〈제왕의 딸 수백향〉은 백제 무령왕(이재룡)과 그의 연인 채화(명세빈) 사이에서 태어난 공주 수백향 설난(서현진)과 그녀의 자리를 차지하고자 애쓰는 동생 설희(서우), 그리고 자신의 이복동생인 줄도 모르고 설난에게 연심을 품는 태자 명농(조현재) 등이 엮어 나가는 드라마로, 여기에 등장하는 수백향은 가공의 인물이다. '출생의 비밀'과 '기억상실'이라는 소재가 겹치고 자매간의 첨예한 대립 등 막장 드라마 요소가 다분하지만, 그래도 끝까지 백제의 품위와 향기를 잃지 않고 스토리의 완성도가 높은 편에 속한다.

주인공 설난은 원래 무령왕과 채화의 딸로 태어난 수백향이지만, 채화와 혼인한 구천을 아버지로 알고 자란다. 채화와 구천은 부부가 되어 설희를 낳았는데, 순진무구한 설난은 설희를 친동생으로 알고 끔찍이 아끼는 데 반해, 욕심 많고 질투심이 강한 설화는 언니 설난을 차갑게 대한다. 그러던 어느 날 채화의 존재를 알고 비적으로 위장한 진무(전태수)의 군사들이 들이닥쳐 습격하자 달아나던 도중에 눈을 다쳐 앞을 보지 못하게 된 채화는 설희를 설난으로 착각하고 설난이 수백향이라는 사실을 알리고 죽는다. 설난의 정체를 안 설희는 설난을 속이고 도망쳐 궁으로 향하고, 사라진 설희를 찾아 헤매다가 우연히 태자 명농과 마주친 설난은 그의 권유로 비밀 조직 '비문'에 들어가 혹독한 훈련을 받는다. 그리고 명농과 설난 사이에 묘한 감정이 싹튼다.

한편 무령왕을 만나 자신이 수백향이라고 주장한 설희는 마침내 공주로 인정받고 호화로운 궁궐 생활을 즐기는데, 왕위를 계승하지 못한 왕자 진무가 공주의 정체를 의심하고 그녀에게 접근한다. 하지만 진무는 사실 태자 명농과 함께 본인들도 알지 못하는 출생의 비밀에 뒤얽힌 관계다. 원래 진무는 무령왕의 친아들이었으나 선대왕 동성왕의 아들 명농과 뒤바뀐 상태였기 때문이다. 하지만 진무는 무령왕이 동성왕 암살의 배후라고 믿고 자라면서 친아버지로 알고 있는 동성왕의 죽음에 대한 복수심을 숨긴 채 무령왕과 명농을 적으로 여기고 살아간다. 그러다가 나중에 명농을 통해 출생의 비밀을 알게 된 그는 나중에 무령왕이 숨질 때 그 앞에서 크게 오열하고 만다.

그런데 가상의 인물 수백향과는 달리 성왕이 된 명농은 실제 존재했던 역사적 인물로, 드라마에서는 원래 동성왕의 친자로 태어났다가 동명왕의 아들로 뒤바뀐 것으로 묘사되고 있으나, 이는 사실이 아니며, 다만 후궁이 낳은 아들로 알려져 있다. 드라마 〈서동요〉의 위덕왕은 성왕의 아들이며, 위덕태자는 성왕의 손자가 된다. 또한 삼국사기와 삼국유사의 기록에 의하면, 무령왕은 동성왕의 둘째 아들이라고 한 반면에, 일본서기에 따르면 무령왕은 곤지의 첫째 아들이고 동성왕의 이복형이라고 한다. 하지만 무령왕릉 발굴을 통해 무령왕이 462년 출생임이 밝혀지고 동성왕은 468년생으로 추정되니 무령왕이 동성왕의 아들이라고 주장한 삼국사기와 삼국유사의 기록은 전혀 근거 없는 내용이며, 오히려 일본서기의 기록이 타당한 것으로 드러났으니 실로 부끄러운 일이 아닐 수 없다. 그런 혼란 때문에 드라마에서도 무령왕과 동성왕, 명농과 진무의 관계가 매우 혼란스러운 모습으로 묘사된 것으로 보인다.

하지만 극 중에서 가장 큰 문제는 질투심과 탐욕 때문에 간교한 술수로 언니 설난의 자리를 가로챈 설희다. 궁에서 언니와 마주친 설희는 자신의 정체가 드러날까 전전긍긍하기 시작하는데, 설난도 설희의 정체에 대해 의문을 품는다. 결국 설희는 언니 설난을 제거하는 일이 모든 문제를 해결하는 상책이라 여기고 그때부터 온갖 수단을 동원해 설난을 곤경에 빠트린다. 하지만 그때마다 명농이 나타나 설난을 도우면서 모든 계획을 망치게 하자 마침내 설희는 진무와 손을 잡고 자신의 친아버지 구천마저 죽인다. 그리고 내친김에 눈엣가시인 명농을 제거하고 진무를 황위에 올린 다음 자신이 황후가 되려는 야심 찬 계획까지 세운다.

하지만 무령왕도 이미 구천의 편지를 통해 설희가 가짜 공주라는 사실을 알고 있으면서도 진짜 수백향을 찾기 위해 모른 척하고 있을 뿐이었음을 설희는 알지 못한다. 결국 설난도 자신이 수백향임을 알게 되고, 설희는 공주 자리에서 쫓겨나고 만다. 그리고 그녀를 사랑하게 된 진무가 이를 보다 못해 모든 걸 포기하고 멀리 변방으로 가서 함께 살자고 권유하지만 설희는 길길이 날뛰며 자기는 촌에서 살 수 없다며 그의 청을 단호히 거절한다. 이처럼 정신을 차리지 못하는 설희를 안타깝게 여긴 설난은 그녀에게 약을 먹여 기억을 잃게 만든 후 설희를 데리고 어릴 때 살던 집으로 돌아가 함께 지낸다.

하지만 설희는 나중에 기억이 다시 돌아오면서 자신이 그동안 저지른 악행에 스스로 괴로워한 나머지 자살까지 시도하지만 설난이 가로막는다. 그 후 설희는 자신을 찾아온 진무에게 자기 이름이 설희라고 고백하며 서로 사랑을 확인한다. 한편 명농을 사랑한 설난은 자신이 그와 이복남매 관계임을 알게 되면서 갈등을 겪다가 결국 명농을 피하기로 결심하지만, 설난이 자신의 친딸임을 안 무령왕은 명농이 그녀를 몹시 사랑한다는 사실을 알고 그들의 장래를 위해 설난을 공식적으로 공주에 책봉하지 않는다. 오누이 관계로 알려지면 영원히 둘은 맺어질 수 없기 때문이다. 마침내 무령왕이 죽고 성왕이 된 명농은 산골에 사는 설난을 찾아가 자신과 함께 살자고 청한다.

〈제왕의 딸 수백향〉은 비록 사극임에도 불구하고 현대 막장 드라마의 단골 메뉴인 출생의 비밀과 기억상실, 이복남매간의 사랑, 이부자매간의 반목과 질투, 뒤바뀐 아들의 운명 등 매우 자극적인 주제들로 넘쳐난다. 궁궐을 재벌가로 배경을 바꾸기만 해도 얼마든지 새로운 현대 드라마 한 편이 나올 법하다. 따라서 무대만 백제일 뿐이지 시청자들에게는 드라마의 내용이 전혀 낯설지가 않다는 이점을 안고 있었으나, 오히려 그런 점이 시청률에는 제대로 반영되지 못한 감이 있다. 비록 서현진의 단아한 모습과 자신의 탐욕을 위해 친부까지 살해하는 서우의 광기 어린 연기 대결이 충분한 볼거리를 제공하기도 했으나, 이미 낯익은 플롯에 익숙해진 시청자들에게는 식상감을 주었을 수 있다. 그럼에도 불구하고 드라마의 전개 자체는 매우 흥미진진하게 진행된다.

다만 한 가지 사족을 곁들이자면, 방영 당시 제기된 역사 왜곡 논란이다. 왜냐하면 드라마 주인공 수백향(手白香, 일본명 다시라카)의 신원 때문이다. 원래 일본 왕족으로 알려진 수백향을 생뚱맞게 백제 무령왕의 공주로 신분 세탁을 했으니 논란이 불거질 수밖에 없었다. 그런 논란을 가라앉히기 위해 제작진은 편법으로 주인공의 한자 이름 표기를 수백향(手白香)이 아니라 백제를 수호했다는 의미를 지닌 수백향(守百

香)으로 표시함으로써 일본 역사서에 기록된 수백향과 다른 인물처럼 보이도록 손을 쓰기도 했으나, 이미 엎질러진 물이었다.

그런데 수백향이 백제의 공주라는 이야기는 아무런 근거 없이 나온 것이 아니라 1970년 재야 사학자 문정창이 펴낸 저서 《일본상고사》의 주장을 토대로 한 것이다. 하지만 어느 나라 역사 기록에도 수백향이 백제 무령왕의 공주라는 내용은 존재하지 않는다. 더군다나 그런 주장을 내세운 문정창은 한족의 조상으로 불리는 고대 중국의 황제도 원래 동이족으로 우리 민족의 조상이라 주장하는가 하면, 동이족의 일원인 소호족 일파가 서진해서 메소포타미아 지방에 정착해 수메르 문명을 건설했으며, 영문판 구약성서에 선민을 뜻하는 것으로 표기된 Chosen People도 발음대로 읽으면 조선 사람이 된다는 점에서 이스라엘 민족과 한민족이 같은 뿌리를 지닌다고 주장했으니 그런 황당한 내용을 정통 사학계에서 인정할 리 없었다. 어쨌든 드라마 자체는 순탄하게 진행됨으로써 별다른 잡음 없이 마무리되었으며, 마지막 108회까지 끌고 간 저력이 그저 놀라울 따름이다.

기황후

 2013년에서 2014년에 걸쳐 방영된 장영철, 정경순 극본, 한희, 이성준 연출의 MBC 사극 〈기황후〉는 고려 시대 몽골군에 의해 원나라에 공녀로 끌려갔다가 황제 혜종의 황후가 되어 막강한 권력을 휘둘렀던 고려 출신 여인 기승냥(하지원)의 파란만장한 일대기를 다룬 드라마다. 비록 왜곡된 역사적 사실과 인물 설정으로 인해 많은 논란을 불러일으키기도 했지만, 그녀를 중심으로 원나라 황제(지창욱)와 폐위된 고려왕 왕유(주진모) 사이에 벌어지는 미묘한 삼각관계가 드라마의 핵심을 이룬다.
 그러나 고려 충혜왕으로 복귀한 왕유는 패륜과 사치를 일삼은 폭군으로 알려져 있어 드라마의 내용처럼 그렇게 지략과 용맹이 뛰어난 인물인지 의심스럽다. 기황후의 캐릭터 역시 의심스럽기는 마찬가지다. 극에서는 고려에 대한 애국 충정심에 불타는 여인으로 그려져 있지만, 자신의 친정 오빠 기철을 죽인 공민왕을 폐위시키고 충선왕의 서자 덕흥군을 왕위에 올리기 위해 원나라 군사를 동원해 고려를 침략했다가 최영 장군에게 패함으로써 그 뜻을 이루지 못한 여인이었으니 더욱 그렇다. 어디 그뿐인가. 극 중에서 악녀로 묘사된 바얀 후투그(임주은)는 원나라 역대 황후들 가운데 가장 온순하고 존경받는 황후로 알려져 있다. 하지만 드라마는 드라마일 뿐 다큐멘터리가 아니니 역사적 고증 문제는 이 자리에서 논할 일이 아니다. 어쨌든 주인공 기승냥이 일개 공녀의 신분에서 천하를 호령하는 황후 자리에까지 오른 것은 거의 기적에 가까운 일이라 하겠다.

고려의 충신의 딸 기양은 몽골 장수 당기세(김정현)에 의해 어머니와 함께 공녀로 끌려가던 중에 고려의 왕자 왕유의 도움으로 달아날 기회를 얻지만, 그 와중에 어머니를 잃고 만다. 남장 차림으로 여기저기를 떠돌던 그녀는 이름도 기승냥으로 바꾼다. 우연히 대청도에 유배된 원나라 황태제 타환을 알게 된 그녀는 원나라 대승상 연철(전국환)이 타환을 암살하려 하자 타환과 함께 도망치면서 첫 인연을 맺는다. 그 후 다시 원나라에 끌려가게 된 승냥은 당기세에게 여자임이 발각되고 겁탈을 당할 처지에 놓이지만, 왕유의 도움으로 위기를 모면하고 원나라 황궁의 무수리가 되어 억울하게 죽은 부모의 복수를 다짐하며 기회를 엿본다. 하지만 대청도에서 만난 승냥임을 알아본 타환이 정식 궁녀가 된 그녀에게 호감을 갖고 접근한다.

그 후 변방에서 공을 세우고 무사히 돌아온 왕유는 기양과 재회하며 사랑을 키워 나가고 마침내 왕유의 청혼을 받아들인 기양은 그의 아이를 임신한다. 그런데 둘이 행복하게 지내는 모습을 본 타환은 기양에게 사랑을 애걸하지만 그녀는 이를 정중히 거절한다. 왕유가 잠시 고려로 돌아간 사이에 기양의 배가 점차 불러 오자 고려로 달아나던 그녀는 외진 동굴 안에서 홀로 아기를 낳지만, 추적을 피해 달아나던 중에 절벽 아래로 떨어지면서 아기를 잃고 크게 오열한다. 한편 황제 타환의 총애를 받기 위해 거짓 회임까지 벌인 황후 타나실리(백진희)는 스님이 주워 온 아기를, 기양이 낳은 왕유의 아이인 줄 모르고, 자신이 낳은 아이라고 눈속임하며 황궁으로 데리고 간다. 그런 모습을 몰래 지켜보던 기양은 매박상단에 붙들려 노예 경매장에 팔려 가고, 그곳에서 기양을 발견한 백안 장군(김영호)이 돈을 주고 그녀를 사들여 구해 낸 뒤 자신의 양녀로 삼는다.

백안의 양딸이 되어 황실의 후궁 모집에 참가한 기양은 오로지 복수에 대한 일념 하나로 후궁이 되고자 하는데, 후궁으로 뽑히자마자 질투심에 사로잡힌 타나실리의 온갖 학대와 흉계에 시달린다. 하지만 황제 타환의 총애를 독차지한 기양은 승승장구하며 자신의 세력을 넓혀 나간다. 한편 기양이 황제의 후궁이 되었다는 소식을 접하고 왕유는 절망한 나머지 크게 오열한다. 그런데 문제는 타나실리가 왕유를 좋아하게 되면서 기양을 더욱 미워하게 된 것이다. 타환과 왕유 두 남자의 마음을 모조리 빼앗아 갔으니 그럴 만도 하다.

그 후 기양이 타환의 아들을 낳자 분을 참지 못한 타나실리는 기양에게 저주를 내리는 주술까지 동원하고, 역모를 꾀하던 연철은 죽임을 당한다. 타나실리 역시 아버지의 뒤를 이어 사약을 마시고 죽자 백안의 조카딸 바얀 후투그가 황후로 들어오지만, 그녀 역시 기양을 몰아내기 위해 안간힘을 쓴다. 한편 기양과 왕유 사이를 의심한 타환은 질투심이 극에 달하고 술독에 빠져 폐인처럼 지낸다.

결국 타환이 왕유를 멀리 유배를 보내자 크게 낙담한 기양은 타환을 더욱 멀리한다. 그런 와중에 황후 바얀 후투그가 마하 황자를 살해하고 그 죄를 기양에게 뒤집어씌우려고 하다가 그때 비로소 마하가 자신의 아이임을 알게 된 기양은 마침내 바얀 후투그마저 폐위시킨다. 한편 극심한 신경쇠약에 빠진 타환이 정무를 볼 수 없는 상태에 이르자 그 틈을 노려 기양은 황태자를 옥좌에 앉히고 섭정을 맡아 병권을 장악한 후 마하의 죽음에 연루된 바얀 후투그에게 사약을 내린다.

하지만 정신이 돌아온 타환은 기양을 황후로 책봉하면서 마하의 출생의 비밀을 아는 사람들은 모두 죽이라는 지시를 내림으로써 왕유까지 희생된다. 왕유는 자기가 죽어야 기황후가 안전할 것으로 여기고 기꺼이 희생의 길을 택한다. 그리고 타환은 기황후의 품에 안겨 최후를 맞이하고, 마침내 원나라는 서서히 멸망의 길로 들어선다. 비록 기황후는 처음에 지녔던 원나라에 대한 복수의 뜻을 이루었다고 볼 수 있지만, 사랑했던 두 남자는 물론 친아들 마하까지 모두 잃는 비운의 주인공이 되고 말았다.

〈기황후〉는 비록 역사적 사실을 왜곡했다는 논란이 일기도 했으나, 드라마의 배경이 우리에게는 매우 생소한 원나라인 데다 황후의 신분에까지 오른 주인공이 고려 여인이라는 점에서 상당히 높은 시청률을 올린 인기 드라마였다. 이국적인 환경에 대한 호기심도 크게 발동했을 것으로 보이는데, 역사적으로 몽골군의 침략에 대한 피해 의식을 지니고 있던 우리로서는 오히려 몽골 황제를 매료시키고 황후의 자리에 올라 무소불위의 권력을 휘두른 고려 여인의 입지전적 인생 역전 스토리가 그동안의 체증을 단숨에 없애 주는 청량제 구실을 톡톡히 하고도 남음이 있었다. 더욱이 자신을 옥죄는 몽골의 귀족과 황후들을 놀라운 기지와 책략으로 산산이 부숴 버리는 기황후의 강력한 카리스마는 우리의 오랜 고질병이기도 한 열등감과 낮은 자존감을 상쇄하기에 충분했다. 적어도 기분상으로라도 통쾌한 것은 사실이다. 그만큼 우리에게는 통쾌, 상쾌, 유쾌한 일이 별로 없었기 때문 아니겠는가.

하지만 원나라 속국이 되어 원나라 황제가 고려의 왕을 제멋대로 봉하고 폐위시키는 전횡을 일삼았다는 점에서, 그리고 원의 부마국인 고려 왕의 칭호는 원나라 황제에 충성을 다한다는 의미로 호칭 앞에 충(忠)을 붙여야 하는 수모를 겪어야 했으니 나라의 체면이 정말 말이 아니었다. 더군다나 고려 충혜왕이 된 왕유는 온갖 패악질을 일삼다 폐위된 폭군으로 알려져 있으며, 그를 비롯해 그의 부왕 충숙왕과 조부 충선왕도 원나라 쿠빌라이 칸의 후손인 모계를 통해 몽골인의 피가 흐르고 있었으니 고려의 권신들과 지방 호족들이 왕권을 무시하고 왕명을 거역하기 일쑤였다. 심지어는 고려인 기황후조차 반원파인 공민왕을 폐위시키고 충선왕의 서자 덕흥군을 왕위에 올리기 위해 군사까지 동원해 자신의 모국인 고려를 치게 했으니 원나라에 대한 고려인의 반발이 클 수밖에 없었다.

다만 역사적 사실을 은폐하거나 왜곡해 가면서까지 자기만족에 이르는 정신 승리의 안타까운 모습은 더이상 보이지 않았으면 한다. 하기야 오늘날 우리가 이 정도 수준의 강력한 국력에 이르게 된 배경에 대해서도 여러 다양한 견해가 쏟아지고 있지만, 가장 중요한 사실 한 가지는 지난 과거의 수모와 치욕, 숱한 시련과 고통을 결코 잊지 않고 오히려 그런 과거 역사를 발판 삼아 새로운 변화와 도약의 기회로 삼았다는 점이다. 과거의 영광에만 머물고 변화를 거부하는 오늘날 일본과 중국의 침체 현상을 보고 있으면 그런 느낌이 더욱 강하게 든다.

그런 점에서 볼 때, 〈기황후〉에 이어 3년 뒤에 방영된 MBC 사극 〈왕은 사랑한다〉가 오히려 당시 고려 말의 굴욕적인 상황을 솔직하게 드러내고 있다. 고려에 대한 애착이 덜해 주로 원나라에서 여생을 보낸 충선왕이 세자 시절에 이루지 못한 사랑 이야기를 다룬 이 드라마는 〈여명의 눈동자〉, 〈모래시계〉, 〈신의〉 등으로 우리나라 방송계에 전설적인 존재가 된 작가 송지나가 극본을 쓰고 김상협이 연출한 작품으로, 충선왕 왕원(임시완)과 그의 단짝 친구 왕족 왕린(홍종현)을 모두 사랑한 여인 은산(임윤아) 사이에 벌어진 삼각관계를 중심으로 스토리가 진행된다.

부왕 충렬왕(정보석)으로부터 오랑캐 피가 섞인 잡놈 소리를 들으며 업신여김을 받고 자란 세자 왕원은 자신을 지키기 위해 항상 자세를 낮추고 권력에 별다른 관심을 보이지 않다가 우연히 마주친 은산을 알고 사랑하게 되면서 점차 자신의 사람들을 지키기 위해서라도 권력의 필요성을 느끼고 자신의 힘을 키우기로 작심한다. 더군다나 왕린의 누이동생 왕단(박환희)과 혼례를 치른 왕원은 은산의 사랑이 친구 왕린에게 기울어진 데다 모후(장영남)까지 세상을 등지고 죽마고우인 친구 왕린마저 자신을 배신하고 반세자파에 가담하자 권력에 대한 집념을 더욱 키워 간다.

하지만 왕린의 배신은 왕원의 계획된 연극의 일부였고, 고려를 집어삼키려는 원나라의 흉계에서 벗어날 고육지책이었을 뿐이다. 마침내 반원파의 수장으로 역모를 꾀하다 죽은 것으로 알려진 왕린이 은산과 함께 어디론가 떠나고 왕린은 안타까운 시선으로 이들을 배웅하는 것으로 드라마는 막을 내린다. 그리고 마지막 내레이션을 통해 왕위에 오른 충선왕이 개혁을 추진하다 불과 7개월 만에 왕위를 부왕에게 되돌려 주고 홀연히 원나라로 돌아갔음을 알리는데, 사실은 개혁 실패에 따른 강제 퇴위였으며, 10년 뒤에 다시 복위해 5년간 치세를 누리다가 나이 오십으로 원나라 연경에서 숨을 거두었으니 아무래도 고려에는 도무지 정을 붙일 수 없었나 보다.

옥중화

장희빈, 조귀인과 더불어 조선 최고의 악녀로 꼽히는 정난정과 문정왕후의 실체는 강수연과 전인화가 출연한 2001~2002년 SBS 대하사극 〈여인천하〉를 통해 적나라하게 드러난 바 있다. 그 후 15년이 지나 방영된 최완규 극본, 이병훈, 최정규 연출의 MBC 사극 〈옥중화〉 역시 문정왕후와 정난정, 윤원형의 전횡을 다루고 있다는 점에서 진부한 주제의 반복이 될 우려에도 불구하고, 가상의 인물 옥녀(진세연)와 그녀의 정인 윤태원(고수)을 내세워 온갖 시련과 난관을 헤쳐 나가도록 한다.

더군다나 온갖 술수로 아들 명종(서하준)을 왕위에 올린 문정왕후(김미숙)와 그녀의 남동생 윤원형(정준호), 그리고 윤원형의 후처 정난정(박주미)은 이미 모든 권력과 부를 차지한 입장이지만, 그럼에도 불구하고 예기치 못한 옥녀의 등장으로 인해 자신들이 과거에 저지른 악행이 드러날까 두려운 나머지 옥녀를 제거하기에 혈안이 된 모습이다. 하지만 아이러니하게도 윤원형의 서자 윤태원이 시종일관 옥녀를 보호하고 돕는다.

주인공 옥녀는 전옥서에서 태어나 그곳 다모로 일하는 천재 소녀다. 그런데 출생의 비밀을 안고 있는 옥녀는 원래 궁녀 가비의 소생으로, 자신의 아버지가 누구인지도 모른다. 가비는 옥녀를 임신한 상태에서 문정왕후의 인종 독살 음모를 알고 있다는 이유로 자객들을 피해 달아나다 전옥서 앞에서 칼을 맞고 쓰러진 후 전옥서 서리 지천득(정은표)의 도움으로 무사히 출산을 하고 숨을 거둔다. 그런데 가비는 중종의 승은을 입은 몸으로, 옥녀는 자신이 옹주 신분임을 모르고 지천득의 양딸이 되어 자란 후 전옥서 다모로 일하게 된다. 그리고 오랜 세월 지하 감옥 독방에 수감 중인 박태수(전광렬)의 수제자가 되어 온갖 지식과 무예를 전수받는데, 그는 옥녀에게 자신의 자식에 대한 소식을 알아봐 달라고 부탁한다.

한편 윤원형의 서자 윤태원은 아버지와 그의 애첩 정난정에 대한 원한으로 거리 왈패 노릇을 하며 지내다가 전옥서에 들어가 옥녀를 알게 된다. 총명한 데다 무예까지 뛰어난 옥녀는 체탐인으로 활동하다 문정왕후의 음모에 빠져 관비 신세로 전락해 황해도로 쫓겨 가던 도중에 산적을 만나 죽을 고비를 넘기는데, 공교롭게도 그곳에 부임한 성지헌(최태준)의 도움으로 부상에서 회복된다. 성지헌은 박태수가 생전에 애타게 찾던 손자로 개성 갑부 성환옥의 양자로 들어가 포도청 종사관이 되면서 윤원형의 사위가 될 뻔했으나 정난정과의 트러블로 파혼하고 해주로 좌천된 신세였다. 하지만 옥녀를 통해 조부 박태수의 죽음이 윤원형의 짓임을 알게 된 그는 옥녀와 힘을 합쳐 복수의 칼날을 간다.

해박한 지식과 뛰어난 암기력 덕분에 관기 대신 나라의 제를 지내는 소격서 도류가 되어 한성으로 돌아온 옥녀는 윤태원과 재회하지만, 그동안 아버지 윤원형과 손잡고 평시서 주부로 출세한 그에게 옥녀는 배신감을 느끼고 마침내 등을 돌리고 만다. 하지만 죽은 줄 알았던 옥녀가 다시 살아서 돌아오자 윤원형과 정난정은 옥녀의 정체를 밝혀내고 자객을 동원해 죽이려 든다. 그리고 옥녀의 신분을 알게 된 윤태원은 그녀를 보호하는 일에 전념하고 나중에는 서로 오해가 풀려 화해한다.

그런데 전옥서 다모 시절부터 우연히 밀행에 나선 명종과 알게 된 옥녀는 그가 단지 암행어사인 줄 알고 백성들의 힘겨운 삶의 실상을 전하는 일에 전념하는데, 나중에 왕의 신분을 알게 되면서 곤경에 처한 왕을 돕기 위해 애쓴다. 그런 옥녀를 위험에서 보호하기 위해 후궁으로 들이려던 명종도 그녀의 옹주 신분이 밝혀지면서 자신의 뜻을 접고, 마침내 옥녀와 윤태원은 궐 밖에서 함께 외지부 활동을 벌이는 것으로 드라마는 마무리된다. 외지부는 오늘날의 변호사다. 그리고 온갖 악행을 일삼으며 옥녀를 괴롭히던 정난정과 윤원형은 유배지에서 자살하고 만다.

주인공 옥녀는 미모와 지성, 남다른 용기와 의협심, 리더십과 의리, 온정과 선량함, 양심과 정직, 총명함과 침착성, 뛰어난 순발력과 임기응변 등을 두루 겸비한 만능 탤런트다. 무술 솜씨도 웬만한 남정네들은 모조리 쓰러트린다. 역대 사극의 여주인공 가운데 옥녀를 능가할 수 있는 인물은 정말 찾아 보기 힘들 정도다. 그리고 그런 점이 사악하고 탐욕에 물든 정난정, 문정왕후와 대비되어 더욱 빛나는 존재로 부각된다. 게다가 그녀가 숨겨진 왕손이라니 더욱 할 말을 잃는다.

이쯤 되면 어째서 〈옥중화〉가 그토록 인기를 끌었는지 대충 이해가 될 것이다. 오늘날 사람들은 남자뿐 아니라 여성에게서도 슈퍼파워 이미지를 원하기 때문이다. 그것은 상대적으로 현실 속에서 구하기 힘든 이상형이기도 하기 때문이다. 따라서 실제로 현실에서 마주치는 미인들의 속성이 오히려 속물적이고 허영기 많은 정난정과 비슷한 유형이 더 많을 것으로 추정한다면 그것이 과연 현대 여성에 대한 모독이 될 것인가. 하지만 미인일수록 얼굴값 한다는 말도 있지 않은가. 그만큼 미모와 인성, 재능을 두루 겸비한 여성을 찾아 보기 어렵다는 의미로 하는 말이다.

그런 점에서 극 중에서도 옥녀를 따르는 팬들이 그녀 주위에 몰려들듯이 〈옥중화〉의 팬들이 많은 것 또한 이상적인 여인상을 드라마 주인공에게 투영하기 때문일 것이다. 까놓고 말해서 옥녀 같은 여자를 만나고 싶다거나 아니면 옥녀 같은 여자가 되고 싶다거나 둘 중 하나다. 물론 명종이나 윤태원, 성지헌 같은 남자를 원하는 여성들도 많겠지만 말이다. 그림의 떡인 줄은 잘 알고 있으나 그런 꿈조차 꾸지 말라는 법은 없지 않은가.

어디 그뿐이겠는가. 나이 든 부모 세대 입장에서도 "아이고, 저런 며느리, 사윗감이 집안에 들어오면 얼마나 좋을꼬."라며 무릎을 치기 십상이다. 그래서 드라마가 사랑받는가 보다.

암행어사: 조선비밀수사단

　2020년 말에서 2021년 초까지 방영된 박성훈, 강민선 극본, 김정민, 이민수 연출의 KBS 코믹 추리 사극 〈암행어사: 조선비밀수사단〉은 탐관오리의 비리와 만행을 척결하고 백성의 억울함을 풀어 주는 조선 시대 암행어사 성이겸(김명수)과 어사단의 일원으로 성이겸을 돕는 기녀 출신의 홍다인(권나라), 그리고 이겸의 몸종인 춘삼(이이경)이 힘을 합쳐 숱한 미스터리 사건을 통쾌하고 명쾌한 솜씨로 해결한다.

　주인공 성이겸은 홍문관 부수찬으로 빼어난 외모뿐 아니라 명석한 두뇌와 문무에 두루 능한 재주꾼이지만, 제멋대로인 성격에 투전판을 드나드는 한량이기도 하다. 그런 성이겸을 눈여겨본 도승지 장태승(안내상)은 자신이 기녀로 위장시켜 정보 수집 임무를 부여한 다모 홍다인과 함께 성이겸을 암행어사로 지방에 파견한다. 성이겸은 눈치와 상황 파악이 빠르고 임기응변에 능하며 특히 남달리 정의감이 투철하고 추리력도 뛰어나서 암행어사 임무에는 그만한 적임자도 드물었다. 또 황진이의 미모와 논개의 기백을 겸비한 것으로 알려진 홍다인은 수준급 무예 실력에다 영민한 머리와 두둑한 담력까지 겸비한 여인이니 어사단 일원이 되기에 충분한 자질을 안고 있었다. 여기에 다소 엉뚱한 몸종 춘삼의 동행은 기묘한 트리오를 이루며 코믹하고 통쾌한 여정이 될 것임을 예고한다.

　매우 직설적인 다인의 성격은 처음부터 솔직하게 돌직구를 날림으로써 성이겸을 다소 당혹스럽게 만들기도 하지만, 이에 서로 익숙해지면서 이들 사이에는 오히려 묘한 감정과 호감이 흐르기 시작한다. 하기야 남다른 외모를 지닌 선남선녀가 한 팀이 되었으니 뭔가 일어나지 않는 것이 오히려 이상할 정도다. 더군다나 인물로 따지면 조선 바닥에서 따를 사내가 없다는 춘삼의 아부성 칭찬에 "잘생긴 것도 죄라면, 나는 사형감이지."라고 응수하는 성이겸의 뻔뻔스러운 나르시시즘에는 두 손 두 발 다 들 수밖에 없지만, 그래도 전혀 밉살스럽지 않다. 실제로 그는 누가 보더라도 타의 추종을 불허하는 꽃미남이기 때문이다.

어쨌든 숱한 위기에도 불구하고 이들 삼총사는 놀라운 팀워크로 매 사건을 해결해 나가는데, 백성의 고혈을 빨아먹는 전라도 관찰사 변학수(장원영)의 비리를 밝히던 성이겸은 노예 시장에 팔려 간 옛 정인 순애(조수민)를 구해 낸 후 의적단 두목으로 활동하는 이복동생 성이범(이태환)의 곁으로 보내 준다. 한편 이범은 수하들을 이끌고 변학수를 죽이려다 미수에 그치고, 성이겸은 오히려 도적패와 한통속으로 몰려 이겸과 이범 형제 모두 위기에 처한다. 하지만 양심의 가책을 받은 역졸 대장의 설득으로 포졸들이 변학수에 등을 돌리면서 변학수는 체포된다. 그리고 칼에 찔려 죽은 것으로 처리된 이범은 순애와 함께 먼 곳으로 떠난다. 한편 역적으로 몰려 억울하게 죽은 아버지 휘영군의 무고함을 밝히고 옹주 신분을 되찾은 다인은 이겸과 오붓한 살림을 꾸려 나갈 꿈에 젖어 있다가 느닷없이 그가 춘삼을 데리고 다시 암행 길에 나서자 그들과 함께 기꺼이 길을 떠난다.

암행어사의 존재는 〈춘향전〉과 〈어사 박문수〉를 통해 우리에게는 매우 익숙한 인물이다. 또한 암행어사의 인기는 통쾌한 극적 반전에 있다. 전국 방방곡곡을 돌며 백성들의 애환을 함께 나눌 뿐 아니라 그들의 고혈을 빨아먹는 탐관오리를 마패 하나로 한순간에 무릎 꿇리는 그 통쾌함이란 이루 말할 수가 없다. 물론 이런 내용이 국민을 위해 봉사하는 오늘날의 공무원들에게는 그다지 달갑지 않을 수도 있겠다. 실제로 시민 봉사 정신에 투철한 민주 사회의 공무원들과 백성 위에 군림하며 온갖 비리를 저지르는 조선 시대 탐관오리를 비교하는 일 자체가 어불성설임에 틀림없지만, 그럼에도 불구하고 권력을 무기로 삼은 공직자의 비리는 오늘날에 와서도 끊임없이 벌어지고 있으니 21세기에도 그런 암행어사의 존재를 사람들이 은근히 갈망하고 있는 게 아닐까 한다.

그런데 오늘날의 감사원과 헌법재판소의 기능을 담당한 조선 왕조 시대의 사헌부는 탐관오리 색출과 미제 사건 심리 및 탄핵을 주관하고, 지위 남용으로 인한 백성들의 억울함을 풀어 주는 업무뿐 아니라 왕의 부당한 처사에 대해 거부권까지 행사할 수 있는 실로 막중한 임무가 주어진 감찰 기구로 따라서 어사대(御史臺)라는 별칭도 지니고 있었다. 그런 점에서 언론의 기능을 담당했던 사간원도 있었으나, 솔직히 말해서 이들 기구는 그 목적과 취지만큼은 매우 탁월했어도 실용적인 면에서는 별다른 기능을 발휘하지 못했던 것으로 보인다. 그러지 않고서야 연산군과 광해군 같은 폭군들이 어떻게 나올 수 있겠으며, 숱한 당쟁으로 인한 사화들이 그토록 많은 피를 흘리게 할 수 있었겠나 의문이 들 수밖에 없기 때문이다. 더 나아가 수많은 노비의 참담한 삶과 더불어 죽지 못해 살다 참지 못하고 들고 일어선 농민 봉기는 어떻게 설명

할 것인가. 그런 점에서 보면 암행어사 제도는 어쩔 수 없이 채택한 고육지책으로 보이기도 하지만, 단지 한두 명의 어사가 전국을 누비며 민생 문제를 해결하기에는 실로 감당하기 어려울 정도로 벅찬 일이었을 것이다. 그런 점에서 보자면, 오늘날의 감사원도 광범위한 민생 문제보다는 주로 행정 감찰 기능에만 집중하는 현실이니 그야말로 민생 전담 어사들을 대거 기용해야 하지 않을까 싶기도 하다.

달이 뜨는 강

한지훈 극본, 윤상호 연출의 2021년 KBS 사극 〈달이 뜨는 강〉은 바보 온달로 알려진 설화를 바탕으로 평강공주와 온달 장군의 순애보를 그린 드라마다. 평강(김소현)을 사이에 두고 벌이는 온달(나인우)과 고건(이지훈)의 치열한 신경전과, 고건을 연모하는 신라 첩자 해모용(최유화)의 활약이 드라마의 핵심을 이룬다. 아주 오래전 지금으로부터 무려 60여 년 전인 1961년에 이미 배우 신영균과 김지미가 공연한 영화 〈바보 온달과 평강공주〉가 상영되었음을 상기한다면 그동안 드라마의 주제로 주목을 끌지 못했던 것이 오히려 이상해 보일 정도다.

고구려 평원왕(김법래)의 딸 평강은 어린 시절 귀족들의 힘에 밀려 무기력한 부왕의 모습을 보고 스스로 무예를 키우며 장차 자신이 왕이 될 뜻을 품는다. 그러던 어느 날 어머니 연왕후와 함께 오른 순행 길에서 진비(왕빛나)의 모함에 넘어간 평원왕의 지시로 고원표(이해영)가 연왕후를 살해하자 그녀는 숨을 거두면서 온협 장군의 아들 온달에게 평강을 맡긴다고 말한다.

평강을 데리고 이불란사로 달아나던 온달은 평강을 구하려다 절벽에서 떨어지고 혼자 남은 평강은 이불란사에서 미친 듯이 스님들을 척살하는 아버지 평원왕의 광기 어린 모습을 보고 큰 충격을 받아 기절해 버린다. 그렇게 쓰러진 평강을 살수 집단 천주방 방주 두중서(한재영)가 구해 살수로 키우는데, 과거의 기억을 잃은 평강은 '염가진'이라는 이름으로 귀족들을 암살하는 일에 가담한다. 한편 온달과 함께 귀신골에 숨어 살던 유모 사씨(황영희)는 온협의 유지를 받들어 온달을 철저한 비폭력 평화주의자로 키운다.

그 후 염가진은 방주의 지시로 평원왕 암살에 투입되었으나, 암살에 실패하고 달아나다 화살을 맞고 쓰러진 그녀를 온달이 나타나 구한 뒤 자기 집으로 데려가 정성껏 치료해 준다. 그러던 차에 천주방 동료 타라진에게서 양아버지 염득(정은표)이 청옥 목걸이를 징표 삼아 친부모를 찾아 떠나라고 했다는 놀라운 말을 전해 듣는다.

마침내 염가진은 궁궐로 가서 자신의 정체를 밝히고 아버지와 동생 원을 극적으로 재회하며 공주 신분을 되찾는다. 당차고 총명한 공주가 다시 나타나자 고원표와 진비는 크게 당혹해하고 고원표의 아들 고건은 착잡한 심경에 빠진다. 왜냐하면 고건은 어릴 때부터 평강을 좋아하고 언젠가는 그녀를 아내로 맞아들이고 싶어 했기 때문이다. 하지만 마음에 두고 한시도 잊지 못하던 평강의 곁에는 항상 온달이 버티고 있으니 괴롭기 그지없다. 그런 고건을 남몰래 연모하던 괴롭기는 마찬가지다. 이처럼 고건은 온달을 질투하고, 모용은 평강을 질투하니 질투의 역사는 정말 오랜 세월 지칠 줄 모르고 이어진다고 봐야겠다. 하기야 질투의 감정을 배제하고 나면 거의 모든 드라마가 거품 빠진 맥주처럼 밋밋해질 가능성이 매우 높다고 하겠다.

결국 평강을 얻는 데 실패한 고건은 왕위를 노리는 아버지 고원표의 역모에 가담해 스스로 무덤을 파고 그를 돕던 모용마저 신라의 첩자임이 드러나며 함께 신라로 도주해 신라 진흥왕의 앞잡이가 되고, 평강은 고원표를 죽여 어머니의 원수를 갚는다. 한편 방주 두중서의 손에 평원왕이 죽고 그 뒤를 이어 영양왕이 된 동생 원(권화운)은 날로 커지는 평강과 온달의 명성을 경계하며 질투하고, 마침내 평강과 온달은 신라와의 전쟁에 선봉으로 나섰다가 신라 군사들이 쏜 화살로부터 평강을 보호하기 위해 온달이 자기 몸을 내던져 대신 죽음을 맞이한다. 그런데 온달의 시신을 태운 수레가 꼼짝도 않고 움직이지 않다가 평강의 손이 닿자 비로소 움직이기 시작해 사람들을 더욱 가슴 아프게 만든다. 그리고 마지막 놀라운 반전이 이뤄지면서 드라마는 마침내 대단원의 막을 내린다.

〈달이 뜨는 강〉의 주인공 온달과 평강은 정의를 대표하는 용감한 전사들이다. 비록 설화 내용과 매우 다른 방식으로 드라마가 전개되기는 하지만, 온달과 평강의 놀라운 변신은 시청자들의 호기심을 자극하기에 충분하다. 여기에 더해 편집증적 의처증 환자 평원왕의 광기, 고건과 온달, 평강과 해모용 사이에 서로 물고 물리는 미묘한 애증 관계와 질투, 복수 등 첨예한 갈등이 풍부한 눈요깃거리를 제공한다.

더욱이 평강은 매사에 소극적인 온달보다 훨씬 더 능동적이어서 항상 남자를 리드하는 입장에 서 있으며, 그런 점이 오히려 오늘날 활달하기 그지없는 현대 여성을 닮았다고 할 수 있다. 평강이 타임머신을 타고 서울의 나이트클럽에 나타난다면 밤새도록 춤도 잘 출 것만 같은 느낌도 든다.

물론 삼국사기에 수록된 설화 내용에 따르면, 평강은 어려서부터 자주 우는 울보로 드라마에서 보여 준 야무진 소녀의 모습과는 차이가 난다. 그리고 평강이 울 때마다 평원왕은 바보 온달에게 시집보내겠다고 놀려 댔는데, 거리에서 구걸하며 살아가는 바보 온달의 소문이 왕의 귀에까지 들어간 것을 보면 정말 지독한 바보였나 보다. 그런데 드라마에 등장한 온달은 착하고 정의감에 불타는 매우 총명한 청년으로 바보와는 전혀 어울리지 않는 모습이니 시청자들로서는 그저 어리둥절할 뿐이다. 더군다나 온달의 부모가 누군지에 대해서는 아무런 기록도 남아 있지 않다.

어쨌든 부왕이 세도가인 고씨 가문에 공주를 출가시키려 하자 평강은 왕의 뜻을 거역하고 궁을 빠져나가 온달을 찾아갔다. 하지만 처음에는 펄쩍 뛰고 그녀의 청혼을 거절하던 온달과 그의 눈먼 노모는 평강의 끈질긴 설득에 못 이겨 결국 혼인을 승낙하고 말았는데, 평강의 극진한 뒷바라지로 무예를 익힌 온달은 그 후 전장에 나가 큰 공을 세우며 이름을 떨쳤으나, 아차성에서 신라와 전투 중에 전사하고 말았다. 온달이 숨진 아차산은 현재 서울 광진구 한강변의 워커힐 호텔 부근에 위치해 있으며, 아차산 생태공원에는 '온달샘'으로 불리는 약수터도 있다.

하지만 시청률은 의외로 매우 저조한 기록을 남겼다. 아무래도 도중에 온달 역을 맡은 지수가 갑자기 학교 폭력 구설수에 휘말려 나인우로 바뀌는 바람에 모양새가 몹시 어색해진 데다 분위기 또한 초장부터 매우 어수선했을 것으로 보인다. 그럼에도 주연배우 김소현이 흔들리지 않고 의연한 태도로 촬영에 임함으로써 드라마는 그런대로 진행되어 무사히 마무리되었다. 다만 한 가지 의문이 드는 것은 배우의 과거 폭력 행적은 절대 용납할 수 없으면서도 드라마의 폭력 장면은 얼마든지 허용된다는 일종의 내로남불식의 사회 분위기가 드라마 방송에도 알게 모르게 스며든 것은 아닌지 뭔가 찜찜하고 씁쓸한 느낌을 받는다.

하기야 그만큼 학교 폭력에 피해를 입은 젊은이들이 많다는 의미도 되겠지만, 아무리 그렇다 쳐도 인민재판식의 무차별 보복은 다수에 의한 또 다른 폭력임을 잊지 말아야겠다.

밤에 피는 꽃

이샘, 정명인 극본, 장태유 연출의 2024년 MBC 사극 〈밤에 피는 꽃〉은 코믹 연기에 능한 이하늬가 주연을 맡은 이색 드라마로, 금위영 종사관 박수호 역의 이종원과 함께 서로 밀고 당기는 로맨틱 케미를 통해 드라마의 재미를 더하는데, 담장 기왓장 밑 비밀 장소를 통해 간식거리와 꽃을 주고받는 모습은 요즘 젊은이들이 누릴 수 없는 독특한 설렘을 선사한다. 하지만 그런 재미 외에도 조선 왕조 시대 혹독한 신분 제도 및 칠거지악 등 이 땅의 여인들에 가해진 유교 문화의 폐단에 대해서도 예리한 비판적 안목을 빼놓지 않고 있다.

소심하고 무기력한 왕 이소(허정도)를 꼭두각시로 만들며 조정을 좌지우지하는 좌의정 석지성(김상중)은 오랜 세월 수절한 상태로 지내는 맏며느리 조여화(이하늬)를 거두어 보살피는데, 그녀는 고아 출신의 청상과부로 일찌감치 죽은 남편의 위패를 모시고 15년째 하얀 소복 차림으로 지낸다. 그녀는 한 치의 흐트러짐도 허용치 않는 호랑이 시어머니 유금옥(김미경)의 엄중한 감시 속에 오랜 사대부 가문 전통에 따라 일체의 외부 출입조차 금지당한 채 열녀로서의 몸가짐에 온 신경을 쏟으며 살아간다. 반면에 며느리에게 자상하기 그지없는 시아버지 석지성의 가식적인 태도는 그녀에게 가해진 가혹한 운명과 대비되면서 유교적 가치관이 그 시절 어떻게 수많은 여성을 억압하는 일에 악용되었는지 알 수 있게 한다.

하지만 조여화는 원래 무예를 갈고닦은 여인으로, 어릴 때부터 그녀에게 무예를 가르친 오라버니 조성후가 오래전에 갑자기 사라져 버린 후에도 변함없이 그가 다시 나타날 것을 믿고 기다린다. 더군다나 그녀는 밤이 되면 복면을 한 남장 상태로 몰래 담을 넘어 홍길동이나 일지매처럼 의적 활동을 벌이는데, 물론 이런 설정은 시대적 배경과 전혀 맞지 않는 비현실적 내용이긴 하지만, 오늘날의 관점에서 보자면 수절한 과부의 인간적 욕망과 환상을 적절히 승화한 형태로 이해하면 되겠다.

그런데 조선의 전통적 열녀상을 대표하는 여화의 이중생활은 호조판서의 죽음을 계기로 수사에 뛰어든 금위영 종사관 박수호가 등장하면서 그녀의 정체가 드러나게 되고 더 나아가 그의 형 박윤학(이기우)은 승정원 좌부승지로 왕의 측근이 되어 은밀히 선왕의 독살에 관한 내막을 조사하는 임무를 수행 중이었으며, 호판과 선왕의 독살 배경으로 좌의정 석지성을 지목하고 결정적인 증좌를 얻고자 아우 박수호를 끌어들인다. 하지만 여화에게 마음이 끌린 박수호는 그녀에게 불똥이 튈까봐 전전긍긍하고, 시아버지의 사악한 이중성에 눈이 뜨인 여화는 이루 말할 수 없는 배신감에 치를 떨게 된다. 마침내 여화는 엄청난 역모를 주도한 시아버지의 죄상을 밝히고자 박윤학, 박수호 형제와 손을 잡고 증거 수집에 나선 끝에 의혹에 휘말린 사건의 전말을 밝히면서 오랜 세월 맺힌 한을 풀고 자유의 몸이 된다.

이처럼 웬만한 남자들도 해내기 어려운 일을 가녀린 여인의 몸으로 이루어 낸 여화의 존재는 한마디로 자유분방하고 자기만의 독자적인 정체성과 자부심을 겸비한 현대 여성의 원조라 불릴 만하다. 더군다나 그녀는 야간 활동조차도 남성들의 횡포에 시달리는 여성들을 구하고 돕는 일에 전력을 다하니 여권 투쟁의 선구자라 할 수도 있다.

〈밤에 피는 꽃〉에서 복면 차림의 남장 여인 협객으로 밤에만 움직이는 여화의 활약은 동시간대에 치열한 경합을 벌인 tvN 사극 〈세작, 매혹된 자들〉의 남장 여인 강희수와 공교롭게도 이미지가 겹친다. 다만 여화가 과부의 몸으로 불한당 남성들을 물리치는 무술의 달인이라면 강희수는 천재적인 내기바둑꾼으로 그것도 신분을 감춘 영의정의 딸이다. 그런데 대명천지에 복면을 한 채 바둑을 두는 남장 여인의 정체를 아무도 알아채지 못한다는 게 정말 신기할 정도다.

어쨌든 여성의 권리라는 측면에서 볼 때, 유교적 가부장 제도가 극에 달했던 조선 왕조 시대야말로 온갖 사회적 불이익과 불평등에 시달리며 한 맺힌 세월을 보내야만 했던 여인들의 비극적인 실상을 극화하는 데 가장 안성맞춤인 시대적 배경을 이룬다고 본다. 오죽하면 반세기 전에 이미 신상옥 감독의 〈이조 여인 잔혹사〉나 변장호 감독의 〈홍살문〉 등의 영화까지 나왔을까 싶기도 하다. 수절한 과부의 비극을 다룬 이 영화들은 열녀문에 집착한 시대적 광기를 예리하게 파헤친 작품으로 신상옥과 변장호는 아시아 영화제에서 이들 작품으로 감독상을 수상하기도 했다.

따라서 오늘날의 여성들은 단군 이래 최대의 전성기를 구가하고 있는지도 모른다. 그리고 이미 모든 영역에서 수많은 여성이 두각을 나타내고 있으니 언젠가는 역으로 남성들이 평등을 외치며 나설 날이 올 수도 있겠다는 우스갯말이 나오는 것도 결코 무리는 아닐 것이다. 그리고 그날은 우리 모두가 고대 시대의 모계 중심 사회로 돌아가는 기념비적인 날이 될 것이다. 그렇게 되면 여자들이 남자들을 먹여 살려야 하니 그것도 그리 나쁘지만은 않을 듯하다. 하지만 과연 그런 시대가 올 것인지 미래학자들의 견해가 궁금해진다.

에필로그: 대한민국 자체가 한 편의 거대한 드라마다

　안방극장 드라마가 우리 삶의 일부가 된 지 이미 오래다. 물론 과거에는 TV를 바보상자라고 부르며 TV 안 보기 운동이 벌어진 적도 있지만, 그럼에도 불구하고 드라마에 대한 인기는 특히 우리나라에서 유별나다고 할 수 있다. 〈아씨〉, 〈여로〉, 〈전원일기〉, 〈수사반장〉, 〈신부일기〉를 비롯해서 〈여명의 눈동자〉, 〈모래시계〉, 〈엄마가 뿔났다〉에 이르기까지 그리고 〈대장금〉, 〈동이〉, 〈이산〉, 〈서동요〉, 〈주몽〉, 〈추노〉, 〈옥중화〉 등의 사극에 이르기까지 주옥같은 드라마들이 수많은 시청자의 마음을 사로잡으며 힘겨운 시절을 함께하며 동고동락해 왔다.
　탄탄한 각본과 치밀한 연출력, 그리고 발군의 연기력 등이 한데 어우러진 한국 드라마는 오늘날 전 세계적으로 인정받기 시작함으로써 낯선 이방인들로부터 K-드라마로 불리며 선풍적인 인기를 끌고 있는 중이다.

　하지만 우리 안방극장 드라마의 성공이 어느 날 갑자기 하루아침에 이루어진 것은 결코 아니다. 격변의 시대를 거치면서 자연스럽게 몸과 마음에 스며든 의식의 변화를 통해 드라마와 시청자 사이에 강력한 공감대가 형성되었기에 가능한 일이었을 것이다. 그런 점에서 대한민국 자체가 거대한 한 편의 드라마라고 할 수 있으며, 한국 드라마의 강점은 인간의 보편적인 감성에 호소하면서도 불의에 대한 저항 의식, 건전하고 올바른 윤리 의식, 사회적 인식의 확장에 기반을 두고 있어 문화적 차이를 뛰어넘는 강한 호소력을 발휘하는 것으로 보인다.

특히 한국 드라마는 오랜 세월 겪어 온 숱한 시련과 고난의 경험을 토대로 축적된 다양한 소재 발굴은 물론 감정과 이성, 개인과 집단, 선과 악, 열등감과 자존감, 승리와 패배, 배신과 정체성, 한과 아픔, 분노와 복수 등 인간이 겪을 수 있는 온갖 문제를 폭넓게 다룬다는 점에서 타의 추종을 불허한다.

그런 재능은 단순히 머릿속에서 굴리는 상상력에만 의존하는 것이 아니라 실제 역사나 현재 살아가고 있는 삶의 현장에서 우러나온 경우가 많기 때문에 극본, 연출, 연기의 삼박자가 절묘하게 맞아떨어진 결과이기도 하다. 더군다나 우리나라 배우들의 연기는 그야말로 거의 신들린 듯한 경지에 가까운 터라 할리우드 배우들의 연기력을 능가하고도 남음이 있다. 하기야 한국인이면 누구나 말도 되지 않는 기막힌 현실 앞에서 자신의 감정을 어떻게 추스르고 견디어 나갈지 숱한 체험을 통해 너무도 잘 알고 있을 것이기 때문이다.

따라서 오늘날 해외에서 새삼스레 K-드라마에 주목하기 시작한 것은 한류의 인기에 편승한 결과일 뿐만 아니라 한국의 국력이 그만큼 신장된 결과이기도 하겠지만, 그동안 중국이나 일본을 통해서만 알고 지내던 동아시아 문명의 획일적인 이미지와는 전혀 다른 새로운 문화 충격을 선사하기 때문이라고 본다. 그런 점에서 지구인들의 문화 충격은 앞으로도 계속될 전망이며, 오천 년 장구한 역사를 통해 우리의 유전자 속에 깊이 내장된 다양한 삶의 노하우를 조금씩 배우고 이해하게 될 것이다.